LA RÉPARTITION
DE L'OR DANS LE MONDE

APRÈS L'ASSAINISSEMENT
DES MONNAIES EUROPÉENNES

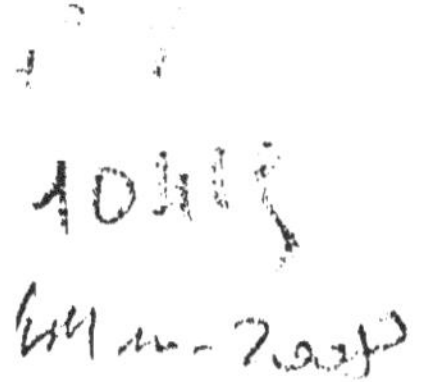

LA RÉPARTITION
DE L'OR DANS LE MONDE

APRÈS L'ASSAINISSEMENT
DES MONNAIES EUROPÉENNES

C. A. PANDELE

DOCTEUR EN DROIT

PARIS

LIBRAIRIE GÉNÉRALE DE DROIT & DE JURISPRUDENCE

Ancienne Librairie Chevalier-Marescq et Cⁱᵉ et ancienne Librairie F. Pichon réunies

R. PICHON et R. DURAND-AUZIAS, ADMINISTRATEURS

Librairie du Conseil d'Etat et de la Société de Législation comparée

20, RUE SOUFFLOT (5ᵉ ARRᵗ)

1928

INTRODUCTION

ERRATUM

Dans un certain nombre de tableaux statistiques, il n'a pas été indiqué que les chiffres respectifs s'entendent en *millions*. Nous prions le lecteur de faire la correction nécessaire.

plus, la plupart du temps, par une nécessité inéluctable, elle s'explique plutôt par la politique du moindre effort, l'impuissance ou l'incapacité des gouvernants, l'absence d'une réaction violente de la part du public et « last, but not least », par l'incompréhension plus ou moins totale des phénomènes monétaires. La transgression des lois économiques portait en elle-même une dure et affreuse sanction. L'harmonie, qui régnait avant la guerre à travers les systèmes monétaires basés sur l'or et sur la grande stabilité des changes, étant détruite, une véritable anarchie économique

INTRODUCTION

La guerre n'a pas bouleversé seulement les institutions politiques, morales et sociales du monde entier. Elle a provoqué aussi une des plus graves crises économiques que l'Histoire ait jamais enregistrée. Et je ne pense pas à la crise de 1920, qui a été plus ou moins normale, dans ce sens qu'elle est résultée d'une surproduction, se trouvant brusquement en face d'une demande fortement diminuée. Je veux parler de cette crise économique générale, engendrée par l'inflation et l'instabilité des changes, qui a secoué dans leurs assises les plus profondes les pays du vieux continent et dont les répercussions désastreuses pour la prospérité de l'Europe, se font sentir aujourd'hui encore. L'inflation pendant la guerre a été un mal nécessaire. La continuation de l'émission artificielle, dans la paix, ne se justifie plus, la plupart du temps, par une nécessité inéluctable, elle s'explique plutôt par la politique du moindre effort, l'impuissance ou l'incapacité des gouvernants, l'absence d'une réaction violente de la part du public et « last, but not least », par l'incompréhension plus ou moins totale des phénomènes monétaires. La transgression des lois économiques portait en elle-même une dure et affreuse sanction. L'harmonie, qui régnait avant la guerre à travers les systèmes monétaires basés sur l'or et sur la grande stabilité des changes, étant détruite, une véritable anarchie économique a ébranlé l'Europe pendant plusieurs années. Des variations considérables, parfois énormes, des prix et donc du coût de la vie, l'incertitude du lendemain, des moyens de fortune pour gérer les finances de l'État, la destruction de l'esprit d'épargne et l'affaiblissement des forces vives qui assurent la prospérité d'un pays, enfin les fluctuations désordonnées des changes, ont été les effets de l'instabilité monétaire, qui se sont fait sentir un peu partout. On a essayé d'abord de réagir contre cet état de choses par des mesures d'autorité. L'intervention de l'État s'est manifestée soit par la réglementation, soit par la compression artificielle des prix. Mais tant qu'on n'a pas eu une vision claire des causes qui avaient produit le déséquilibre, on ne pouvait trouver que difficilement les remèdes véritables pour revenir au normal.

La crise des changes, déclanchée dès le début de la guerre, a été le résultat direct, immédiat des mesures décrétant l'inconvertibilité de la monnaie nationale en or, et l'interdiction de l'exportation du métal précieux. Les changes n'étant plus contenus dans les limites des gold points, ils ont été soumis, dans leurs variations, à des facteurs divers se manifestant à travers « la psychologie d'un marché spéculatif » (1). Parmi ces facteurs, l'augmentation de la circulation fiduciaire, les déséquilibres momentanés ou définitifs de la balance des comptes, les prévisions sur la gestion des finances publiques et sur la situation économique générale, la spéculation et la fuite des capitaux en sont les principaux. Tous exerçaient leur influence néfaste sur la valeur de la monnaie dans les relations internationales, et à leur tour, les variations du pouvoir d'achat extérieur, conjuguées

---

(1) V. B. Nogaro, *La Monnaie*, p. 204.

avec les effets de l'inflation contribuaient à faire hausser les prix à l'intérieur, et transformaient l'étalon stable des valeurs en un étalon en « caoutchouc ». Il fallait donc arrêter l'inflation et rendre à l'unité nationale la stabilité qui lui manquait ; il fallait stabiliser la monnaie.

Mais cette stabilisation peut se concevoir de deux façons : ou bien, en s'attachant aux mouvements désordonnés des prix, on pourra essayer, par une politique bancaire appropriée, à rendre stable le pouvoir d'achat intérieur de la monnaie et on n'atteindra la stabilité des changes que plus tard, par une sorte d'équilibre des divers systèmes monétaires nationaux (en vertu de la parité du pouvoir d'achat). Ou bien, en suivant les principes classiques, on s'efforcera de stabiliser les changes (par le retour à l'or) et on obtiendra alors une stabilité approximative et quasi-automatique des prix dans chaque pays. Disons immédiatement, pour éviter toute confusion, que dans cette dernière hypothèse, le retour à l'or peut être réalisé, soit par le retour au pair, soit par une dévaluation partielle, soit même par une faillite totale. Les modalités diffèrent, la réforme, dans son essence, reste la même.

Le premier plan, envisagé seulement par quelques économistes hardis et innovateurs, n'a pas reçu d'application pratique. Justement parce que, en dépit d'une ingéniosité remarquable et d'une construction logique impressionnante, il négligeait les données de la « pratique » et aussi, peut-être, parce qu'il reposait sur quelques postulats contestables. On s'est donc résolu, timidement d'abord, avec une émulation croissante ensuite, à poursuivre et à réaliser la stabilisation (lato senso) des changes. Déjà en 1920, la Conférence Financière Internationale de Bruxelles avait vanté les vertus de la stabilisation. Deux ans plus tard, la

Conférence de Gênes, proclame officiellement la nécessité du « retour à l'or » et propose même une série de solutions pratiques pour la réalisation de son programme.

D'abord réfractaires aux injonctions de ces deux Conférences, les États de l'Europe, meurtris par quatre années de guerre dévastatrice et appauvrissante, ont procédé — avec des différences dans les détails, mais en suivant toujours les mêmes grands principes —, à la stabilisation définitive de leurs monnaies. Ils ont, chacun dans des conditions imposées par les circonstances particulières, qui les dominent, arrêté l'inflation, équilibré le budget, cherché à avoir une balance des comptes favorable et surtout ils ont rendu à leurs Banques centrales l'indépendance qui leur manquait, ils les ont émancipés de la tutelle des gouvernements en leur permettant de regagner, petit à petit, la complète maîtrise du marché monétaire et de celui des changes.

Le problème capital qui se posait pour les Instituts d'émission était d'abord de proportionner, dans la mesure du possible, la masse totale de la circulation (des moyens de paiement) aux besoins de l'industrie et du commerce ; en même temps, de donner à cette circulation ainsi comprise, une assise solide en l'accrochant de nouveau à l'or, qui est « l'instrument d'échange international par excellence » (1). Par là ils entendaient abandonner les systèmes fermés, à base strictement nationale, variant suivant des contingences arbitraires, et les remplacer par un système plus large, à base universelle, reposant sur une mesure commune pour les règlements extérieurs, et leur assurant, par là même, des *changes stables*.

Nul n'ignore pourtant que presque tous les belligérants

______

(1) V. B. Nogaro, *op. cit.*, p. 249.

ont été obligés à utiliser une partie de leurs réserves-or pour subvenir à leurs besoins innombrables pendant et après la guerre. Si dans les encaisses de certains de ces pays, des grands changements ne sont pas visibles et s'il y en a même (comme l'Angleterre) qui accusent un notable accroissement, c'est que l'or, qui se trouvait en circulation, a été drainé pour une bonne partie dans les caves des Banques nationales à la suite des appels patriotiques faits à la population. Mais il y en a bien d'autres pays qui sont (ou qui ont été) presque complètement vidés de métal jaune.

Et nul n'ignore non plus que cet or a pris le chemin de l'Amérique, en paiement partiel des énormes fournitures des États-Unis aux pays européens, en mal de vivres et d'armement. D'autre part, l'or produit depuis 1914 n'a fait que passer par Londres et il est allé, principalement, grossir le stock d'or de ce pays, fabuleusement enrichi par la guerre et ses suites. Des calculs généraux, et forcément quelque peu approximatifs, nous montrent que la réserve de métal jaune des États-Unis, qui représentait en 1913, 25 % du stock d'or total, détenu dans le monde des fins monétaires, s'était élevé à 40 %, en 1924 et à 55 % au début de novembre 1927, d'après une dernière estimation.

L'appauvrissement des États européens, en métal précieux, est certain. Cependant il ne faut pas croire que le rétablissement monétaire a pu être effectué sans que les Banques Centrales ne s'assurassent une réserve suffisante, une masse de manœuvre assez grande pour pouvoir défendre les changes en toute occurrence. Seulement, elles ont dû se contenter pour le moment d'une couverture moindre, tel est le cas de la Hongrie, de l'Autriche et même de l'Angleterre (qui a englobé les Currency Notes, dans la circulation surveillée par la Bank of England), et par conséquent plus fragile ; ensuite elles ont adopté le Gold Exchange Standard, préconisé par la Conférence de Gênes et elles se sont constitué des réserves considérables en devises, dont le rôle dans la régularisation des changes correspond à peu près à celui de l'or.

Nous nous trouvons, sans conteste, devant une nouvelle répartition de l'or dans le monde, par rapport à la répartition qui existait en 1913 et qu'on pouvait considérer, au point de vue de ses résultats généraux et satisfaisants, comme normale. Cette distribution s'est opérée à la suite de circonstances fortuites, anormales, extraordinaires même, et elle n'a pas suivi le développement logique, qui lui était indiqué par les conditions existantes en 1913 et par l'accroissement annuel et à peu près régulier de la production de l'or.

Est-ce un bien ? Est-ce un mal ? Cette situation mérite-t-elle les efforts de consolidation des pays intéressés ? Nous ne le pensons pas. Nous avons été frappés par la fragilité que présente dans l'encaisse d'une banque, une forte couverture en devises, et nous nous sommes rendu compte du malaise qu'engendre cette politique de défense pour ceux qui s'en servent et aussi pour ceux qui en subissent les effets. La devise est généralement un crédit ouvert dans une banque étrangère et jouissant d'une monnaie exceptionnellement forte, dont on peut disposer à vue par des tirages de chèques, pour rétablir l'équilibre entre la demande et l'offre de change, et maintenir la stabilité des cours. Pourtant l'équivalence entre ces crédits et les réserves d'or effectives, pour la défense des changes et surtout pour une saine politique monétaire, basée sur le respect de quelques principes certains de couverture, nous paraît contestable, et nous plaçant à ce point de vue, nous estimons qu'une nouvelle répartition de l'or dans le monde est non seulement désirable, mais absolument nécessaire.

Certains signes, que l'actualité quotidienne nous permet d'enregistrer nous apparaissent comme la confirmation indubitable de cette opinion. Depuis le mois de septembre 1927, les États-Unis ne cessent pas d'exporter de l'or, dans tous les pays, qui se décident à se défaire d'une partie de leurs devises, ou bien qui laissent leurs changes dépasser les Gold points d'entrée. On peut conclure qu'un changement, timide encore, est en train de s'opérer dans la politique des Banques Centrales. Déceler les raisons de ce changement, en démontrer le bien-fondé, indiquer, comme indispensable, la généralisation de ce mouvement, voilà le but de notre ouvrage. Dans les pages qui vont suivre, nous allons nous demander d'abord quel est le problème actuel de l'or, et nous allons voir quelle est l'importance qu'on attache, de nos jours, à une encaisse-or. Nous allons décrire ensuite, avec tous les détails nécessaires, comment s'est opérée l'accumulation de l'or aux États-Unis, et nous esquisserons brièvement les conditions générales du retour à l'or de l'Europe. Après avoir ainsi établi les données de notre problème, nous allons nous poser la question de savoir si la devise vaut vraiment de l'or dans l'encaisse de la Banque Nationale. Nous étudierons les arguments qu'on a déjà apportés pour répudier cette assimilation, nous verrons ce qu'il faut en retenir et nous exposerons l'argument décisif, à notre avis, qui impose une réponse négative à notre question.

Mais il ne suffit pas de décider qu'une situation est anormale. Il faut aussi rechercher la solution apte à y remédier.

Nous la trouverons, peut-être, dans un emprunt-or américain, avec un transfert effectif de métal jaune. Il nous restera encore à démontrer la possibilité, sans heurts, ni troubles, de ce transfert, grâce au mécanisme souple des certificats d'or.

Enfin, dans notre conclusion, nous montrerons comment une meilleure répartition de l'or dans le monde, n'est que la mise au point d'un mécanisme monétaire plus parfait, qui permettra aux forces économiques internes et spéciales à chaque pays, un épanouissement plus complet et une contribution plus effective à la prospérité générale. L'essor économique facilitera à son tour le règlement des dettes, contractées surtout envers l'Amérique en vue du retour au normal, par un transfert de richesses réelles. Et comme la politique douanière et le rapprochement commercial des États, en sont la condition indispensable, nous voyons la formule de l'avenir, dans une solidarité économique international, sans cesse croissante.

CHAPITRE PREMIER

LE PROBLÈME ACTUEL DE L'OR

a) Le rôle du métal jaune avant la guerre.

L'or arrivait au seuil du xix⁰ siècle, en partageant avec
l'argent les fonctions d'étalon monétaire, mais il ne les
exerçait plus de la même façon qu'auparavant. L'innovation par rapport aux siècles antérieurs consistait en ce qu'on
avait renoncé aux « mutations monétaires » et qu'en décrétant la liberté de la frappe, on avait reconnu à l'or (comme
à l'argent) la qualité éminente de marchandise, dont la
valeur devait se déterminer de la même manière que celle
de n'importe quelle autre marchandise. La réglementation,
par voie d'autorité, semblait subir un déclin et la valeur
de la monnaie en circulation devait s'établir librement
d'après la loi de l'offre et de la demande.

Sous l'ancien régime, chaque État achetait à un prix
variable de l'or qu'il mettait en circulation, après l'avoir
monnayé, et après une tarification arbitraire, qu'il chan-
geait souvent. Mais le public et les marchands, dans leurs
transactions commerciales, ne se laissaient pas tromper par
ces modifications, imposées par le prince, et ils se servaient
de l'or, tant à l'intérieur que dans les relations internatio-

nales (et surtout dans celles-ci) à sa valeur réelle, à sa valeur marchande. Ce sont les méthodes employées pour échapper à la diversité artificielle des prix d'achat, de même qu'à la taxation abusive et variable de la valeur des pièces de métal, qui ont fortifié dans les esprits, au début du siècle dernier, la conception d'une monnaie-marchandise.

Historiquement exacte, cette interprétation a reçu un démenti formel par l'évolution des phénomènes monétaires pendant tout le xix⁰ siècle et le commencement du siècle actuel. C'est la croyance à une monnaie-marchandise qui faisait dire aux auteurs du système monétaire français de 1800 qu'il y a une contradiction d'établir un rapport fixe d'échange entre l'or et l'argent, après avoir défini légalement la valeur du franc, en fonction d'une quantité déterminée du métal blanc. En effet, si les métaux, remplissant une fonction monétaire, continuent à avoir exactement leur valeur « intrinsèque » de marchandise, et donc une valeur variable au gré des circonstances qui déterminent leurs quantités, il n'y a aucun sens à vouloir fixer d'avance une relation rigide entre ces deux valeurs. C'est aussi pourquoi, en choisissant le rapport 1/15 1/2 qui correspondait à la situation réelle de l'or vis-à-vis de l'argent, les réformateurs de 1800 avaient cru prendre une mesure essentiellement provisoire et destinée à être souvent remaniée. Il est arrivé pourtant que le même rapport a été maintenu dans tous les pays ayant adopté le bimétallisme, pendant trois quarts de siècle, et la prime de l'or et de l'argent n'a été que minime pendant toute cette époque.

Des études récentes, qui ont analysé avec un remarquable don de pénétration les phénomènes monétaires **de la** période bimétalliste, ont mis à nu l'illusion de la monnaie-marchandise et ont montré comment les métaux précieux (l'or et l'argent) ont joui, sous ce régime *d'un débouché illimité à taux fixe*, ce qui en faisait des marchandises d'un caractère tout à fait spécial. Ce n'est pas l'or ou l'argent s'incorporant dans la monnaie, qui lui donnait sa valeur c'est plutôt *la faculté d'obtenir, sur demande, un nombre, — toujours le même, — d'unités monétaires* en échange d'un poids déterminé d'or ou d'argent, qui déterminait la valeur de ces derniers. Et tant que les pays bimétallistes placés entre les pays monométallistes-or (Angleterre) et monométallistes-argent (l'Extrême-Orient) disposaient de quantités suffisantes pour assurer la convertibilité d'un métal dans l'autre, au taux fixe et suivant les variations des balances des comptes respectives, le système pouvait parfaitement fonctionner. Le jour où la surproduction de l'argent, conjuguée avec la demande grandissante d'or de la part de divers pays (Allemagne, Indes, etc.), a rendu très précaire la situation de la réserve-or de certains États bimétallistes, particulièrement de la France, on a dû supprimer la frappe libre de l'argent. Mais le système aurait pu parfaitement continuer, estime M. Nogaro, s'il avait été généralisé, universalisé.

La conclusion de cette analyse, dont nous n'avons fait qu'esquisser les données, est que le législateur, tout en ayant l'air de ne pas s'immiscer dans la détermination de la valeur de la monnaie, en adoptant la *frappe libre,* a en réalité exercé une influence sur la fixation de cette valeur, en établissant une tarification fixe et immuable pour un poids défini de métal précieux (1).

Il se dégage de cet ensemble de constatations, la notion *d'une unité de compte abstraite,* qui a servi de base avec

(1) Voir B. Nogaro, *op. cit.*, p. 237.

ses multiples et ses sub-multiples, à l'édification de chaque système monétaire national. Ce que chacun de nous voit dans un certain nombre d'unités monétaires, qu'elles soient incorporées dans une pièce d'or, un morceau de papier, ou un compte en banque, ce n'est pas une quantité correspondante de métal précieux, mais plutôt un pouvoir d'achat déterminé, la possibilité d'obtenir en échange, une quantité quelconque de marchandise ou de service. Ces considérations, étayées sur une interprétation plus profonde et plus exacte des expériences monétaires du siècle passé, ont permis à un économiste contemporain de définir, dans un ouvrage récent, la monnaie de la façon suivante : « La monnaie est un objet (quelconque dirons-nous) communément reçu dans les échanges, non pas pour lui-même, mais en vue de l'échanger ultérieurement à son tour » (1).

Ce qui ne veut pas dire que l'or n'a pas joué un rôle essentiel dans la structure des systèmes monétaires modernes. Adopté, dans les dernières années avant la guerre, par la majorité des pays du monde, il était par excellence l'instrument capable de servir aux règlements internationaux, grâce à sa faculté de conversion d'une unité monétaire nationale dans une autre unité monétaire nationale, par la formalité de la refrappe. Il avait encore une autre importance capitale : les États proportionnant leur émission fiduciaire, et dans une mesure indirecte, leur système de crédit, à la quantité de métal précieux, qu'ils gardaient comme réserve, les variations des prix étaient relativement peu considérables, et le pouvoir d'achat de la monnaie, dont ils sont l'expression relativement stable.

Si nous nous demandons maintenant comment s'expli-

______

(1) V. W. Oualid, *La Monnaie*, p. 26.

quent les mouvements de longue durée des prix, mouvements qui ont présenté au cours d'un siècle des écarts allant jusqu'à 40 ou 50 points, nous verrons qu'une explication purement quantitative, tenant uniquement compte des changements intervenus dans la production de l'or, est incomplète et superficielle. Si ce n'était d'abord, que pour cette raison bien simple, que dans le *cadre* déterminé par sa réserve d'or, la Banque d'émission (sauf peut-être le cas de l'Angleterre) peut élargir ou diminuer le total des moyens de paiement, qu'elle met à la disposition de l'économie nationale, et donc, en vertu de l'élasticité de son système, contrecarrer, dans une certaine mesure, les indications données par la production du métal jaune.

Mais il y a ensuite l'insuffisance de toute explication purement quantitative des phénomènes monétaires : elle n'envisage les effets d'une augmentation ou diminution du stock monétaire que par l'intermédiaire du consommateur ; mais l'action du stock monétaire peut influencer aussi la production et agir de la sorte sur l'offre des marchandises. En face d'une demande accrue, par exemple, à cause de l'abondance des signes monétaires, peut se trouver une offre, également accrue, qui annihile les effets de la première sur les prix. Le grand tort de l'interprétation quantitativiste est qu'elle postule une influence nécessaire de l'augmentation de la circulation, tandis que cette influence peut être détruite et changée en sens inverse, par la modification de la vitesse de circulation et du volume des transactions.

Des calculs savants et des rapprochements ingénieux, ont permis d'établir un certain parallélisme entre les mouvements de la masse totale de l'or, utilisé à des fins monétaires, et les mouvements correspondants des prix.

Voilà d'après le *Bulletin de la Middland Bank* de mai-juin 1927 (The Course of Gold Values) quelles ont été, depuis 1835, *les moyennes annuelles* de la production de l'or et des prix :

Années	Production mondiale (par an)	Niveau des prix (Angleterre)
1835-39.	2,8 mill. £	116,6
1840-44.	4,0	109,5
1845-49.	7,6	100,0
1850-54.	23,6	100,5
1855-59.	27,6	115,0
1860-64.	25,0	119,1
1865-69.	26,8	117,6
1870-74.	24,0	121,9
1875-79.	22,4	107,1
1880-84.	20,8	97,6
1885-89.	22,8	82,6
1890-94.	30,2	80,7
1895-99.	50,6	74,6
1900-04.	61,2	83,0
1905-09.	86,2	88,5
1910-14.	94,0	97,2

Une première période, qui va jusqu'en 1850 est marquée par une baisse continuelle des prix (d'après les index numbers de Jevons et Sauerbeck, elle serait de 25 % entre 1821 et 1849) en même temps qu'une production très réduite du métal jaune. A cette époque, l'Amérique, qui était un principal producteur d'or, était trop occupée à consolider son indépendance pour pouvoir s'intéresser sérieusement à exploiter ses mines. Mais il faut observer que pendant la même période, l'accroissement de la population et le développement de l'industrie et du commerce, avaient considérablement augmenté les besoins monétaires. La baisse des prix trouve son explication autant dans une offre réduite de métal précieux, que dans une demande plus forte de signes monétaires.

Une deuxième étape, de 1850 jusqu'à 1873, présente du côté des prix une hausse appréciable (d'après les index-numbers, cités plus haut, elle serait de 20 %), et du côté de la production de l'or, une augmentation importante. C'est pendant ces années-là, qu'on découvre des filons très riches en Californie et en Australie. Voyons pourtant les autres facteurs, qui ont pu influencer le mouvement des prix : en Angleterre, l'extension des facilités de crédit, amène une économie assez grande de l'or, et le rend disponible pour augmenter la circulation des autres pays. La guerre de Crimée et une suite de mauvaises récoltes ont une influence déprimante sur l'offre des marchandises. L'introduction rapide du chemin de fer dans les campagnes augmente les débouchés des marchés ruraux (accroît la demande) de même que la demande des marchés urbains se développe, par suite de « l'agglomération rapide de la population industrielle » (1).

Dans un sens contraire, on peut noter la thésaurisation de l'or aux Indes et les importations d'or dans les pays bimétallistes qui bénéficiaient d'une légère prime sur l'argent.

Une troisième période, on la fait courir de 1873 à 1896. La tendance des prix est de nouveau à la baisse (40 % d'après Jevons et Sauerbeck). La production de l'or est en déclin, on augmente moins rapidement. Les quantités produites s'avèrent nettement insuffisantes pour répondre aux besoins monétaires de l'époque. Justement ces besoins, et

____

(1) Voir B. Nogaro, *L'or et les Prix* dans *Le Capital*, 5 août 1927.

plus spécialement la demande de l'or, se trouvent subitement exagérés par le passage de plusieurs pays (l'Allemagne, les États-Unis, les Pays Scandinaves, la France) au monométallisme-or ou au bimétallisme boiteux. Et voilà aussi d'autres facteurs, qui peuvent expliquer la baisse des prix : ce sont certains perfectionnements de la technique industrielle, les exagérations d'une concurrence effrénée, l'apparition sur les marchés européens des produits agricoles des pays neufs (1).

Enfin, une dernière étape, qui va jusqu'aux abords de la guerre, est caractérisée par une hausse des prix (25 % dans le tableau de Jevons et de Sauerbeck). Elle coïncide avec un accroissement formidable de la production de l'or, à la suite des découvertes faites en Afrique du Sud (153 tonnes en 1882, 712 tonnes en 1910). Et pourtant ce n'est pas là l'élément unique de la hausse ; cette période nous apporte, avec une recrudescence du protectionnisme et l'élévation des barrières douanières, une évolution vers les prix du monopole, par la constitution d'immenses cartels et trusts.

Un enseignement se dégage, si nous considérons l'évolution que nous venons rapidement de parcourir : les mouvements de l'or disponible aux fins monétaires, sont un des facteurs qui déterminent les variations de longue durée des prix, mais ils ne sont pas le seul ; pour saisir tout le complexe des causes, qui président à ces variations, il faut aussi tenir compte des changements dans les conditions de production dés marchandises, des progrès de la technique industrielle, de l'augmentation de la population, du développement des relations commerciales, des progrès de la techni-

(1) Voir B. Nogaro, *ibid.*.

que bancaire et des règlements sans numéraire, enfin de l'économie de l'or même.

Il nous reste à passer rapidement en revue la répartition de l'or dans le monde avant 1914, pour avoir un tableau, à peu près complet, du rôle que le métal jaune était appelé à jouer avant la guerre.

L'or, qui sort chaque année des mines, ne va pas directement dans la circulation ou dans la réserve des Instituts d'émission. Au début du siècle dernier, on estimait, *grosso modo*, que deux tiers de la production allaient à l'industrie et qu'un tiers seulement restait disponible à des fins monétaires. Plus rapprochée de notre temps, la production s'employait pour moitié dans l'industrie, et pour l'autre moitié comme monnaie ou réserve pour la circulation fiduciaire. On a utilisé à des fins non monétaires 115 mill. £ de 1871 à 1880 ; 121 mill. £ de 1881 à 1890 ; 128 mill. £ de 1891 à 1900 ; 185 mill. £ de 1900 à 1910, enfin 210 mill. £ depuis 1911 jusqu'à 1920. A la fin de 1913, M. Kitchin évaluait le stock monétaire de l'or, dans le monde, à 1.600 mill. £ (1). Si on ne compte pas l'or en circulation (sauf pour les États-Unis), on obtient un total de 1.190 mill. £ environ, représentant l'or tenu en réserve par les Banques d'émission, comme couverture de la circulation fiduciaire (et pour quelques pays, en couverture aussi, pour leurs dépôts à vue). Cette somme se répartissait dans les cinq parties du monde, comme il suit (calculs personnels) :

(1) Cité par S. F. JACK, *The Economics of the Gold Standard*, p. 76.

Europe	611 mill. £
Amérique. . . .	495
Asie	48
Afrique	10
Australie	38
	1.192 mill. £

Il est intéressant de connaître comment les États de l'Europe se partageaient les 611 mill. £ d'or. Nous indiquerons aussi, à la fin du tableau, la réserve d'or des États-Unis. Et parce que dans la suite de nos développements, des évaluations en dollars, reviendront assez souvent sous notre plume, nous avons calculé les encaisses-or des divers pays de l'Europe, exprimées en leur monnaie nationale, en dollars, pour faciliter ainsi les comparaisons et les vues d'ensemble :

Réserves-or à la fin de 1913.

Pays	Encaisse-or	A la circulation	
Allemagne. . .	298,56 mill. $	45	o/o (33 1/3 o/o)
Autriche-Hongrie.	248,20	54	o/o (40 o/o)
Belgique . . .	47,31	45	o/o (33 1/3 o/o)
Bulgarie . . .	10,45	41	o/o (33 1/3 o/o)
Danemark. . .	19,71	49	o/o (50 o/o)
Espagne . . .	91,20	25	o/o (33 1/3 o/o)
Finlande . . .	6,84	120	o/o (100 o/o)
France	668,23	61,5 o/o	—
Grèce	4,75	10	o/o —
Italie	283,67	69	o/o (40 o/o)
Norvège . . .	11,88	40	o/o (100 o/o)
Pays-Bas . . .	60,40	51	o/o (40 o/o)
Portugal . . .	8,10	9	o/o —
Roumanie. . .	28,88	48	o/o (40 o/o)
Royaume-Uni. .	170,10	118	o/o (100 o/o)
Russie	772,14	89	o/o (100 o/o)

Années	Encaisse-or	A la circulation
Serbie	10,02	64 o/o (40 o/o)
Suède	27,54	46 o/o (50 o/o)
Suisse	32,30	54 o/o (45 o/o)
Etats-Unis . . .	2.990,38 mill. $ ou bien 611,2 mill. £ 1.924 mill. $ (1)	74,7 o/o (40 o/o)

Nous avons tâché de montrer, plus haut, comment l'or n'a pas une vertu stabilisatrice, pour un long laps de temps, sur le niveau général des prix. Même s'il possédait ce pouvoir mystérieux et surnaturel, la chose ne serait pas désirable, car elle irait contre l'évolution économique, qui suppose un certain degré d'incertitude, de risque, pour tenir en éveil les énergies et fouetter les efforts créateurs.

-Le rôle du métal jaune a été plus modeste, mais non moins utile. Il s'est inséré dans la circulation monétaire de presque tous les pays et a assuré la stabilité de leur monnaie dans les échanges internationaux, ainsi qu'un certain équilibre des prix, à un moment donné, entre les différentes régions du monde. Il est clair que l'or n'était plus l'unique étalon des valeurs, ni le seul instrument des échanges, ni le moyen par excellence de l'épargne. Il l'était encore, à côté des autres signes monétaires, et en tant qu'unité de compte. Mais il était surtout le facteur indispensable aux règlements extérieurs, il était le commun dénominateur des systèmes monétaires nationaux. Il avait internationalisé la circulation monétaire et, en même temps et tant qu'une certaine proportionnalité était observée entre le total de la circulation (billets, monnaie de billon, dépôts à vue) et les

(1) Y compris l'or monnayé, en circulation dans le pays.

réserves d'or, il contenait les prix entre des limites assez étroites, il indiquait aux Banques Centrales, quelle était la politique de l'escompte à suivre, et arrivait ainsi à une nivellation relative des prix, par de là les frontières.

*

* *

La convertibilité immédiate de la circulation fiduciaire en or et la liberté absolue de l'exportation et de l'importation du métal précieux, garantissaient aux pays, qui étaient à l'étalon-or, des changes très stables, dont les variations étaient incluses entre les Gold Points. Le devoir primordial des Instituts d'émission, dans les pays ayant adopté ce système, était par conséquent de pouvoir répondre à n'importe quel moment et dans n'importe quelle circonstance, à toutes les demandes d'or, qui leur seraient adressées.

Et nous voyons, en vérité, que chaque État oblige l'Institut d'émission, par sa loi organique de garder un fond de conversion (une encaisse) et lui impose une limite à l'émission des billets (dans quelques cas, à la constitution des dépôts à vue (1). Mais on tient aussi compte de ce fait, que les besoins économiques du pays nécessiteront toujours un minimum de moyens de paiement, qui ne sera jamais présenté à la conversion, et d'autre part, on essaye de sauvegarder le principe d'une élasticité, plus ou moins grande, accordée à la Banque Centrale, pour lui permettre de suivre et d'aider le développement de la vie économique du pays. Avant la guerre, quatre pays européens seulement faisaient

(1) L'Italie, la Hollande, la Belgique, la Grèce et la Finlande. En Amérique, les États-Unis.

exception à ces règles et avaient une monnaie qui n'était pas convertible, *ad libitum*, en or : c'étaient l'Autriche-Hongrie, l'Italie, la Grèce et le Portugal. Dans les trois premiers, il s'agissait d'une suspension provisoire. Les autres États de l'Europe se partageaient entre le monométallisme-or (le Gold Standard pur) et le bimétallisme boiteux. Appartenaient au premier groupe : l'Angleterre, la Russie, les Pays Scandinaves, la Roumanie (tout comme le Japon et les États-Unis). Et au second groupe : les pays de l'Union latine (France, Suisse, Belgique), l'Espagne, la Hollande, la Serbie et la Bulgarie.

Au point de vue de l'élasticité du système, la Banque d'Angleterre en manquait presque complètement. Elle ne pouvait émettre des billets que contre de l'or, sauf pour un contingent de 18,45 mill., couvert par des obligations de l'État (1). La France au contraire n'était soumise à aucune proportionnalité, définie par la loi, entre la circulation et l'encaisse de la Banque ; tant qu'une limite fixe (le plafond) n'était pas atteinte, l'élasticité de la Banque de France était considérable. Un grand nombre de pays avait adopté la règle d'une couverture proportionnelle et l'élasticité de leur circulation était déterminée par la marge qui existait entre leur encaisse réelle et la réserve légale, qu'ils devaient garder. Enfin, quelques autres pays fixaient à la Banque d'émission l'obligation d'une couverture proportionnelle et l'obligeaient, en même temps, à payer un impôt, si la totalité des billets non couverts, dépassait un certain montant, déterminé d'avance.

(1) Se trouvaient encore sous le régime du contingentement direct : la Banque de Russie, la Banque de Finlande, la Banque de Norvège et celle du Japon.

*

* *

Sous le signe de ces deux grands principes, la convertibilité en espèces et l'élasticité du crédit, les systèmes
monétaires de l'Europe d'avant-guerre fonctionnaient normalement et avec une régularité presque parfaite. Les mouvements de l'or étaient en étroite connexion avec les variations des changes. Les sorties de l'or provoquaient une
restriction des crédits, les importations une augmentation.
Le phénomène se produisait avec une telle exactitude, qu'on
le considérait « automatique ». Mais en somme la restriction autant que l'extension du crédit dépendaient directement
du « pouvoir » de l'autorité bancaire. L'apparence d'automatisme était renforcée en Angleterre à cause de la marge
trop étroite laissée à la politique de la Banque, en dehors
des modifications imposées par les entrées et les sorties
de l'or. La place de Londres était particulièrement sensible
aux mouvements du métal jaune, de par sa place de principal marché libre de l'or. Elle était le plus important
collecteur de la production nouvelle de l'or et son organisme
perfectionné de crédit, en faisait aussi le banquier du monde.
Une bonne partie des règlements internationaux n'avait pas
lieu par des envois directs de métal jaune ; ils se faisaient
avec des traites en livres sterling, acceptées par les grandes
maisons de banque londonnaises. Londres était un vaste
clearing house international. Mais les soldes se réglaient
par des envois d'or, et selon que la tendance était favorable
ou non au marché anglais, une surabondance ou une pénurie d'or se faisait immédiatement sentir. Les répercussions
de la réserve-or sur la circulation et sur les prix étaient
directes et la Banque d'Angleterre était amenée à intervenir

souvent pour rétablir l'équilibre. Elle procédait à un relèvement ou un abaissement du taux de l'escompte. Les variations de celui-ci, influençaient les conditions de crédit, faites aux États, qui étaient en relations financières avec le marché anglais. Par ricochet, la situation de leurs réserves et de leur circulation en subissait les effets. Ces constatations ont permis récemment au Bulletin d'une grande banque anglaise, d'affirmer que, avant la guerre, c'est l'Angleterre qui conduisait le monde dans l'expansion et la contraction du crédit et qu'en fin de compte elle commandait les variations des prix, c'est-à-dire le pouvoir d'achat de l'or et des monnaies qui le prenait pour base. « Le monde était accroché à la livre sterling, et l'or contrôlait les systèmes monétaires et les prix dans le monde, parce que l'or contrôlait la livre sterling » (1).

b) La position de l'or dans les premières années d'après guerre, et les théories qu'elles a suscitées.

Il serait hasardeux de soutenir que tous les États de l'Europe prévoyaient la guerre, mais il est certain que la plupart d'entre eux se constituaient, peu de temps avant 1914, des fortes réserves d'or, en dehors des indications normales des balances du commerce extérieur et malgré des changes défavorables (c'est-à-dire qui n'avaient pas encore atteint le **gold point d'entrée**). Ils poursuivaient une politique, **plus ou** moins consciente, de constitution d'un « trésor **de guerre** ».

Les événements qui ont suivi le déclanchement du conflit

(1) « The world was harnessed to the pound, and gold controlled the world's currencies and prices, because gold controlled the pound » (*Bulletin de la Middland Bank, Stabilising the value of gold*, sept. 1927).

européen, se sont chargés de leur démontrer l'insuffisance
d'une pareille politique, quand les circonstances dépassent,
par leur ampleur et leur caractère extraordinaire, les prévisions limitées des hommes. Les Banques centrales se sont
trouvées dès le début des hostilités devant une double
demande de moyens de paiement liquides : celle de l'économie nationale, privée de crédit, et du public, pris de
panique, et celle de l'État à court d'argent, pour le financement de la guerre. On devait ménager l'encaisse-or et en
même temps permettre à la Banque une émission plus forte
de billets : alors on a introduit partout, en droit ou en
fait, le cours forcé et on a décrété l'interdiction des exportations de l'or. Même les États neutres ont subi le contre-
coup de cette situation anormale et ont été amenés à prendre les mêmes mesures. Les Banques d'émission ont été
relevées de leur obligation légale de convertibilité :

Le 2 août 1914   en Belgique
le 4 août 1914   en Allemagne
le 6 août 1914   en France
le 7 août 1914   en Russie
Au début de février 1915   en Finlande
le 31 juillet 1914   en Suisse et en Hollande
le 2 août 1914   en Suède et au Danemark
le 18 août 1914   en Norvège

Le 4 août, la Banque de l'Autriche-Hongrie a été dispensée de maintenir le change de la couronne au pair.

En Angleterre, on s'est contenté d'apporter des restrictions à l'exportation du métal et à faire appel au patriotisme
du public.

Les États-Unis ont interdit l'exportation de l'or du
10 septembre 1917 au 7 juin 1919.

Pendant les quatre années de guerre, les changes, privés

des limites qui leur étaient imposées par les Gold Points et la convertibilité absolue des billets en or, ont fluctué au-dessus et au-dessous du pair et ils auraient pu essuyer des variations plus grandes encore. On n'observe pas des écarts extraordinaires, pendant cette période, parce que les belligérants (les plus exposés aux fluctuations des changes) ont mené une prudente politique de devises. Les Alliés, surtout, se sont aidés réciproquement par des crédits extérieurs. Mais la guerre finie et les mesures artificielles pour le soutien des changes disparues, l'appauvrissement immense de l'Europe, amenant l'inflation et le fort endettement envers l'Amérique, s'est traduit par une énorme dépréciation monétaire. Il a été impossible aux États européens, affaiblis par les suites de la guerre, de raccrocher immédiatement après la cessation des hostilités, leurs monnaies à l'or, en supprimant le cours forcé et les interdictions d'exportation. Au contraire, c'est à ce moment qu'un bon nombre de ces États ont perdu une partie de leurs encaisses-or, qui avaient été augmentées pendant la guerre par les apports volontaires du public.

D'un autre côté, la majeure partie de la production annuelle du métal jaune était drainée par les États-Unis, puissamment créditeurs, et s'accumulait dans les caves des Banques fédérales et du Trésor américain. Nous verrons, dans les chapitres suivants, quelle a été l'évolution monétaire aux États-Unis et en Europe, depuis la guerre et jusqu'à nos jours. Pour le moment, retenons seulement que dans les premières années qui ont suivi la fin de la guerre, aucun des États européens n'a pu revenir à l'étalon-or et que de l'autre côté de l'Atlantique, les États-Unis recevaient continuellement de l'or (292 mill. en 1919, 94 mill. en 1920, 667 mill. en 1921, 238 mill. en 1922, 294 mill. en 1923,

258 mill. en 1924) (1) et finissaient par avoir plus de métal jaune qu'il ne leur en fallait. La convertibilité des billets de banque (qui ne sont pas investis avec le cours légal) en Amérique n'a jamais été suspendue. Le dollar valait pratiquement de l'or. Mais ce dernier ne possède pas le don mystérieux de garder, malgré et envers tout, un pouvoir d'achat immuable. La quantité de métal précieux, détenue par les Banques, augmentant sans cesse, la circulation et les dépôts ont augmenté aussi et l'accroissement de la masse des moyens de paiement a conduit à une véritable inflation des prix, donc à une dépréciation du pouvoir d'achat du dollar et par conséquent de l'or, avec lequel il se confondait. Le métal jaune a subi des fortes et brusques variations dans sa « valeur intrinsèque » et la croyance à sa « vertu stabilisatrice » s'est trouvée fortement ébranlée.

A la suite de la crise de 1920, le système de la Réserve Fédérale a « dirigé » la valeur du dollar, en ce sens, que par une politique appropriée de crédit, et en dehors des indications fournies par la quantité d'or disponible, il s'est efforcé, et il a réussi, à maintenir au dollar à l'intérieur du pays, un pouvoir d'achat à peu près stable, le niveau des prix de gros, qui le mesure, oscillant depuis 1922 autour de 150, sans grandes variations.

A cette époque, vers 1922-23, on constate en Europe l'abandon presque général, quoique forcé, de l'étalon-or ; et en Amérique, la « stérilisation » de l'or dans les caves

(1) Voir Mémorandum sur la Balance du Commerce extérieur publié par la S. D. N., 1926.

du « Board » ou du Trésor, et l'adoption d'une politique de monnaie dirigée, qui rendait au dollar une valeur stable, sans tenir compte des variations de la réserve métallique du pays.

On pouvait parler, avec une apparente vraisemblance, de la défaillance de l'or, et un économiste anglais publiait en 1923 un ouvrage (J. M. Keynes, *A tract on monetary reform*), dans lequel il proclamait la faillite des conceptions classiques et l'avantage qu'il y a pour les États, sur le point d'effectuer une réforme monétaire, d'abandonner le système de l'étalon-or et d'adopter une politique nouvelle, basée sur la stabilité absolue et permanente des prix, et obtenue par une action consciente et continue de la Banque centrale, sur le volume de la circulation. La doctrine de M. Keynes n'a plus qu'un intérêt dogmatique ; vers la fin de 1922, la stabilisation des changes, avec le principe d'un retour à l'or (dans le sens que nous avons défini dans notre introduction) est décidée par la Russie et l'Autriche, et un peu plus tard dans les autres pays à monnaie avariée, des mesures analogues sont prises et la même stabilisation poursuivie par leur politique monétaire. Les pays neutres abolissent les interdictions à la libre circulation internationale de l'or et, timidement, telle Banque nationale (en Hollande ou en Suisse) essaye de remettre dans la circulation intérieure des petites quantités de métal jaune, sous la forme d'or monnayé, comme avant la guerre.

*
* *

Il nous paraît intéressant, pourtant, de dire quelques mots sur cette doctrine et de résumer les critiques qu'on lui a apportées, ne fût-ce que pour discuter brièvement une opinion qui soutient que les préoccupations liées à la répartition de l'or sont presque inutiles et que l'or devrait cesser d'être la base des systèmes monétaires modernes.

Nous avons placé l'ouvrage de M. Keynes dans les circonstances qui expliquent le sens de ses affirmations hardies et innovatrices. Nous devons aussi lui reconnaître deux précurseurs : Knapp, en Allemagne, dans un livre célèbre (*Die Staatliche Theorie des Geldes*, 1905) avait soutenu que l'essence de la monnaie ne consiste pas dans la matière, à laquelle elle est rattachée, mais dans l'injonction de l'État, lui conférant cours légal. Fisher, en Amérique (*The purchasing power of money*, 1913) avait proclamé l'éminence de la stabilité des prix sur la stabilité des changes et avait proposé l'adoption d'un dollar-marchandise, à pouvoir d'achat stable et à teneur-or variable. Keynes reprend l'idée d'une stabilisation nécessaire du niveau général des prix et d'un affranchissement de la circulation monétaire, de l'or, « relique barbare ».

Il insiste sur les avantages d'une pareille stabilisation, et il croit qu'elle suffira pour écarter les crises et les autres troubles économiques et qu'elle exercera son influence bienfaisante sur le développement tranquille et sans heurts de l'industrie et du commerce, en même temps que sur le marché du travail, en diminuant et en atténuant le chômage. L'opinion de Keynes s'étaye sur une croyance quasi-mystique dans l'infaillibilité de l'organisation bancaire et dans la possibilité absolue pour l'Institut d'émission et les autres grandes banques du pays, de proportionner exactement la circulation aux besoins et de diriger, sans défaillance, le crédit, en vue de dominer le marché monétaire et de maintenir immuable le niveau général des prix.

Il arrive naturellement à préférer la stabilité des prix à la stabilité des changes, dans l'hypothèse où l'Angleterre, ayant adopté son plan par exemple, les autres pays s'obstineraient à subir des fluctuations de prix internes, par leur attachement désuet et inutile à l'étalon-or. Mais si tous les États se décidaient à adopter la politique de la « monnaie dirigée » et à abandonner la conversion à taux fixe de la circulation en or, de même que la proportionnalité arbitraire de la réserve, alors les changes finiraient aussi par se stabiliser, à un taux déterminé par la parité des pouvoirs d'achat des différentes monnaies « nationales » en présence.

Partisan de la théorie quantitative, dont il a remanié les formules et précisé le contenu, M. Keynes admet l'influence directe et unique de la circulation monétaire (du total des moyens de paiements) sur les prix. Il estime, par suite, qu'il est dans le pouvoir des banques de manipuler de telle façon leur politique de crédit, ce mot étant pris dans son sens le plus large, que les moindres variations du pouvoir d'achat interne de la monnaie, soient écartées et qu'une quantité donnée d'unités monétaires puisse représenter durablement un même complex de marchandises, choisi comme chiffre-indice. Les moyens à la disposition des banques seront le taux de l'escompte et les interventions directes sur le marché des capitaux circulants, par des achats et des ventes d'effets de commerce ou des obligations du Trésor à court terme. Elles ne devront pas intervenir après coup, pour rétablir le niveau général des prix, considéré comme base du système, quand une hausse ou une baisse se seront déjà produites ; elles auront soin de prévoir les mouvements futurs des prix et les empêcher de se manifester (1).

______

(1) « Le point essentiel, est que *l'objectif* que les autorités doi-

La doctrine de M. Keynes se ressent de son opportunisme : son but était de proposer aux autorités anglaises un plan pratique, et d'une réalisation immédiate, pour l'accomplissement de la réforme monétaire par la stabilisation des prix. Il fallait respecter certaines habitudes invétérées et ménager une certaine psychologie populaire. C'est pourquoi il sacrifie, en partie, la pureté de forme de sa théorie, pour laisser un certain rôle au métal jaune, comme trésor de guerre et moyen temporaire et exceptionnel de rétablissement de l'équilibre des changes. Mais il est entendu qu'il ne considère l'or, que comme une *marchandise quelconque*, dont la valeur varie au gré des contingences immédiates et dont la Banque se sert, en l'achetant et en le vendant à des taux éminemment variables.

Les critiques qu'on a faites et qu'on pourrait faire aux idées de M. Keynes portent tant sur la valeur de leur exactitude théorique, que sur leur flagrante inapplicabilité pratique.

Mais il me paraît encore plus juste de voir, avec Lansburgh, Hantos et bien d'autres, dans les théories de l'économiste anglais, un attachement non avoué au socialisme d'État et une confiance absolue dans les vertus d'une immixtion directe des autorités dans la vie économique du pays. Le libéralisme économique, dépouillé des exagérations de ses précurseurs et limité par certaines restrictions légitimes pour sauvegarder l'indépendance de l'économie nationale, n'a plus besoin d'être défendu. Et le grand avantage d'un réseau de systèmes monétaires, édifiés sur la base de l'or, est justement d'émanciper la circulation et le

vent poursuivre avec tous les moyens dont elles disposent soit la stabilité des prix » (p. 2r5).

crédit de toute influence autoritaire et de laisser à un organisme indépendant la mission de suivre rationnellement et
prudemment les indications données par les mouvements
du métal jaune.

On a opposé d'abord, au système de **M. Keynes**, les
imperfections des nombres-indices, malgré les efforts de
leurs partisans de leur donner une plus grande exactitude.
Une expérience tentée en Hongrie, avec la couronne-épargne, qui devait stabiliser le pouvoir d'achat interne d'après
la considération des nombres-indices, échoua lamentablement. Il faut aussi tenir compte de la valeur toute relative
des généralisations qu'implique la confection des nombres-
indices. En suivant aveuglément leurs indications, on arri-
verait à des véritables absurdités : à tel moment donné,
une mauvaise récolte ayant provoqué une hausse des prix
pour les céréales, il faudrait faire baisser le prix des produits industriels pour rétablir l'équilibre, restreindre
intempestivement les crédits accordés à l'industrie, et provoquer une crise, et le chômage, qu'on s'était justement
proposé d'éviter. Enfin, des méthodes différentes peuvent
être employées dans l'établissement des index-numbers.
L'adoption de l'une ou de l'autre méthode peut avoir sur
les intéressés des répercussions, qui se traduiraient bientôt
par des luttes politiques et sociales, et la vie économique
n'aurait assurément rien à y gagner.

Mais l'argument le plus sérieux et le plus valable qu'on
peut apporter pour la réfutation d'une pareille réforme
monétaire est que même si la stabilisation des prix internes
était possible, elle n'en serait pas plus désirable. Cette
stabilisation, supprimant les incertitudes et les risques, tue-
rait l'esprit d'initiative et les efforts créateurs, elle amènerait la stagnation et finalement la régression de la prospérité

économique du pays (1). Si elle satisfait une apparence de justice dans les rapports contractuels, elle va à l'encontre de cette justice plus profonde et plus réelle, qui tient compte de l'évolution, des changements des institutions et de la vie toute entière, et qui accepte comme très naturel et très normal que les conditions générales d'aujourd'hui ne soient plus les mêmes, qu'il y a vingt ans. Le caractère social de la stabilisation des prix n'est qu'un leurre, a pu dire M. Lansburgh (2). Elle est au contraire un moyen de priver les classes les moins fortunées (les ouvriers, les rentiers de l'État) des avantages du progrès et du bon marché des biens, produits dans des conditions plus favorables. L'or a subi et subira lui aussi des variations lentes au cours du temps. « Mais il est loin d'être aussi radical et antisocial, que la prétendue monnaie sociale des nombres-indices ».

*
* *

Ce qu'on a recherché surtout, cela a été la stabilité des changes, après avoir fait l'expérience pénible et coûteuse de l'instabilité de la monnaie, dans les relations internationales. Devant une unité monétaire, dont le pouvoir d'achat extérieur s'effritait tous les jours, la réaction du public s'est manifestée par une foi accrue et plus forte que jamais dans la supériorité de l'étalon-or. L'attitude psychologique du monde entier, traduite par un véritable engouement pour le métal jaune, a constitué une base des plus

(1) Voir F. JENNY, *La monnaie dirigée* dans *Le Temps économique et financier* du 12 décembre 1927.
(2) V. LANSBURGH A., *Index-Geld. Die Bank*, oct. 1924.

solides au retour à l'or en Europe et ailleurs. Ceux qui avaient persisté à défendre la doctrine classique, ont vu dans les phénomènes monétaires de ces derniers temps, une confirmation éclatante de leurs principes et ont raffermi leurs positions, en les étayant sur les résultats des événements, qui venaient de se produire.

Il y en a même, parmi les défenseurs de l'étalon-or, qui ont poussé la rigueur de leur doctrine, jusqu'à ses dernières limites. M. Lansburgh, par exemple, a exposé dans une suite remarquable d'articles, publiés dans sa revue *Die Bank* (1) une théorie extrémiste du Gold Standard pur, dont nous dirons quelques mots, parce que nous la trouvons particulièrement intéressante, par les conclusions pratiques, qu'elle a permis à son auteur d'en tirer.

La théorie de M. Lansburgh est puissamment originale et son interprétation (quoique inacceptable dans toutes ses conclusions) est néanmoins une des interprétations possibles, en logique pure, des phénomènes de la monnaie. Il s'approche plutôt des métallistes, en s'opposant aux nominalistes, il accepte aussi le « currency principle » par opposition au « banking principle ». Mais, pour arriver à nous dire que seul le métal jaune, peut constituer une base (et la base unique de toute circulation monétaire), il nous fournit une augmentation nouvelle, dont voici les propositions essentielles : Dans le monde économique ce qu'il y a de réel, de positivement constatable, ce sont les échanges de marchandises (et de services), c'est-à-dire le troc des prestations réciproques. Il se fait qu'à un certain moment

(1) Voir les numéros de mars, mai, août, septembre et décembre 1925 (*Wie entsteht Geld ? Das falsche Prinzip. Kredit politik. Zur Definition des Geldes als Rechtsanspruch*).

une des parties renonce à exiger la contre-prestation immédiate, d'une prestation qu'elle avait effectuée pour sa part
et se contente du *droit à une prestation future*. M. Lansburgh estime que ce droit (Güterbezugsrecht) résultant d'un
renoncement (Güterbezugsverzicht) devient monnaie, sitôt
qu'il s'objective de façon à être transmissible d'un membre
à l'autre de la communauté économique. Et plus loin, si
ce droit se matérialise, il prend la forme d'un signe monétaire. C'est ainsi que naît la monnaie. Elle s'éteint par
l'opération inverse, à savoir par l'exercice définitif de ce
droit et par sa transformation en une prestation effective.

Dans les échanges journaliers, avec de la monnaie déjà
existante, le phénomène nous échappe, car dans une vente
par exemple il y a en même temps naissance du droit (pour
le vendeur) et extinction du droit (pour l'acheteur). La
compensation qui s'opère, nous cache la réalité. Mais il
se peut, à un moment donné, qu'on crée de la monnaie
nouvelle. Pour cela il faut que le renoncement porte sur
la contre-prestation, correspondant à la prestation d'une
marchandise qui a été choisie comme étalon des valeurs.
Et il faut encore que cette marchandise (or, argent, platine,
coquillages, selon les pays) soit cédée à l'Institut central
investi de la faculté d'émission de signes monétaires, qui
attestera la naissance d'un nouveau pouvoir d'achat, et
qu'elle y reste jusqu'à ce qu'un porteur éventuel, voulant
retrouver la prestation finale et éteindre le droit (qui est
l'essence de la monnaie) se présente à cet Institut et exige
le remboursement.

La création de pouvoir d'achat nouveau ne s'effectue pas
arbitrairement. Elle dépend de la capacité d'absorption
limitée de l'économie nationale, dont elle doit suivre exactement les besoins. Elle se produira quand certaines con-

ditions déterminées la rendront plus avantageuse (plus utile) que l'utilisation des signes monétaires, se trouvant déjà en circulation. Plus précisément, ce sera le cas d'une circulation insuffisante et de la baisse des prix — augmentation du pouvoir d'achat de chaque unité monétaire consécutive. Alors, si dans un échange quelqu'un a reçu comme contre-prestation une quantité quelconque de matière-étalon, il a plus d'avantage (cette matière n'étant qu'une marchandise comme les autres) de la porter à la Banque d'émission pour obtenir des signes monétaires, selon la parité légale, que de la céder — (à prix réduit) contre des signes moné-taires déjà existants. Ajoutons, que cette matière-étalon arrivera dans le pays, par le mécanisme bien connu (quoi-que contestable) d'une exportation accrue, tant que la dis-parité des pouvoirs d'achat (intérieur et extérieur) persis-tera. Et au moment où les besoins naturels de l'économie — de maintenir des prix stables — seront satisfaits, l'équi-libre des prix s'étant rétabli, il n'y aura plus aucune utilité à créer de la monnaie nouvelle et l'augmentation de la circulation prendra fin.

Voilà, brièvement décrit, quel est le processus de la for-mation (et de l'extinction, par le procédé inverse) de la monnaie, selon M. Lansburgh. Il s'ensuit tout d'abord de ses explications que dans les pays, ayant adopté l'étalon-or, seule la monnaie couverte à 100 % par le métal jaune est de la monnaie vraie, selon les principes profonds et logi-ques, qui justifient sa création. Les émissions gagées par une créance sur l'État sont une falsification de la circula-tion normale, seule économique. De même, quoique dans une moindre mesure, la circulation couverte avec des effets de commerce n'est pas non plus une circulation véritable, car elle ne répond pas aux lois fondamentales de la création de la monnaie, qui nous apprennent que cette dernière résulte d'un acte d'épargne, qu'elle nécessite la preuve que le droit à une contre-prestation n'a pas été exercé et qu'il est ainsi devenu un nouveau pouvoir d'achat. Tandis que les signes monétaires, émis en représentation d'une promesse de paiement dans l'avenir, constituent au contraire un surcroît de dépense, une multiplication artificielle de la circulation et une falsification des rapports normaux qui doivent exister entre la masse des moyens de paiement et les nécessités naturelles de la vie économique. Et la rigueur de la démonstration amène M. Lansburgh à déclarer que même l'émission, gagée par le résultat d'un emprunt-or, mais décidée par la Banque, au lieu de l'être par les impulsions spontanées de l'économie nationale, doit être considérée comme allant contre le sens intime et profond de la monnaie et qu'elle peut engendrer des troubles et des mécomptes. Plus spécialement cette création artificielle de pouvoir d'achat aura pour effet de dispenser l'économie nationale de l'effort nécessaire pour obtenir (par une exportation accrue) des plus grandes quantités de métal jaune et le progrès, consistant dans la baisse des prix et le perfectionnement des méthodes d'exploitation, sera retardé par cette action anti-économique de la Banque. Une apparence de raison est donnée aux conclusions de M. Lansburgh par les variations et les incertitudes de la politique monétaire allemande, aux premiers temps de la création massive (quoique en quantité limitée) des Rentenmark et des Reichsmark.

Nous verrons plus loin la critique que cette doctrine a permis à l'économiste allemand de faire à l'accumulation des devises dans l'encaisse des Banques nationales. Pour le moment, indiquons les réserves que nous croyons devoir faire, quant à l'acceptation totale d'une pareille doctrine.

Il est incontestable que l'explication de M. Lansburgh (au point de vue de la théorie de la connaissance, dont il se réclame) contient une observation juste et valable. Mais il est hors de doute que, historiquement, on découvre à la monnaie d'autres caractères essentiels (nécessité de trouver un étalon commun des valeurs, le besoin de découvrir un système qui puisse permettre un échange plus commode que le troc et une manière de règlement plus adéquate à la complication des relations économiques), des caractères essentiels qui diminuent singulièrement la portée de l'affirmation trop catégorique de M. Lansburgh : pas de monnaie, sans un acte de renoncement à une contre-prestation immédiate.

Construction logique parfaite, si l'on veut, cette théorie extrémiste du Gold Standard pur paraît méconnaître la conception de la monnaie comme unité de compte, et le rôle capital du crédit (comme créateur de monnaie) dans l'enchevêtrement complexe de la vie économique contemporaine, nationale et internationale. Et s'il fallait encore une preuve de la possibilité d'un processus contraire à celui indiqué par M. Lansburgh, on irait le chercher en Amérique, où on a pu voir ces derniers temps comment le crédit (monnaie de second degré) a précédé l'épargne et en facilitant la création des richesses, a fortifié l'organisme économique, au lieu de l'affaiblir. On doit reconnaître que la politique monétaire des Banques centrales basée sur la prévision des besoins monétaires du pays et la manipulation du taux de l'escompte pour augmenter ou diminuer la circulation sont parfois soumises à l'erreur, comme toute action humaine, mais nous avouons ne pas arriver à concevoir la réalisation pratique d'une circulation monétaire universelle entièrement et uniquement basée sur l'or. Sans

compter que la doctrine de M. Lansburgh suppose l'adhésion complète à la théorie quantitative la plus stricte, à la
théorie de la parité des pouvoirs d'achat, à l'automatisme
absolu des mouvements des prix sur la balance commerciale et de cette dernière sur le niveau des changes. Si on
refuse de donner son adhésion à ces principes théoriques
très discutables, implicitement on rejette l'explication doc-
trinale d'ensemble de l'économiste allemand et on n'en
garde qu'une suggestion intéressante pour la compréhension
plus parfaite des phénomènes monétaires.

c) Conception actuelle de l'importance d'une encaisse-or.

Entre la théorie de l'automatisme absolu, dont nous
venons de voir les exagérations, et la théorie de la monnaie dirigée, dont nous avons dénoncé les dangers, il y a
de la place pour une conception intermédiaire, plus près
de la réalité vraie des phénomènes de la monnaie, et expli-
quant mieux, croyons-nous, la diversité des actions et réactions, auxquelles ces derniers donnent lieu de nos jours.
Également éloignée d'une doctrine utopique et d'une autre,
qui se targue d'aller bien loin au fond des choses, elle
nous permettra de saisir, dans leur enchaînement logique,
les idées et les actes, qui ont présidé à l'assainissement
monétaire de l'Europe.

Et tout d'abord tâchons de bien nous rendre compte en
quoi consiste actuellement la circulation monétaire, dans
les divers pays, ayant atteint un degré suffisant de civilisa-
tion (de développement économique). Nous constaterons
partout l'habitude, qui tend à devenir organique, de se
servir du billet de banque, dans les paiements journaliers,
même de petite importance. Ce qui a été une nécessité,

imposée par des situations anormales, devient un usage normal, justifié par des raisons de commodité personnelle. Ensuite, nous remarquerons l'extension exceptionnelle des pratiques du crédit en banque, qui prennent chaque jour davantage, la place des règlements au comptant et de l'usage d'une monnaie effective. L'évolution est loin d'être la même dans tous les pays, mais les différences tiennent moins, pensons-nous, aux particularismes nationaux, qu'au progrès de l'évolution économique dans les pays considérés, et des changements importants peuvent encore se produire dans leurs habitudes de paiement.

Un pays, privé d'une circulation réelle de monnaies d'or et d'argent, possédera principalement deux sortes de moyens de règlement : les unités-monnaie (billets et billon) et les unités-virements. Les premières sont créées par l'Institut d'émission et ont seules le pouvoir légal de libération d'une dette ; les secondes sont créées par les banques et constituent un succédané presque parfait de la monnaie proprement dite.

Il y a sans conteste *une identité fonctionnelle* entre les unités-monnaie et les unités-virement. M. Robert Wolff vient de le montrer lumineusement dans sa « Note sur le système monétaire français ». Il ne fait d'ailleurs que reprendre une analyse, beaucoup plus ancienne de Hartley Withers (*Qu'est-ce que la monnaie ?* 1909). Mais il se sépare de l'éminent auteur anglais et d'une opinion plus récente, soutenue par M. Delzangles (1), quand il conclut à la non-identité foncière et complète des deux instruments monétaires. Et en cela il a parfaitement raison : non seule-

---

(1) V. R. DELZANGLES, *Étude comparée de la Banque d'émission et de la Banque de dépôt*, 1921.

ment le crédit en banque se distingue de la création de monnaie légale, en ce qu'il est plus directement le produit d'une affaire commerciale et qu'il est productif d'intérêts, mais surtout en ce qu'il est plus fragile, qu'il est en quelque sorte un moyen de paiement de second degré, dont la qualité dépend, à chaque moment, de sa faculté de transformation en monnaie légale (1). Se référant plus spécialement à la France, M. Germain Martin a pu parler, dans sa chronique hebdomadaire du *Journal des Débats* (2) de la « possibilité de mutation des francs-virement en francs-monnaie ». Les Banques assurent cette possibilité de mutation par la constitution d'une encaisse suffisante et par leur souci de se ménager, dans leur portefeuille, une forte quantité de papier bancable. C'est en dernière instance le recours à l'Institut d'émission, qui donne une base solide aux succédanés de la monnaie, que nous venons de définir, et c'est de cette manière que la Banque centrale, en contrôlant le total des billets émis (et de ses dépôts à vue), contrôle aussi la masse totale des moyens de paiement. Quelle sera donc la politique de la Banque comme autorité suprême, dirigeant l'émission des billets ?

Nous voilà amenés à découvrir, d'un point de vue tout pragmatique, la *vérité utile*, quant à l'importance du métal jaune dans l'organisation des systèmes monétaires actuels.

Les Banques centrales se proposant de veiller à la stabilité économique du pays, plus qu'à la stabilité absolue du niveau général des prix et se donnant comme mission principale le maintien de la stabilité des changes, *adopteront une base-or*, pour la circulation monétaire. Elles y

(1) Voir R. WOLFF, *op. cit.*, p. 6.
(2) Voir numéro du 12 septembre 1927.

seront conduites d'abord par cette considération, que l'or
est le *seul étalon international* vraiment pratique, qui puisse
assurer, par ses qualités exceptionnelles, une base solide et
particulièrement stable aux règlements internationaux. Il
n'est pas simplement un expédient pour rétablir momentanément l'équilibre de la balance des comptes. Il peut servir à des transferts durables pour redresser d'une façon
définitive une balance des comptes défavorable. Ou bien
encore, il sera, pour les pays riches, un moyen de placement à long terme dans les contrées, avec des vastes possibilités d'expansion économique, mais pauvres en capitaux.

Les Banques centrales s'y décideront ensuite, parce que
le métal jaune, au lieu de sortir affaibli de tant d'expériences
monétaires, en est sorti considérablement raffermi : il a
toutes les faveurs du public. L'or est l'objet qui matérialise, aux yeux du public d'aujourd'hui, la valeur d'une monnaie saine. C'est un revirement de *psychologie collective,*
par rapport au désintéressement relatif d'avant-guerre, avec
lequel il faut compter. En même temps, les changements
dans la masse d'or — possédée par chaque pays —, four-
niront une indication précieuse aux Instituts d'émission
quant aux *variations du volume total de la circulation et
du crédit,* qui devra suivre la contraction et l'expansion
de la réserve métallique, pour faciliter à l'organisme économique un développement harmonieux et sans troubles.

Enfin, les Banques verront dans une forte encaisse-or, un
trésor de guerre, dont l'utilité est incontestable, quoique
la convertibilité intérieure ne puisse pas toujours être maintenue. C'est une qualité que même ses détracteurs lui
reconnaissent et l'expérience de quatre années de guerre
est là, pour nous témoigner des services appréciables que
l'encaisse-or des Banques d'émission a apportés au finan-

cement de la guerre, en ce qui concerne les règlements extérieurs (1).

Voilà donc pour quels motifs, les Instituts d'émission choisiront l'or comme assise fondamentale de la pyramide de crédit, constituée par chaque système monétaire national. Le billet, qui représente un crédit fait à l'Institut d'émission, dans des conditions particulières sera convertible sur demande, à vue et au porteur. Le compte courant en banque sera indirectement couvert, par le remboursement en billets, et la convertibilité de ces derniers.

De même, pour qu'il remplisse son véritable rôle de volant régulateur dans les règlements internationaux, l'or devra jouir d'une liberté complète d'importation et d'exportation. Et pour avoir le maximum d'efficacité dans le fonctionnement du système, l'or devra être réuni dans une Banque Centrale de Réserve, qui sera en même temps la Banque Nationale d'émission (1). Mais il ne faudra pas assigner à celle-ci une couverture légale minima pour les billets en circulation. La règle de la couverture légale, dont on a pu dire que c'est une superstition monétaire, est à la fois illogique et illusoire. Elle ne fournit aucune garantie sérieuse et infaillible pour la bonne marche de la machine monétaire. Deux autres principes doivent déterminer, empiriquement, la couverture, utile à garder, et variable suivant les pays : le premier c'est que l'encaisse, comme « volant régulateur » nécessaire à la stabilité des changes,

____

(1) La France, l'Italie par exemple ont mis en gage une partie de leurs réserves-or, pour obtenir des crédits étrangers.

(2) Voir J. Lescure, *Banques de dépôt, banques d'émission et banques de réserve. Contribution à la théorie des banques*, dans la *Revue d'Économie politique*, juill.-août 1921.

doit être d'une telle grandeur, qu'elle puisse couvrir dans tout état de cause (sous un régime de transactions normales) « *le solde éventuel des règlements à effectuer à l'extérieur* » (1). Ce n'est pas le rapport entre la réserve-or et la circulation fiduciaire qu'il faut surtout envisager, c'est le rapport entre cette réserve et le montant probable du déficit maximum de la balance habituelle des comptes, qui doit être déterminant pour la politique de l'encaisse.

Subsidiairement la Banque Centrale devra avoir en vue (dans l'hypothèse d'une convertibilité complète, intérieure et extérieure) *le système des paiements, particulier à chaque pays.* Cela veut dire qu'elle devra tenir compte, pour fixer le montant utile de sa réserve, des habitudes de la collectivité, quant à l'usage des billets ou des virements, dans les règlements intérieurs. Généralement les Instituts d'émission adoptent la règle d'une couverture pour le tiers de la circulation. Mais « dans un pays, où les paiements sont effectués presqu'exclusivement à l'aide des billets, les Réserves-or peuvent être trop grandes, tandis que dans un autre, qui possède un système très étendu de paiements sans argent comptant, la couverture du tiers pour les billets peut ne pas être suffisante, pour assurer à tout moment la convertibilité en or » (2). Car il ne faut pas l'oublier, il existera toujours un besoin incompressible de billets de banque pour la circulation, tandis que la moindre crise peut ébranler la confiance des titulaires d'un compte courant créditeur et les amener à demander aux Banques privées la transforma-

---

(1) Voir B. Nogaro, *La couverture de la circulation* dans *Le Capital*, 15 mars 1927 (Supplément).

(2) Voir Hans Deckert, *Die Notendeckungsvorschriften für die Wichtigsten Zentralnotenbanken.*

tion de leurs dépôts en monnaie légale et éventuellement en monnaie internationale.

Nous nous empressons de dire que le principe d'un minimum de couverture, imposé par la loi, présente l'incontestable avantage de prémunir l'économie nationale contre l'arbitraire de la Banque Centrale, qui n'est somme toute qu'une institution privée, dans la majorité des cas. C'est là, estimons-nous, l'explication de la ténacité, avec laquelle la règle de la couverture légale apparaît, aujourd'hui encore, dans tous les statuts des Banques centrales nouvellement créées et, d'autant plus, dans les modifications apportées aux statuts des Banques centrales déjà existantes. Mais ne nous trompons pas. Il y a là un préjugé, solidement implanté dans l'esprit des gouvernants, et rien de plus. Les événements se sont chargés et se chargeront encore de leur démontrer l'inanité de ce principe, et si la conscience accrue de la responsabilité qui incombe aux Instituts d'émission, comme maîtres de la défense absolue de la valeur de la monnaie, continue à faire des progrès, elle rendra parfaitement inutile cette mesure surannée et illusoire de sauvegarde.

Dans le cadre, ainsi précisé, d'un système monétaire basé sur l'étalon-or, les Banques centrales devront jouir d'une assez grande indépendance de mouvements. Elles seront détachées de toute influence directe ou indirecte de l'État (et de sa politique) et elles s'efforceront au contraire d'avoir la haute-main sur la politique de crédit des grandes banques privées. En respectant les principes essentiels, que nous venons d'indiquer plus haut, elles pourront protéger plus efficacement leurs réserves métalliques et surveiller plus étroitement la conjoncture du pays, par une intervention vigilante sur le marché des capitaux circulants (1). Leur action directe aura pour effet de juguler la spéculation, de favoriser l'essor des industries, d'amener, dans une certaine mesure, le bon marché, résultat d'une prospérité croissante, enfin d'aider à une politique de balance active des comptes. Elles ne pourront pas prévenir les crises. Mais leur politique du crédit en atténuera l'intensité et en diminuera les méfaits (2).

(1) Voir Fr. JENNY, *La Monnaie dirigée* dans *Le Temps financier* du 12 décembre 1927.

(2) Voir A. AFTALION, *Peut-on prévenir les crises ? Le Capital,* 18 juillet 1927.

CHAPITRE II

L'OR AUX ÉTATS-UNIS

L'étude des phénomènes économiques aux États-Unis, depuis le début de notre siècle, qu'il s'agisse de phénomènes monétaires, industriels, ouvriers ou commerciaux, est du plus grand intérêt possible. On y voit sur un espace immense et fabuleusement riche, une « masse économique » (1), fortement constituée et admirablement organisée, exploitant le sol et mettant à profit les derniers progrès de l'industrialisation moderne, avec un esprit pratique, une audace et une réussite finale, qui étonneront toujours les vieux Européens. C'est de l'accumulation de l'or dans ce pays, par cette masse économique, pendant et après la guerre, que nous allons nous occuper dans le présent chapitre. Mais auparavant, nous allons décrire brièvement la structure du régime monétaire et bancaire des États-Unis et pour le faire, nous allons dire d'abord quelques mots sur le système qui prévalait avant la guerre. De cette façon, nous comprendrons mieux le sens et la portée de la réforme du 23 décembre 1913, instituant le Système de la Réserve Fédérale, et nous verrons que la position extrêmement forte de ce pays, est due en grande partie à cette heureuse

(1) Sur la signification nouvelle de cette expression, voir Lucien ROMIER, 1927. Qui sera le maître ?

réforme et que son évolution économique et financière aurait été, probablement, toute autre, sous l'ancien régime.

*
* *

Le XIXᵉ siècle avait légué au siècle suivant une organisation bancaire complexe et une circulation monétaire variée et disparate. Pour bien saisir les détails de l'une et de l'autre, il faut se rappeler qu'aux États-Unis il y a un gouvernement central, qui édicte des mesures générales pour tout le pays, et des gouvernements particuliers, qui font la loi dans chaque État fédéré. Ainsi il y avait à cette époque environ 8.000 Banques nationales qui fonctionnaient en vertu d'une « loi générale » (le National Bank act de 1863) et étaient investies du droit d'émettre des billets ; mais la circulation de leurs billets et la sphère de leur influence étaient strictement limitées à un territoire restreint. Les « State Banks » au contraire étaient des véritables banques privées, réglementées par les lois particulières de chaque État de la fédération. Elles avaient une plus grande indépendance que les premières et le champ de leur action était plus vaste. Enfin, il y avait encore les « Saving Banks » caisses d'épargne, et les « Trust Companies », institutions financières s'occupant des opérations très variées et dont la puissance parfois était très grande. On estimait à 26.000 le nombre total des banques dans les dernières années avant la guerre. La compétition entre elles était ardue et aucune direction générale ne coordonnait leur activité en harmonie avec les intérêts généraux et permanents du pays.

Quelle était la monnaie dont le public et les banques pouvaient se servir dans leurs affaires ? Il y avait tout

d'abord de l'or et de l'argent (en pièces monnayées ou certificats) qui étaient la seule monnaie légale. Ensuite il y
avait les billets des Banques nationales, non investis de
cours légal. Enfin, l'État maintenait en circulation une
somme fixe de « greenbacks », véritable monnaie fiduciaire,
papier d'État. Leur total était de 346 mill. et ils avaient
cours légal et forcé.

Voici la composition de la circulation monétaire depuis
1900.

	Total	Or	Argent	Billets (1)
1900 . . .	2.055	812	550	683
1905 . . .	2.588	1.136	630	822
1910 . . .	3.102	1.394	687	1.022
1913 . . .	3.364	1.612	696	1.056

Le seul élément, qui aurait pu assurer l'élasticité de cette
circulation monétaire, était l'émission des billets. Or, *l'inélasticité* était la caractéristique du système des Banques
nationales. En effet, la charte fédérale obligeait celles-ci de
déposer à la Trésorerie un montant équivalent aux billets
qu'elles voulaient émettre, en obligation des États-Unis.
Le « Contrôleur » leur délivrait une quantité au maximum
égale de billets, qu'elles signaient et mettaient en circulation. Le total des billets, ainsi émis, ne pouvait pas dépasser le capital et les réserves (surplus) de la banque émettrice.
En outre, celle-ci était obligée de rembourser en espèces
ou monnaie légale leurs billets et devait maintenir une
réserve de 5 % pour assurer le remboursement. Enfin le
Gouvernement donnait aussi sa garantie, pour munir cette
monnaie fiduciaire d'une sécurité absolue.

(1) Y compris les « greenbacks ».

Nous ne reprendrons pas ici toutes les critiques qu'on a fait à ce système. Nous voulons seulement faire ressortir le manque d'élasticité de la circulation bancaire, avant 1913, et montrer comment les garanties nombreuses étaient autant d'entraves à une libre adaptation de la circulation monétaire aux besoins économiques réels du pays. L'expansion et la contraction des billets étaient liés à des facteurs étrangers à la situation de l'industrie et du commerce (l'état du marché des rentes publiques) et le crédit de la banque était intimement mêlé à celui de l'État. Double erreur, dont les conséquences n'ont pas manqué de se faire sentir, sous la forme de secousses violentes, qui ont traversé l'économie américaine à maintes reprises. La crise de 1907, particulièrement dure par son intensité et désastreuse par ses résultats, avait définitivement condamné le système. Car « dans cette circulation si inutilement compliquée, saturée de certificats d'argent, encombrée de papier d'État, il n'y avait aucun élément doué de l'essentielle qualité de l'élasticité, rien qui put répondre aux besoins changeants d'un pays neuf, riche, ardent, travaillé par la fièvre des affaires » (1).

Il ne faut pourtant pas croire que la pratique ne s'était pas ingéniée à trouver un palliatif à *cette situation anormale.* Elle l'a trouvé dans un succédané de la monnaie, le dépôt en banques, utilisable par chèque. Chaque Américain avait un compte courant (deposit) résultant le plus souvent d'un escompte ou d'une avance, et qui servait à un nombre considérable de virements ; 80-85 % des transactions se réglaient par chèque. Le montant des compensations s'élevait entre 1901-1905 à 117.507 mill. $ (moyenne annuelle)

(1) Voir Paul van ZEELAND, *La réforme bancaire aux États-Unis d'Amérique*, Bruxelles, 1922, p. 10.

et entre 1911-1915 à 165.692 mill., laissant loin derrière lui, les chiffres correspondants dans les pays de l'Europe. Mais le même reproche d'inélasticité et d'inadaptabilité pouvait être fait aux régimes des dépôts, comme au système de la circulation. Les Banques nationales étaient obligées de garder une réserve légale contre les « dépôts » de leurs clients, variant de 15 % à 25 %, selon qu'il s'agissait d'une Country-Bank, d'une Reserve-Bank, ou bien d'une Central Reserve-Bank. Une partie seulement de cette réserve devait être tenue en caisse, en monnaie légale, par les Country-Bank (2/5) et par les Reserve-Bank (1/2). L'autre partie était déposée dans la Banque immédiatement supérieure et devenait un « dépôt » ordinaire. Les Central-Reserve-Banks seules, gardaient toute leur réserve en caisse. Les prescriptions concernant la couverture des dépôts étaient d'une rigidité absolue et les banques ne pouvaient pas les transgresser, même en temps de crise. Plus précisément si une grande demande de crédit se produisait à un moment donné et si les banques avaient atteint le minimum légal, elles ne pouvaient plus étendre les dépôts et la vie économique devrait souffrir de cette pénurie de moyens de règlements. D'autre part, l'émiettement des réserves dans une infinité des banques, et le procédé artificiel qui faisait qu'une partie de la réserve n'était qu'un dépôt ordinaire dans une banque supérieure, rendait la position du système très instable et une panique éprouvait durement l'organisme bancaire, qui ne pouvait pas réaliser facilement ses réserves et ne pouvait pas répondre sans troubles et sans heurts, aux demandes de remboursement des dépôts, de la part des clients.

En dernier lieu, l'absence d'un véritable marché de l'escompte et du réescompte, constituait encore une insuffisance de l'organisation monétaire des États-Unis et créait aux banques des grosses difficultés. Les Américains ignoraient, ou presque, la lettre de change (trade acceptance). Ils ne connaissaient que le billet à ordre (promissory note) muni d'une seule signature, et n'ayant pas la certitude absolue de réalisation, qui résulte d'une opération productive. Les banques escomptaient seulement des billets à ordre, et leur liquidité n'était pas toujours assurée.

D'un autre côté, il leur faisait défaut la faculté de réescompte, celui-ci étant considéré comme un signe de faiblesse et de doute sur la solidité de l'établissement bancaire. Avec des réserves rigides, et quasi-inutilisables, et privées du moyen de réescompte, les banques américaines remplissaient difficilement leur mission de distributrices du crédit et la répartition normale et adéquate des capitaux circulants ne pouvait pas avoir lieu.

*
* *

Après une enquête approfondie et l'examen de plusieurs projets, les États-Unis se décidèrent à une réforme radicale, qui fut opérée à la fin de 1913 et qui aboutit à la création du Système de la Réserve Fédérale. Celui-ci entra en vigueur le 16 novembre 1914 et subit une modification importante le 21 juin 1917.

Tel qu'il se présente aujourd'hui, ses caractéristiques principales sont les suivantes : division de tout le territoire des États-Unis en douze districts économiques, dirigé chacun, au point de vue bancaire, par une Banque de Réserve Fédérale seule investie du droit d'émission, création d'un organe central Le Federal Reserve Board, avec la mission de surveillance et de direction unitaire de la circulation et du crédit, application des principes d'élasticité et de réescompte aux banques faisant partie du système, concentration des réserves dans quelques centres principaux, en vue d'une meilleure utilisation et d'une plus grande efficacité.

Dans chaque district, les banques qui veulent bénéficier des avantages du régime et de la réglementation nouvelle, doivent s'affilier au système, devenir une « member bank » et se soumettre à la direction de la « Federal Reserve Bank » de la région. Les Banques nationales perdent le droit d'émettre des nouveaux billets et celles qui ne s'affilient pas, le bénéfice des dispositions nouvelles. Sur environ 26.000 banques existantes à la fin de 1913, plus de 7.500 se décidèrent à entrer dans le système dès le début. Il y en avait 9.606 en 1920 et 9.859 en 1922. A la suite des fusions, des faillites et compte tenu des adhésions nouvelles, leur nombre s'était réduit à 9.260 à la fin de 1926. Ce sont des « Member Banks » ayant pris la place des anciennes Banques nationales, les englobant pour une bonne partie, s'ajoutant aussi des nouvelles et n'étant plus que des banques de dépôts et d'affaires.

C'est la Banque fédérale du district qui s'occupe exclusivement de l'émission *des billets,* qui n'ont d'ailleurs pas de cours légal. Elle les cède aux banques affiliées, suivant leurs besoins et contre dépôt de 40 % en or et de 100 % en papier de commerce « éligible » ou en obligations de l'État (depuis 1917 contre le seul dépôt de 100 % d'or), qui doivent servir de couverture. Il faut avoir présent à l'esprit, pour bien comprendre le fonctionnement du système, le fait que d'abord une grande partie des opérations des banques se réalisent par des inscriptions en compte courant, donnant naissance à un dépôt, et qu'une partie seulement des affai-

res se règle avec de la monnaie proprement dite ; ensuite
que dans la circulation il reste une quantité considérable
de monnaie légale (monnaie d'or et d'argent, certificats d'or
et d'argent, billets de l'État, etc.) qui sert aussi et surtout
comme moyen de règlement. Ceci, pour ne pas exagérer
l'importance de cette circulation quasi-fiduciaire, à laquelle
venait s'ajouter les billets déjà émis par les Banques nationales, et non encore retirés de la circulation. Voilà, par
exemple, comment était composée la masse totale de la monnaie en circulation le 1ᵉʳ avril 1917 :

Espèces-or	642
Certificats-or	1.349
Dollars-argent	71
Certificats-argent	460
Billets du Trésor	2
« Subsidiany Silver »	191
Billets des Etats-Unis	330
Billets de la Réserve Fédérale	356
Bank-notes de la Réserve Fédérale . . .	3
Billets des banques nationales	697
Total	4.101 mill. $

On remarquera l'importance réduite que les billets de la
Réserve Fédérale avaient au début de 1917 ; ils ont pris
depuis lors une bien plus grande extension, comme nous
le verrons par la suite.

Disons, pour parachever la physionomie de ces nouveaux
billets qu'ils étaient convertibles en métal jaune, à vue et
au porteur, tant au siège des Banques fédérales, qu'à la
Trésorerie de Washington, qui a toujours gardé une grande
quantité d'or, dans ses caves. Et que les banques affiliées
pouvaient être relevées, temporairement, de leur obligation
de dépôt légal d'une couverture proportionnelle, quand les

besoins de la circulation le justifiaient et sous réserve de certaines pénalités, qui donnaient à cette mesure un caractère essentiellement transitoire.

Tenant compte de la place considérable qu'occupaient les *dépôts*, les ouvertures de crédit, dans la vie économique du pays, et des imperfections de l'Ancien Système, on ne pouvait pas ne pas penser à l'améliorer, en lui assurant une élasticité plus parfaite et un meilleur aménagement des réserves. On a résolu le problème d'une façon originale. On a imposé aux banques affiliées de garder une réserve légale, variant de 3 % à 13 % (primitivement 5 % à 18 %) en dépôt à la Banque de Réserve Fédérale de leur district. Cette réserve était formée soit par un dépôt effectif d'or ou de monnaie légale, soit par une ouverture de crédit par la Banque Fédérale, à la suite d'un réescompte de papier éligible. On obtenait ainsi une plus grande *élasticité* des dépôts, les banques pouvant assez facilement augmenter leurs réserves et donc leurs facultés de crédit, en même temps qu'une plus grande *efficacité* des réserves, par leur concentration dans quelques centres principaux. Retenons bien ceci, que cette dernière réserve légale imposée aux banques affiliées, quelle que soit la manière dont elle a été constituée, se traduit toujours par un dépôt à vue dans la Banque de Réserve Fédérale respective et n'est plus qu'une obligation ordinaire et immédiatement réalisable de celle-ci. Contre ces obligations, les Banques Fédérales doivent conserver en or ou en monnaie légale une couverture au moins égale à 35 % et s'assurer de la sorte, une liquidité presque parfaite.

Quels sont les *ressources et les emplois productifs* d'une member bank ? Elle reçoit des dépôts et ouvre des crédits en compte courant. Parmi ses obligations, on distingue

les « demand deposits » payables à vue ou dans un délai
de trente jours au maximum (leur couverture légale varie,
selon les villes de 7 % à 13 %) et les « time deposits » à
échéance plus longue (et ne requiérant qu'une couverture
de 3 %). Selon que ses exigibilités sont immédiates ou bien
plus éloignées, la banque procède à des avances à court
terme (prêts et escomptes) ou bien à des investissements
à long terme (achats de titres, participations, etc.). Voilà
comment s'analysaient les principaux postes du bilan de
toutes les member banks à la fin de 1914 et à la fin de 1925
(en millions de dollars) :

	31 déc. 1914	31 déc. 1925
Total des emplois productifs. .	8.560	31.200
dont prêts et escomptes . . .	6 419	22.275
Achat d'obligation des Etats-Unis.	794	3.762
Achat de titres et de participation.	1.347	5.163
Total des dépôts	8.305	34.228
dont : demand deposits . . .	5.125	19.355
time deposits	1.233	10.653

Nous venons de voir quels sont les organes, par l'intermédiaire desquels, les billets sont mis dans la circulation
et les dépôts, tenus à la disposition du public. Nous avons
indiqué aussi comment les réserves légales s'accumulent
dans les caves ou dans les comptes des 12 Banques Fédérales, qui détiennent la direction des mouvements des capitaux circulants, et veillent à leur parfaite adaptabilité aux
besoins des affaires et à l'évolution normale de la vie économique du pays. Leur moyen efficace de contrôle consiste
dans les variations du taux de l'escompte et dans les interventions directes sur le marché libre des titres et des effets
de commerce (1).

(1) Les banques fédérales sont des véritables « banques des

Expliquons maintenant plus clairement quel est le mécanisme qui assure l'élasticité du système. Les member banks reçoivent de l'or, soit par un dépôt direct de leurs clients, soit en paiement de leurs créances. Tant qu'il est dans leurs coffres-forts, cet or ne compte pas comme réserve. Elles vont donc le porter à la Banque Fédérale de leur district et obtenir, selon les besoins du moment, ou bien des billets, ou bien une augmentation de leur puissance virtuelle de crédit. Tant que les demandes de l'industrie et du commerce ne dépassent pas les disponibilités des banques affiliées, résultant de leurs dépôts d'or, les Banques Fédérales ne peuvent pas exercer une influence directe. La loi leur permet seulement d'intervenir sur le marché libre et de procéder à des achats ou ventes de titres ou des effets, pour augmenter ou diminuer la masse existante des moyens de paiements, si elles estiment que sa quantité est inadéquate aux nécessités réelles de l'économie nationale. Mais leur contrôle est plus direct et leur action plus immédiate au cas où les banques affiliées, pour répondre à une demande accrue de crédit, sont amenées à réescompter du papier « éligible » et à augmenter de cette façon leur réserve légale. Alors la Banque Fédérale sollicitée, haussera ou baissera son taux de l'escompte, arrêtant ou bien favorisant l'élan des banques affiliées et par leur intermédiaire la fièvre des affaires dans la région ou dans le pays tout entier.

*

* *

L'excellence de ce système ne se reconnaît pas unique-

banques ». Elles n'entrent pas en relations directes avec le public, sauf par leurs opérations sur le marché libre.

ment à la perfection de ses rouages ; nous allons la découvrir surtout dans les résultats admirables obtenus par la politique de son organe central, le Federal Reserve Board. Malgré l'indépendance relative des Banques Fédérales, qui respectait l'esprit décentralisateur américain, le Board a réussi à imposer ses directives générales à tout le système et il a dirigé avec un tel tact et un tel succès la politique monétaire des États-Unis, qu'il leur a permis de traverser facilement la guerre, de liquider rapidement la crise de 1920 et de jouir, depuis 1922, d'une assez grande stabilité économique. Il est certain que sans la direction prudente et avisée du Board, et sans cette puissante organisation bancaire, que constitue le Système de la Réserve Fédérale, les États-Unis n'auraient pas connu leur prospérité actuelle, et surtout ils n'auraient pas su diriger l'énorme afflux d'or pour en tirer le maximum de profit, avec le minimum d'inconvénients.

Quand, vers le milieu de 1914, éclatait le conflit européen, de l'autre côté de l'Océan, les États-Unis se trouvaient en plein bouleversement monétaire. Mais malgré les vicissitudes d'une organisation monétaire défectueuse, ils étaient arrivés au commencement du xx⁰ siècle, à consolider leur situation économique florissante et ils disposaient d'une capacité de production d'une telle grandeur, qu'ils avaient pu devenir les fournisseurs principaux de l'Europe, dès les premiers mois de la guerre. A la même époque, leur balance des comptes commençait à devenir favorable et leurs excédents d'exportation se traduisirent par une créance nette immense sur les pays engagés dans la lutte destructrice. Le Mémorandum sur le Commerce extérieur, publié par la S. D. N. nous donne les chiffres suivants, pour les années

1914-1917, en ce qui concerne la Balance commerciale des États-Unis.

	1914	1915	1916	1917
Importations	1.772	1.779	2.359	2.919
Exportations	2.071	3.493	5.423	6.169
Excédents	+ 299	+ 1.714	+ 3.064	+ 3.250

(en millions de dollars)

Ces exportations n'ont été possibles que grâce aux crédits considérables consentis par l'Amérique à ses débiteurs. Malgré tout, elle a reçu pendant ces quatre années près d'un milliard d'or, qui s'est accumulé dans les caisses de ses banques (member banks et autres) (1). En voilà le détail des mouvements de l'or :

Années	Importations	Exportations	Excédents
1914.	57.388	222.616	+ 165.228
1915.	451.955	31.426	— 420.529
1916.	685.990	155.793	— 530.197
1917.	552.454	371.884	— 180.570

(en milliers de dollars)

Pendant ce temps-là, le nouveau système bancaire commençait à prendre la place (2) de l'ancienne organisation, et il fortifiait sa position, en s'implantant dans les habitudes du pays. Mais son rôle effectif demeurait secondaire. L'entrée en guerre des États-Unis allait lui permettre de donner sa vraie mesure et il devint un instrument admirable, au service de l'État, pour le financement des hostilités. Ni l'impôt, ni le recours direct à l'épargne privée, pas plus

(1) Pour les développements qui vont suivre, voir le *Bulletin du Federal Reserve Board* pour le mois d'avril 1924.

(2) *Review of the month* et le rapport annuel du Board, p. 1923.

en Amérique qu'ailleurs, ne fournirent aux États-Unis les
ressources suffisantes à la conduite de la guerre. L'État dut
faire appel aux banques, et ne voulant pas faire de l'inflation fiduciaire, il sollicita, plus énergiquement encore qu'en
Angleterre, l'aide de leur crédit (1). Les banques augmentèrent considérablement leurs dépôts (comptes courants créditeurs), soit par des avances directes à l'État, contre des
bons du Trésor et autres obligations, soit par des avances
au public, pour lui offrir le moyen de souscrire aux emprunts de guerre. Le total des dépôts dans les banques
affiliées, passe de 12.661 mill. doll. le 31 décembre 1916,
à 21.419 mill. doll. le 31 décembre 1918 et à 26.121 mill.
doll. le 31 décembre 1919.

La circulation totale proprement dite varie beaucoup
moins : elle est de 4.100 mill. doll. le 1er avril 1917 et
d'environ 5.050 mill. doll. à la fin de 1918. Mais des
variations importantes se sont produites dans sa structure :
au lieu de 1.349 mill. doll. de certificats-or, il n'y a plus
que 420 mill. doll., par contre les billets des Banques
Fédérales, dont le montant n'était que de 356 mill. doll.
le 1er avril 1917, se trouvent dans la circulation pour
2.632 mill. doll. fin 1918. Ce qu'il y a de plus remarquable, à travers tous ces changements, c'est que le dollar
a pu garder à tout moment sa parité légale et qu'il a été
constamment convertible en or, au moins dans les relations
intérieures, pendant toute la durée des hostilités. L'explication se trouve dans le mécanisme souple du nouveau
régime, qui a fonctionné de la manière suivante : les banques affiliées ont d'abord apporté aux Banques Fédérales

(1) Voir G. E. BONNET, *Les expériences monétaires contemporaines*, pp. 46-49.

la majeure partie de l'or, qu'elles avaient amassé dans la période précédente (avant l'entrée des États-Unis en guerre). Ensuite le Board avait décidé, que le papier de l'État (certificats du Trésor, rentes de guerre) sera admis au réescompte. De la sorte, les « member banks » ont pu se ménager une réserve suffisante, pour supporter l'immense édifice de crédit, qu'elles venaient de bâtir à l'appel de l'État. Enfin les banques ont retiré de la circulation, comme nous l'avons dit plus haut, presque un milliard de certificats d'or et elles les ont remplacés par des billets, l'or ainsi libéré, venant grossir les réserves des Banques Fédérales. En outre, la loi du 21 juin 1917 a permis l'émission des billets contre une seule couverture de 100 % d'or, au lieu d'une couverture mixte or et effets de 140 %. C'est en ce moment, qu'a commencé *la formidable concentration du stock d'or*, qui a donné au système monétaire américain, une assise des plus solides. Le bilan des douze Federal Reserve Banks, reflète fidèlement cette politique, suivie sous l'impulsion systématique du Board :

	31 déc. 1917	31 déc. 1918	31 déc. 1919
Avoirs productifs . . .	1.064 (1)	2.318	3.080
dont effets réescomptés . .	681	1.703	2.195
Effets achetés sur le marché libre.	275	304	585
Obligations de l'Etat achetées sur le marché libre . .	107	312	300
Réserves totales	1.721	2.146	2.136
dont : réserve-or. . . :	1.671	2.090	2.078

(1) Le 1er avril 1917, les Avoirs productifs atteignaient la somme de 226 mill. doll.

À la même date, les réserves totales n'étaient que de 963 mill. dollars environ, dont 938 mill. doll. or.

	31 déc. 1917	31 déc. 1918	31 déc. 1919
Billets en circulation . .	1.246	2.685	3.058
Dépôts des banques affiliées (servant comme réserve légale)	1.453	1.587	1.787

Mais, malgré un accroissement de la production des marchandises, parallèle à l'augmentation de la masse des moyens de règlement, il y a eu une véritable inflation. Nous entendons par là l'inflation des prix, la hausse de leur niveau général, donc la baisse du pouvoir d'achat du dollar et la dépréciation de la valeur de l'or, qui lui est équivalente. Cette dépréciation ne devait pas s'arrêter avec la fin de la guerre. Elle se prolongea pendant toute l'année 1919 et une partie de l'année suivante.

L'indice des prix de gros, calculé sur la base 100 en 1913, était de 202 en juillet 1918, de 218 en juillet 1919 et de 272 en mai 1920. C'est le point culminant d'une période de conjoncture favorable, caractérisée par un essor commercial sans précédent, qui a abouti, vers le milieu de l'année 1920, à la crise très grave, dont nous avons déjà eu l'occasion de parler. Voyons, toujours du point de vue qui nous préoccupe, quels ont été les mouvements de l'or pendant cette seconde période, que nous faisons courir depuis l'entrée en guerre des États-Unis jusqu'à la crise de 1920, et quelles ont été leurs répercussions sur la situation monétaire et économique du pays. Des sorties plus fortes de métal jaune ayant été à craindre pendant la durée des hostilités (1), le Gouvernement avait décrété l'embargo sur les exportations d'or le 10 septembre 1927 et ne l'avait levé que le 7 juin 1919. Depuis cette dernière date et jus-

(1) De juin à août 1917, les États-Unis perdirent 100 mill. doll.

qu'à l'automne de 1920, les États-Unis ont perdu encore environ 400 mill. doll. La perte nette a été de 292 mill. doll. en 1919. Vers la fin de 1920, les entrées d'or ont de nouveau fait pencher la balance en leur faveur.

Année	Importations	Exportations	Excédents
1918.	62.043	41.070	— 20.973
1919.	76.534	368.185	+ 291.651
1920.	417.068	322.091	— 94.977

(en milliers de dollars)

Ce n'est pas le déficit de la balance commerciale, qui est la cause de ces pertes d'or. En effet, les excédents d'exportation restent considérables pendant toute cette époque.

	1918	1919	1920	1921
Importations (1) . . .	2.952	3.828	5.102	2.557
Exportations	6.048	7.750	8.080	4.379
Excédents	3.096	3.922	2.978	1.822

(en millions de dollars)

Mais les achats de denrées en Amérique ne sont pas encore réglés normalement. Les États-Unis doivent consentir des forts crédits pour permettre aux pays d'Europe un approvisionnement considérable. D'autre part, le dollar étant la seule monnaie pratiquement convertible en or, donc au moins stable par rapport à l'étalon international, a servi à de nombreux arbitrages, par lesquels on l'utilisait pour les règlements avec les pays neutres. C'est là peut-être, l'explication des sorties d'or, quand régulièrement les États-Unis auraient dû en recevoir beaucoup.

L'augmentation indue de la circulation et du crédit, révé-

____

(1) Voir le Mémorandum sur le Commerce extérieur.

lée par l'inflation des prix, et les exportations anormales
d'or, ont mis le Federal Reserve Board en garde contre les
dangers qui menaçaient la stabilité et la solidité du dollar.
Le pourcentage des réserves totales au montant de la circulation et des dépôts à vue, tombait d'une moyenne de
63,6 % en 1917 à 45,4 % en 1920. Le Board décida alors
une restriction énergique du crédit et sous sa conduite, les
Banques Fédérales procédèrent à des élévations successives
du taux de l'escompte, qui fut fixé à 7 % à New-York en
juin 1920.

La spéculation était matée, le contre-courant de défiance
s'établit, les affaires se ralentirent, la crise éclata, et bientôt après, avec le secours prudent des banques, la liquidation
pouvait commencer. Les banques affiliées avaient eu recours,
dans une proportion considérable, au réescompte des Banques Fédérales et avaient un gros endettement envers elles.
Dans les mois qui suivirent la crise, une partie de leur puissance de crédit resta inemployée et alors elles s'efforcèrent de
réduire leurs dettes. Une circonstance favorable leur permit
de liquider leur position plus facilement qu'elles ne le
pensaient. L'année 1921 apporta 667 millions d'or aux
États-Unis, en paiement partiel des créances de l'Amérique
sur l'étranger, et cet or alla d'abord aux banques affiliées.
A leur tour ces dernières s'en servirent pour rembourser
les Federal Reserve Banks de leurs avances et on estime,
que la moitié de la réduction totale a été réalisée de cette
façon. Vers le milieu de l'année 1922, les effets de la crise
étaient presque complètement effacés et une nouvelle ère
de prospérité s'annonçait pour les États-Unis. Le passage
à une situation normale est nettement marqué par une forte
déflation et par une amélioration constante de la position
des Banques Fédérales.

De 5.628 millions de dollars le 1ᵉʳ novembre 1920, la *circulation totale* passe à 4.617 mill. doll. La déflation porte surtout sur les billets des Banques Fédérales, qui diminuent de presqu'un milliard. La circulation qui était de 52,36 doll. per capita, n'est plus que de 41,80 doll. De même, le montant global des *dépôts dans les banques affiliées,* passe de 26.121 mill. doll. à la fin de 1919, à 23.231 mill. doll. à la fin de 1921. La différence entre l'allure du bilan des Banques Fédérales en 1920 et en 1922 est très sensible :

	31 déc. 1920	31 déc. 1921	31 déc. 1922
Avoirs productifs. . .	3.263	1.524	1.326
dont : Effets réescomptés	2.719	1.144	618
Effets achetés sur le marché libre.	256	145	272
Oblig. de l'État achetées sur le marché libre. .	288	234	436
Réserves totales . . .	2.249	3.010	3.177
dont : réserves or. . .	2.059	2.875	3.047
Dépôts des Banques affiliées	1.749	1.753	1.934
Billets en circulation. .	3.345	2.409	2.396

Voilà enfin comment a progressé l'excédent des réserves réelles sur les réserves requises, et le pourcentage des premières par rapport au total de la circulation et des dépôts :

Années	Réserves réelles	Réserves requises	Excédents	o/o
1920. .	2.249	1.889	350	45,4
1921. .	3.010	1.620	1.390	70,2
1922. .	3.177	1.649	1.528	72,7

La vraie déflation se reflète dans les changements du niveau général des prix. De 226,2 moyenne annuelle en 1920, il tombe à 146,9 en 1921 et à 148,8 en 1922. Depuis cette date, il s'est maintenu aux environs de 150, stabilisant la valeur de l'or (le pouvoir d'achat du dollar) à 2/3 de ce qu'elle était en 1913. Nous allons voir maintenant comment le système de la Réserve Fédérale, par sa politique de monnaie dirigée, a réussi à maintenir au dollar, et donc à l'or, qui lui est pratiquement équivalent, un pouvoir d'achat remarquablement stable.

*

*   *

L'ampleur du cadre économique, dans lequel se développe la vie des États-Unis, l'abondance de leurs ressources naturelles, la richesse des matières premières jointe à l'esprit d'initiative et à une sorte de génie des affaires, qui caractérisent les Américains, ont permis à ce pays de se ressaisir bien vite de la secousse passagère, quoique intense, de la crise de 1920, et lui ont assuré les conditions d'une prospérité nouvelle, par un essor industriel et commercial continu et sans cesse grandissant. La structure intime de l'organisation économique américaine contenait, et contient encore, les éléments permanents d'une forte expansion, et le système monétaire devait essayer de s'adapter de telle façon à ce développement, qu'il pût exactement le suivre, sans lui nuire par une carence, ni le dévier par une exagération. Tâche singulièrement ardue, d'une politique monétaire délicate entre toutes. Le Federal Reserve Board peut se vanter d'y avoir complètement réussi et nous avons assisté depuis 1922 à une grande stabilité du pouvoir d'achat du dollar, et à une utilisation parfaite des immenses réserves d'or, accumulées là-bas.

Les banques américaines ont su merveilleusement s'adapter à la tendance d'un accroissement continu de l'activité productrice, en permettant un accroissement parallèle du crédit. Cette augmentation n'a pas été de l'inflation, comme le remarque très justement M. Mac Kenna, car elle n'a fait que suivre les indications d'un mouvement réel de la production et elle a été indispensable au maintien de la prospérité économique du pays. Tenant compte de la stabilité constante des prix, on a pu dire que nous nous trouvons en face d'un accroissement « non inflationniste » de crédit (1).

Comment s'est-il opéré, et quel a été son montant ? Depuis la fin de 1921 et jusqu'à la fin de 1924, l'augmentation dans le total des dépôts des banques affiliées a été de plus de 9 milliards de dollars et en voici le détail (en mill. doll.) :

	Total des dépôts dont :	« *Demand deposits* »	« *Time deposits* »
Fin 1921.	23.231	13.921	6.451
1922.	27.271	16.125	7.645
1923.	28.487	16.324	8.651
1924.	32.362	18.009	9.805

Le gonflement des dépôts a été rendu possible par le continuel afflux de l'or aux États-Unis. Après s'en être servi pour éteindre la plus grande partie de leurs dettes envers les Banques Fédérales, les banques affiliées l'ont utilisé pour augmenter leurs réserves légales et par conséquent leur puissance virtuelle de crédit. Ces réserves (Member bank reserve deposits) passent de 1.753 mill. doll. fin décembre 1921 à 1.934 mill. doll. fin décembre 1922 et à

(1) Voir Mac Kenna, *American prosperity and British depression* dans le *Bulletin de la Middland Bank*, janvier-février 1927.

2.220 mill. fin décembre 1924. On s'explique assez facilement les entrées massives d'or, quand on pense à la situation fortement créditrice de l'Amérique pendant toute cette période, tant en raison d'une balance commerciale favorable, qu'en raison d'une créance immense d'intérêts et de remboursements sur les pays endettés de l'Europe et d'ailleurs. Le dollar faisait encore une grande prime sur la plupart des monnaies étrangères et la majeure partie de la production nouvelle de l'or ne passait par Londres que pour être dirigée vers les États-Unis en paiement partiel de leurs créances internationales. De 1921 à 1924, l'excédent net des entrées d'or a dépassé 1.450 mill. doll.

Années	Importations	Exportations	Excédents
1921	691.248	23.891	— 667.357
1922	275.170	36.875	— 238.295
1923	322.716	28.643	— 294.073
1924	319.721	61.649	— 258.072

(en milliers de dollars)

Donc les banques affiliées ont pu mettre à profit leur puissance accrue de crédit, en consentant sur une plus vaste échelle des prêts et des avances et en augmentant aussi le total de leurs investissements. Le montant global de ces deux partis accuse une différence de plus de 5 milliards de dollars à savoir : 23.844 mill. doll. à la fin de 1921 et 29.027 à la fin de 1924. Et c'est naturel de leur part, de pousser le chiffre de leurs affaires jusqu'à la limite, indiquée par leurs réserves légales, car elles sont de véritables entreprises privées, poursuivant le maximum de gain.

Les Banques de Réserve se trouvent dans une position toute différente. Elles ont un important rôle social à remplir, elles sont, en quelque sorte, de puissantes institutions d'utilité publique. Leur mission principale est de veiller à ce qu'une situation saine du crédit soit assurée au pays, et elles favorisent le développement normal de l'industrie et du commerce, en ayant soin que les demandes justifiées de crédit soient satisfaites. Mais en même temps les Banques Fédérales, sous la direction intelligente de leur « Conseil », s'efforcent de tempérer la fièvre spéculative et l'accroissement malsain des affaires, par le maniement approprié du taux de de l'escompte, par une discrimination prudente des crédits, enfin par des interventions concertées et voulues sur le marché libre des titres et effets.

Le taux de l'escompte, qui varie encore pendant l'année 1921, entre 4 ½ % et 7 %, est abaissé à 4 %-4 ½ % (1) en septembre 1922 et tombe jusqu'à 3 %-4 % en 1924. Le total des avoirs productifs (earning assets) est maintenu, sans grandes variations, autour des mêmes chiffres.

	31 déc. 1922	31 déc. 1923	31 déc. 1924
Avoirs productifs . . .	1.326	1.211	1.249
dont : Effets réescomptés .	618	723	314
Effets achetés.	272	355	387
Oblig. des E.-U. achetées .	436	134	540
Réserves totales	3.177	3.168	3.049
dont : réserves-or. . . .	3.047	3.080	2.937
Dépôts des banques affiliées	1.934	1.898	2.220
Billets en circulation. . .	2.396	2.247	1.862

Il nous faut expliquer rapidement la diminution relative dans les réserves des Banques Fédérales. Une contradiction paraît exister entre notre affirmation précédente, d'un afflux de l'or vers celles-ci, et la régression importante de leurs

(1) Les Banques fédérales n'adoptent pas un taux unitaire, c'est pour cela que nous donnons les deux chiffres.

réserves-or. La contradiction n'est qu'apparente. Les Banques Fédérales ont effectivement reçu de l'or, mais pour ne pas amasser inutilement dans leurs caves une quantité trop considérable de métal jaune, elles ont remis en circulation des certificats d'or au lieu de billets (1), au moment où les banques affiliées leur ont demandé un supplément de moyens de paiement proprement dits (2). Et en effet, nous constatons que le total des certificats-or, qui n'était que de 254 mill. le 1er décembre 1922 s'élève à 971 mill. le 1er janvier 1925. L'excédent des réserves réelles sur les réserves requises ne souffre qu'une légère diminution :

Années	Réserves réelles	Réserves requises	Excédents	o/o
1922.	3.177	1.649	1.528	72,7
1923.	3.169	1.585	1.584	75,3
1924.	3.047	1.554	1.493	73,0

Mais les Banques de Réserve Fédérales ne se donnaient pas seulement pour mission la surveillance des conditions générales du crédit, elles se rendaient parfaitement compte qu'elles devenaient les dépositaires d'une partie de la réserve mondiale du métal jaune, qui devra tôt ou tard être redistribuée dans les pays européens. Nous voyons percer cette préoccupation du Federal Reserve Board dès le début de 1924, quand il dit dans son rapport général sur l'année 1923 :

« Les considérables avoirs-or actuels des Banques Fédérales, fournissent non seulement la certitude d'une base de crédit adéquate à l'accroissement de l'industrie productive

____

(1) Donc elles se sont dessaisies de cet or.
(2) Voir J. Lescure, *Le marché de l'or et ses particularités récentes* dans la *Revue politique et parlementaire*, 10 juin 1924.

des États-Unis, mais ils donneront aussi à ce pays la possibilité de répondre aux futures demandes probables de métal jaune de l'étranger, qui vont peut-être se produire à la suite de la restauration internationale de l'étalon-or.

C'est le devoir de prudence pour les États-Unis et les Banques de Réserve Fédérale, en particulier, comme détentrices de plus de 3 milliards de dollars d'or (c'est-à-dire près de trois quarts du stock total de l'or monétaire aux États-Unis) de poursuivre une politique, qui leur permettra de céder à l'Europe la quantité d'or qui lui est nécessaire pour la restauration monétaire, avec le minimum d'inconvénients et de perturbations pour leur propre situation économique et financière (1) (p. 20) ».

A la lumière de cette profession de foi, nous comprenons mieux pourquoi les États-Unis se sont empressés d'aider l'Allemagne et de lui consentir le gros emprunt, prévu par le plan Dawes, et qui devait lui permettre de refaire sa structure monétaire, abîmée par de longues années d'in-

______

(1) « The present large gold holdings of the reserve banks not only afford assurance of adequate credit support for the growth of productive industry in the United States, but also will it make possible for this country to meet any probable future demand for gold from abroad that may arive in connection with the restoration of the international gold standard.

It is the part of prudence for the United States and for the Federal Reserve banks in particular, as the holders of over doll. 3 milliards of gold (that is, about three-fourth of the total estimated stock of monetary gold in the United States), to pursue a course which will enable them to part with such portion of this gold as Europe will need to reclaim for currency restoration with a minimum of inconvenience and disturbance to our internal financial and economic situation » (p. 20).

Voir l'*Annual Report of the Federal Reserve Board for the year* 1923.

flation. C'est en obéissant à la même politique « prudente »
de l'or, que l'Amérique a fait tout son possible pour hâter
et pour consolider la restauration monétaire de l'Angleterre. Et une préoccupation semblable, préside au concours
bienveillant, prêté par les États-Unis à la plupart des pays,
qui ont stabilisé leur monnaie, pendant ces dernières années.

L'année 1925 devait marquer un changement dans la
direction des mouvements d'or en Amérique. Elle se solde
avec une exportation, donc une perte, nette de 134.367.000
dollars d'or.

Année	Importations	Exportations	Excédent
1925.	128.273	262.640	+ 134.367

(en milliers de dollars)

Rien que de décembre 1924 jusqu'à juin 1925, les États-
Unis ont vu partir de l'or pour environ 180 millions de
dollars. Une explication se trouve dans la participation de
l'Amérique à la restauration monétaire de l'Europe, par des
envois effectifs d'or (c'est la première année pendant laquelle
l'Europe reçoit plus de métal jaune qu'elle n'en perd ;
importations de l'Europe : 66.105 mill. doll., exportations
vers l'Europe : 83.637 mill. doll.). Mais il y en a aussi
une autre : depuis le 7 août 1924, le taux de l'escompte
était très bas ; il était fixé à 3 %. Une spéculation dange-
reuse commençait à se manifester et se prolongea pendant
les premiers mois de 1925. L'indice général des **prix de
gros** monta de 14 % (1). La balance commerciale est moins
favorable aux États-Unis, et elle ne présente qu'un excédent
de 639 millions de dollars, malgré un revirement dans la

(1) Voir *The Statist, Gold and Credit position in the United States,* 28 décembre 1927.

situation intervenu vers le milieu de l'année. Le décalage entre le taux très bas pratiqué en Amérique et les taux beaucoup plus élevés pratiqués ailleurs, avait provoqué une importante exportation de capitaux. D'où il résultait un affaiblissement relatif du dollar, par rapport aux monnaies étrangères.

Dès le début du mois de mars 1925, le Conseil de la Réserve Fédérale prend des mesures pour enrayer la hausse des prix et les sorties de l'or et il décide une élévation d'un demi-point du taux de l'escompte. Les banques affiliées cessent leurs appels aux Banques Fédérales, une restriction momentanée du crédit se produit et le mauvais moment est passé. L'essor économique régulier du pays reprend sa course normale et nous trouvons à la fin de l'année la situation suivante, qui ne cesse pas de s'améliorer pendant toute l'année 1926 et les premiers huit mois de l'année 1927.

Mouvements de l'or

Années	Importations	Exportations	Excédents
1925.	128 273	262.640	+ 134.367
1926.	213.474	115.708	— 97.766
Janv.-sept. 1927 .	192.966	57.642	— 135.324

Situation des Banques Fédérales

	31 déc. 1925	31 déc. 1926	26 oct. 1927
Avoirs productifs . . .	1.395	1.335	1.213
dont : effets réescomptés .	635	637	402
Effets achetés.	374	381	301
Oblig. des E.-U. achetées .	375	315	510
Réserves totales	2.824	2.948	3.093

	31 déc. 1924	31 déc. 1926	31 déc. 1927
dont : réserves-or . . .	2.701	—	2.957
Dépôts des banques affiliées	2.212	2.194	2.352
Billets en circulation . .	1.838	1.851	1.703

La quantité de billets en circulation est encore, entre les deux dates extrêmes, choisies par nous, en diminution de 135 millions. Cette diminution a entraîné un fléchissement correspondant dans le montant de la circulation totale qui passe de 5.008 mill. doll. le 31 décembre 1925 à 4.844 mill. dollars le 1er novembre 1927. Il est intéressant de connaître la composition de cette dernière masse totale de la circulation, parce que nous aurons, plus loin, l'occasion de tirer, de son analyse, certaines conclusions, relatives aux possibilités de rejet de l'or de la part des États-Unis.

	1er novembre 1927
Espèces-or	389
Certificats-or	1.068
Dollars-argent.	49
Certificats-argent	392
Billets du Trésor	1
« Subsidiary Silver ». . . .	282
Billets des États-Unis. . . .	298
Billets de la Réserve Fédérale .	1.711
Fed. Res. Bank notes. . . .	4
Billets des Banques Nationales.	648
	4.844

D'autre part, le bilan des Banques Fédérales nous apprend que les « avoirs productifs », qui comprennent les effets réescomptés et donc les crédits consentis aux banques affiliées, se trouvent en régression marquée. Ils n'atteignent plus le 26 octobre 1927 que 1.213 mill. doll. au lieu de 1.395 mill. doll. à la fin de 1925, après être descendus au plus bas, à 999 mill. doll. en mai 1927. Cela nous révèle que les Banques Fédérales disposent d'une énorme puissance de crédit inutilisée. En effet, rappelons que l'or apporté par les « Member banks » ne constitue pas tel quel, leurs réserves légales. Il devient la propriété des Banques Fédérales, qui augmentent leurs propres réserves, à elles. Les apports des banques affiliées se transforment en simples dépôts à vue, requièrent une couverture, métallique ou en monnaie légale, de 35 %. Il en résulte que l'excédent des réserves réelles sur les réserves requises (1), donne aux Banques Fédérales une large possibilité d'ouvertures de crédit, qui pourraient leur servir à réescompter des effets aux banques affiliées et à augmenter leurs dépôts.

L'état du commerce et de l'industrie, pendant cette période, quoiqu'il maintenait une allure favorable, n'a pas conduit à des demandes supplémentaires de crédit. En utilisant leurs réserves légales, constituées par des dépôts de métal jaune, les « member banks » ont pu disposer de toute l'activité économique nationale. Elles ont été même amenées, pour faire usage de leurs entières possibilités de crédit, à accroître leurs achats de titres (investments) et leurs avances sur obligations (loans on securities). Donc, elles n'ont pas eu besoin de recourir au crédit des Banques Fédérales. On voit par là, qu'une extension encore plus grande des affaires, aboutissant à un réescompte accru auprès des Banques Fédérales, aurait demandé de la **part** de celles-ci un fort abaissement du taux de l'escompte.

---

(1) Le pourcentage des réserves réelles, par rapport au **total** de la circulation des billets et des dépôts à vue est de 69,0 % le 31 décembre 1925 et de 71,4 le 31 décembre 1926.

Elles se sont bien gardées de le faire. Au contraire elles l'ont maintenu entre 3 $\frac{1}{2}$ et 4 % depuis mars 1925 et même elles l'ont fixé à 4 % dans tout le pays en septembre 1926. Le taux relativement élevé, a tenu à l'écart les banques affiliées et le total des effets réescomptés n'est monté qu'à un peu plus de 600 mill. doll. pendant toute cette époque. Mais les Banques Fédérales ont acquis des obligations des États-Unis, qui jouissent d'un marché très étendu, pour plusieurs centaines de millions (375 mill. en 1925, 315 en 1926) et se sont créées par là, un puissant moyen d'influencer la circulation monétaire du pays. Leur emprise sur le marché financier est restée très forte et l'action du Board a été toujours d'une efficacité certaine.

*

* *

Nous n'aurions pas un aperçu complet de la situation monétaire et financière des États-Unis, si nous n'indiquions pas rapidement les variations de la masse totale de l'or, détenu par ces pays depuis 1914 jusqu'à nos jours, avec sa composition spéciale à chaque moment et aussi si nous ne précisions pas mieux son importante position créditrice envers l'étranger, à la suite de la faculté de placement énorme et ininterrompu de l'épargne nationale.

Trois années seulement, 1914, 1919 et 1925 ont été marquées par une perte nette de métal jaune. Pendant le reste du temps, depuis la fin de 1914 jusqu'en septembre 1927, l'afflux de l'or a grossi les *réserves totales* du pays de 2.800 mill. doll. environ. Nous reproduisons d'après le Mémorandum de la S. D. N. sur la Monnaie et les Banques Centrales et d'après les derniers Bulletins du Fed. Res. Board, le tableau suivant :

	Trésor		Fed. Res. System (1)	En circul.	Total
	I or pour le compte du Gouvernement	II or contre certificats			
	—	—	—	—	—
Fin 1914	263	921	—	632	1.816
1915	216	1.475	—	621	2.312
1916	202	1.741	328	641	2.912
1917	212	1.343	915	570	3.040
1918	327	886	1.451	417	3.081
1919	382	665	1.350	399	2.788
1920	433	533	1.462	501	2.929
1921	380	710	2.110	457	3.657
1922	341	708	2.455	429	3.933
1923	357	977	2.498	415	4.247
1924	338	1.509	2.242	458	4.547
1925	333	1.712	1.940	424	4.409
1926	—	—	—	—	4.502
sept. 1927	—	—	—	—	4.593

Il montre assez éloquemment l'accumulation progressive et presque sans arrêt de l'or dans les États-Unis et nous dispense d'une interprétation, dont les éléments essentiels se trouvent dans les pages qu'on vient de lire.

Nous nous efforcerons dans la dernière partie de cet ouvrage, après avoir montré comment l'Amérique est actuellement la détentrice de plus d'un milliard de dollars-or, pour compte de l'étranger, d'indiquer l'évolution probable de cette masse d'or dans l'avenir, et la façon dont nous estimons qu'une redistribution de l'or dans le monde pourra avoir lieu, avec le moins de perturbations pour l'économie nationale américaine et le maximum d'avantages pour les pays européens.

(1) Les certificats-or détenus par les Banques Fédérales comme réserve sont comptés sous la rubrique : Trésor, or contre certificats.

Pour le moment, retenons encore un aspect du problème, que nous aurons finalement à résoudre : précisons que, d'après une estimation récente de M. Georges P. Auld, reproduite par l'*Information* (1), les placements de l'Amérique à l'étranger s'élevaient à la fin de 1926 à :

> 11.214 millions de dollars dont
> 3.010 en Europe
> 4.500 en Amérique latine
> 2.801 au Canada et Terre-Neuve
> 904 dans le reste du monde.

Et que la créance nette résultant des dettes interalliées, se monte à 7 milliards de dollars environ (pour un montant nominal de 10 milliards de dollars, plus les intérêts non diminués). D'un autre côté, il existe une créance de plus de 3 milliards de dollars sur les États-Unis, du fait des placements étrangers. On a pu donc évaluer approximativement à 15 milliards de dollars la créance nette totale de l'Amérique sur le reste du monde. C'est là un élément dont il faudra tenir compte, quand nous étudierons quelle est la meilleure manière de réaliser une nouvelle répartition de l'or, détenu par les États-Unis.

*
* *

En face d'une Amérique, prodigieusement enrichie par une activité industrielle et commerciale sans cesse accrue et riche encore de nombreuses possibilités de développement, nous allons placer, dans le chapitre suivant, l'Europe

---

(1) Voir l'*Information économique et financière* du 2 décembre 1927. A propos du livre *Le plan Dawes et la nouvelle économie*, de G. P. AULD.

affaiblie par quatre années de guerre dévastatrice, dont elle
a supporté le poids, sans en tirer toujours les avantages, et
nous essayerons de discerner, parmi les multiples efforts
de redressement qui ont été faits ces derniers temps, la
part de reconstruction durable, réalisée par un assainissement monétaire définitif, et la base solide, sur laquelle les
efforts de retour au normal ont pu être établis. Cela nous
conduira à nous demander dans quelles conditions les différents pays européens ont entrepris la stabilisation de leur
monnaie, comment ils ont réussi à retourner à l'étalon d'or
et quelles sont les conceptions dominant actuellement en
Europe, quant à la relation qui doit exister entre chaque
monnaie nationale et le seul étalon international des valeurs,
le métal jaune.

CHAPITRE III

LE RETOUR A L'OR DE L'EUROPE

Une vue homogène d'ensemble sur les pays de l'Europe, ayant stabilisé leurs monnaies, est rendue difficile par la différence et la variété des éléments, qui ont présidé à leurs réformes monétaires. Le retour à une unité de compte stable, accrochée à l'or, s'est effectué dans des circonstances diverses, déterminées par l'évolution économique et financière spéciale de chaque contrée. Ici, la revalorisation et le retour au pair a été possible, et la monnaie a pu être ramenée à son ancienne parité légale. Là, une inflation, atteignant des chiffres astronomiques, a provoqué l'effondrement complet de l'unité papier, et l'assainissement monétaire s'est opéré par une dévaluation totale. Là, enfin, une simple dévaluation partielle a suffi au rétablissement d'une situation normale, et la stabilisation de la monnaie dépréciée elle-même a pu avoir lieu.

Mais malgré la diversité réelle des données, qui définissaient le problème, une certaine similitude dans les voies, par lesquelles on a cherché et réalisé la réforme, peut être observée et les conditions essentielles — et presque indispensables — de la stabilisation, peuvent se résumer de la façon suivante : d'abord on s'efforce d'équilibrer le budget et de consolider la dette flottante, et on coupe court à tout appel anormal de l'État au crédit de la Banque Centrale.

Ensuite, on essaye d'influencer les divers postes de la balance des comptes, et de réduire les fluctuations des changes. En même temps, la Banque Centrale renforce son encaisse et se prépare une grande masse de manœuvre pour la défense de la stabilité future. Troisièmement, on adopte la politique du Gold Exchange Standard, et on décide de maintenir, pendant une période plus ou moins longue, des changes stables. Enfin, le dernier degré est franchi, avec la reconnaissance légale de la situation de fait, qui avait témoigné du succès de la réforme et de la possibilité de donner à la monnaie nationale une base solide et définitive (1).

C'est là, plutôt une succession logique, qu'un plan suivi exactement par tous les pays. La loi de l'interdépendance des phénomènes monétaires (2), qui explique mieux que toute autre, le bouleversement des changes, des prix et de la circulation dans les années d'après-guerre, nous apprend qu'une action rapide et presque simultanée sur plusieurs facteurs à la fois, était une condition indispensable du succès. Mais on retrouve, analytiquement, dans chaque cas, les phases que nous venons d'indiquer et c'est pour cela que nous avons voulu en donner un bref tableau.

Des études excellentes, soit dans des ouvrages spéciaux, soit dans des articles de revue, ont exposé et critiqué avec tous les détails nécessaires l'œuvre d'assainissement financier et monétaire des divers pays de l'Europe. Ce n'est ni notre sujet, ni notre but, de reprendre l'analyse complète de ces réformes. Nous esquisserons, brièvement les condi-

(1) Voir Paul M. ATKINS, *The stability of foreign exchange ds Bankers Magazine*, New-York, décembre 1926.

(2) Voir FOURGEAUD (A.), *La dépréciation et la revalorisation du mark allemand et les enseignements de l'expérience allemande.* Payot, 1926.

tions générales dans lesquelles elles ont été poursuivies, et la plupart du temps achevées, et nous nous attarderons surtout à démêler le rôle, que l'encaisse métallique a été appelée à jouer depuis la guerre, sa carence pendant la période d'inflation, ou simplement de cours forcé, et le rétablissement de sa fonction régulatrice des changes et de la circulation monétaire interne, après la stabilisation légale.

(Précisons encore une fois, que dans les pages qui vont suivre, nous entendrons par stabilisation, la réalisation des changes stables, que ce soit après revalorisation, après dévaluation totale, ou simplement partielle. Et que nous prendrons dans le même sens l'expression « retour à l'or » qui ne veut pas toujours signifier, retour à l'ancien pair).

Nous accorderons une importance particulière à la façon dont l'encaisse des Banques Centrales est actuellement constituée. En effet, dans la plupart des pays, on tient, à côté d'une réserve purement métallique, des fortes quantités de devises, pour la défense des changes. Il y en a même plusieurs Instituts d'émission, qui sont admis à compter une partie, variable, de leurs avoirs étrangers, comme couverture légale de leurs billets et éventuellement de leurs dépôts à vue. Reconnaissons pourtant, que si l'énumération descriptive de ces dispositions est très facile, on n'a qu'à lire leurs statuts légaux, la détermination effective du montant de devises détenues par eux, est chose beaucoup plus malaisée et les évaluations, que nous reproduirons à propos de chaque pays, ne seront que très approximatives. Mais ce qui nous intéresse, c'est plutôt le principe, que l'énonciation scrupuleusement exacte de ces quantités, et les données suffisamment précises, que nous possédons nous permettront d'asseoir sur une large base expérimen-

tale, les conclusions pratiques, que nous croyons devoir
en tirer.

Nous avons pensé tout d'abord à adopter une classification des pays, dont nous nous occuperons dans le présent
chapitre, d'après la présence ou l'absence d'une masse
de devises dans leurs encaisses. Mais ce critérium, assis
sur une ressemblance purement matérielle, nous amènerait
à rassembler sous le même chef des pays, dont les conditions monétaires sont absolument différentes, telle l'Autriche, pour laquelle la possession des devises est une question vitale, et la Hollande, pour laquelle elle n'est qu'un
luxe supplémentaire. Nous nous sommes arrêtés finalement
à une classification organique, en quelque sorte, et nous
avons partagé les divers États de l'Europe en quatre groupes, dont les trois premiers contiendront les contrées, ayant
terminé leur réforme monétaire, et le dernier les contrées,
dans lesquelles l'action d'assainissement monétaire est
encore en cours d'achèvement. Nous envisagerons donc,
premièrement, les pays ayant effectué le retour au pair ou
ne l'ayant jamais perdu (l'Angleterre, la Suède, le Danemark, la Norvège, la Suisse, la Hollande, l'Espagne). En
second lieu, nous ferons passer les pays ayant stabilisé après
dévaluation totale (l'Allemagne, la Russie, l'Autriche, la
Hongrie, la Pologne). Troisièmement, nous nous occuperons de la stabilisation, après dévaluation partielle (la Tchécoslovaquie, la Belgique, l'Italie, la Finlande, la Lethonie,
la Lithuanie). Enfin, dans une catégorie à part, nous met-
trons les pays retardataires (la France, la Bulgarie, la Grèce,
la Roumanie, la Yougoslavie, le Portugal).

I. — Retour au pair.

a) L'Angleterre

Qui ne connaît pas le rôle de centre financier international que Londres détenait avant la guerre, et qui ignore que les banquiers anglais étaient les banquiers du monde entier ? Qui donc s'étonnera de voir la Grande-Bretagne procéder avec une hâte fiévreuse à la revalorisation de la livre sterling, passablement avariée par la guerre, et qui condamnera, sans lui trouver des excuses, la politique de prestige et d'amour-propre, autant que de perspectives réelles d'un profit considérable, de l'Angleterre, déterminée par le souci légitime de reconquérir sa suprématie financière et monétaire ?

Malgré un statut légal d'une rigidité absolue, ou peut-être à cause de cela, la Banque d'Angleterre assurait aux marchés monétaires anglais une prépondérance mondiale incontestée. La convertibilité, en droit et en fait, de la livre (1) n'était jamais mise en doute et une traite libellée en livres sterling valait de l'or. Deux facteurs nous aideront à comprendre la situation prééminente de la place londonienne. L'empire britannique, si riche en mines d'or, faisait affluer vers Londres, plus de la moitié de la production annuelle de métal jaune. La redistribution de celui-ci, dans le monde, était une opération particulièrement délicate et chargeait les organismes qui s'en occupaient (le marché libre de l'or et l'Institut central d'émission), d'une lourde responsabilité. D'autre part, l'Angleterre, nation marchande par excellence, jouissait d'un commerce très

______

(1) Parité légale : £ 1 = 7.32238 gr. or fin.

développé, et sa flotte commerciale formidable était largement utilisée pour les transports internationaux. Pointe la plus avancée du vieux continent vers l'Amérique, elle servait encore d'entrepôt aux marchandises des quatre coins du globe. Cet ensemble de circonstances matérielles désignait la Grande-Bretagne, et surtout sa capitale, à jouer le rôle de banquier international. Elle ne serait assurément pas arrivée à le faire si parfaitement, si ses habitants n'avaient pas eu le génie, en quelque sorte naturel, des affaires, et plus spécialement de la banque. Nous voyons éclore, de bonne heure, les maisons d'acceptations, qui, en revêtant de leur signature les traites des maisons, nationales ou étrangères, peu connues, leur donnaient un cours international. La spécialisation des opérations bancaires était poussée très loin : il y avait les marchands d'escompte (billbrokers and bill dealers) et les établissements de dépôts et virements (les joint stocks, clearing banks), complètement distincts.

L'inélasticité du système fiduciaire de la Banque d'Angleterre trouvait peut-être son explication, dans la position de centre des règlements internationaux, de Londres. Mais la vie économique interne, avec ses élans et ses dépressions, avec son mouvement ascensionnel déterminé par l'accroissement de la population et le développement de l'industrie et du commerce, demandait un mécanisme plus souple, plus malléable, plus adaptable aux besoins changeants d'une grande nation industrielle et commerçante. Le moyen était là ; il suffisait de le découvrir. Il consistait à développer les paiements sans argent comptant, par chèques, et c'est ce qu'on a fait. Les Joint Stocks Banks recevaient des dépôts et ouvraient des comptes courants à une clientèle immense, qui se servait ensuite de ces disponibilités pour des règlements sans numéraire. Pourtant, ces banques devaient garder une certaine encaisse, pour pouvoir répondre aux demandes de remboursement, en espèces ou en billets, qui pouvaient toujours se produire. Elles comptaient comme « reserve cash » (encaisse) d'abord le numéraire détenu dans leurs caisses, ensuite leurs comptes courants créditeurs à la Banque d'Angleterre.

Rappelons que l'Institut d'émission anglais, régi par le Peelman's Act de 1844 est soumis à une réglementation très étroite, quant à son droit d'émettre des billets : sauf une marge invariable de 18,45 mill. £, garantie par des fonds d'État, le reste de la circulation fiduciaire doit être garanti 100 % par de l'or. Le « Currency Department » (1) voit sa mission terminée, avec la création des billets, au fur et à mesure des entrées d'or, et avec leur retrait, au cas des sorties correspondantes. Le « Banking Department » (2) dispose seul, du droit de se livrer à des opérations de banque et d'exercer un contrôle strict sur le marché financier et monétaire. Ses moyens se rapprochent beaucoup de ceux que nous avons eu l'occasion de constater en étudiant le Système des Banques Fédérales aux États-Unis : à savoir les variations du taux de l'escompte et les interventions sur le marché, par des achats et ventes de titres. Mais son action est plutôt indirecte.

Nous disions, plus haut, que les Joint Stocks Banks possèdent des dépôts à la Banque d'Angleterre. C'est le « Banking Department », qui les administre et il croyait utile et prudent avant la guerre de maintenir, immédiatement disponible, une réserve de 30 % environ contre ses exigibilités à vue. C'est la « réserve totale » des bilans de la Banque d'Angleterre, composée de billets et de monnaie

(1) Département de la circulation.
(2) Département des opérations de banque.

métallique. Quand un resserrement des disponibilités métalliques se produisait, la réserve totale en subissait, la première, les effets et sa diminution obligeait la Banque à rendre plus difficiles les conditions de crédit, faites aux autres banques de dépôts. Au contraire, quand l'abondance monétaire régnait sur la place et que les Joint Stocks pouvaient faire leurs avances temporaires aux bill brockers sans se soucier des indications de l'Institut central, celui-ci se portait emprunteur de sommes considérables sur le marché, provoquait une contraction monétaire et obligeait à nouveau les banques à recourir à son crédit.

Voilà donc les caractéristiques les plus générales du système monétaire anglais d'avant-guerre : inélasticité de la circulation fiduciaire proprement dite ; élasticité, assez grande, des succédanées de la monnaie, créées par les banques de virements. On estime que 3 % seulement du montant des transactions s'effectuaient, en 1913, au comptant, avec quelques 180 mill. £ de monnaie légale (billets et espèces-or) (1). Le reste était réglé par des compensations : leur total est, pour 1913, de 16.436 mill. £ (Londres et Provinces), soit, approximativement, 415 milliards de francs-or.

Sur le stock global de 161,5 mill. £ de métal jaune, existant dans le pays, la Banque d'Angleterre possédait (fin décembre 1913) environ 35 mill. £ qui servaient de couverture à une circulation de 29,6 mill. £ de billets. La « réserve totale » du département de la banque, atteignait le pourcentage très élevé de 50 %, à la même date, par rapport à ses exigibilités immédiates. Enfin, les dépôts dans les banques commerciales étaient de 1.070,7 mill. £ et

____

(1) 18,45 mill. billets, couverts par des obligations de l'État.

les comptes créditeurs dans les Joint Stock and private banks, s'élevaient à 836,5 mill. £ (contre lesquelles ces dernières gardaient une « encaisse » de 242,5 mill. £ soit 29 %).

La guerre allait changer tout cela. Le cours forcé ne fut pas introduit en Angleterre, mais un devoir de haut patriotisme arrêta les Anglais de venir demander le remboursement des billets. La Banque fut, au contraire, autorisée par la suspension du « Bank Act » du 1ᵉʳ août 1914 à dépasser la limite imposée, de couverture. Elle ne l'a pas fait. Le 5 août 1914, la circulation était de 36,11 mill. £ contre une réserve de 27,62 mill. £. Le 10 août 1914 fut promulguée la loi « sur la circulation monétaire et les billets de banque », qui permettait la création d'un papier-monnaie d'État (les Currency Notes) en principe convertible en or.

L'histoire monétaire de ce pays, depuis 1914, peut se résumer en peu de mots. Elle est marquée, à chaque instant, par un respect mystique pour la livre sterling et par le sentiment général de tous les Anglais, qu'ébranler la solidité de leur monnaie, c'est porter atteinte à la solidité de toute la vie économique et, en dernier lieu, au prestige de l'État lui-même. La convertibilité nominale n'a pas été abandonnée un seul instant, et on a cherché des palliatifs pour remédier aux besoins extraordinaires, nés des circonstances exceptionnelles de la guerre. Celle-ci n'était pas encore finie, quand une Commission d'experts (le Comité Cunliffe) élaborait un plan de rétablissement financier et monétaire, et l'empressement, la ferveur religieuse et la décision avec lesquels la livre a été ramenée à son ancienne splendeur, dans le monde des relations internationales, font grand honneur au peuple anglais.

Sous la pression des circonstances inéluctables, amenées par les hostilités (le déficit budgétaire, pour la période avril 1914-avril 1918, se monte au chiffre formidable de 6.860 mill. £), le Gouvernement se décide à faire une inflation de crédit en s'adressant aux banques. Celles-ci avancent à l'État les sommes nécessaires, contre des obligations du Trésor, et moyennant la possibilité d'accroître leur « encaisse » à la Banque d'Angleterre, avec des Currency Notes, émises pour le compte de celui-là. Nous trouvons à la fin de 1918 les dépôts et comptes courants dans le Joint Stock and private banks en augmentation de presque 800 mill. £ à 1.634,7 mill. £ ayant donc presque doublé par rapport à 1913. De même, l'émission totale des Currency Notes s'élève à la même date à 323,2 mill. £.

Mais l'inflation ne s'arrête pas là ; elle continue encore jusqu'à la crise de 1920, faisant monter les deux chiffres que nous venons de donner jusqu'à 2.012,4 mill. £ et 367,2 mill. £ (fin 1920). A la même époque (année 1920), on estime à 39 milliards £, les compensations totales, effectuées à Londres et en province. Les prix, devant ce gonflement de moyens de paiement, haussent en conséquence (l'indice moyen pour mai 1920 est de 305) et le pouvoir d'achat de la livre essuye une forte baisse à l'intérieur. A l'extérieur, sur le marché des changes, la livre est d'abord soutenue par des crédits étrangers, mais finalement elle perd aussi jusqu'à 30 % du pair, en notant 3,48 (en moyenne) à New-York, pour une parité légale, rappelons-le, de 4,86 2/3 dollars. Mais, pendant ce temps-là, le Gouvernement préparait sa réforme, et annonçait fermement sa volonté de redressement de la livre. Dès l'année 1920, les budgets se soldent avec bénéfice :

Exercice considéré	Excédent (en milliers de £)
1920-1921	+ 230.557
1921-1922	+ 45.623
1922-1923	+ 101.515
1923-1924	+ 48.329
1924-1925	+ 3.659

On s'emploie à réduire la dette flottante (728,1 mill. £ le 31 mars 1920) et on obtient aussi une faible réduction des Currency Notes : 296,3 mill. £ à la fin de 1924. Enfin les dépôts en banque se trouvent aussi en légère diminution, marquant 1.842,7 mill. £ à la même date.

La confiance de l'étranger et l'apaisement de la fièvre spéculative font remonter le change jusqu'à 4,72 dollars en mars 1923, mais l'avènement du parti travailliste au pouvoir, l'inquiétude de l'épargne et la menace d'inflation, provoquant la fuite des capitaux, le fond redescendre jusqu'à 4,25 en janvier 1924. Une nouvelle réaction se produit, quand le gouvernement conservateur remplace ses prédécesseurs aux tendances socialisantes, et cette fois-ci la remontée de la livre devait être définitive. La spéculation internationale jouait à la hausse de la livre, encouragée par la politique ferme du Ministre des Finances et de la Banque d'Angleterre, qui maintenait très adroitement son taux de l'escompte à un point au-dessus de celui pratiqué à New-York. Enfin, après avoir pris de nouveau l'avis de la Commission Bradbury, le Chancelier de l'Échiquier annonce le 28 avril 1925, dans son premier exposé financier, le retour au pair de l'Angleterre et la licence donnée à la Banque, de satisfaire à toute demande justifiée de l'or, jusqu'à la levée de l'embargo à l'exportation du métal précieux, qui devait avoir lieu à la fin de l'année. Quelques jours plus tard (13 mai), on promulgue la « loi destinée à faciliter le retour à l'étalon-or et relative aux buts qui s'y rapportent ». C'est le nouveau Statut légal, donné à la Banque d'Angleterre, en vertu duquel elle prend en charge la circulation fiduciaire du Trésor, en assurant d'abord la convertibilité des Currency Notes, tout comme celle de ses billets et en se préparant à incorporer leur restant à sa propre circulation, à une date plus éloignée (fin 1927). En même temps, elle est relevée de l'obligation de rembourser en espèces, et livre pour livre, les billets. Elle est seulement obligée à fournir sur demande des lingots, d'un poids d'au moins 400 onces, à quiconque en voudra, à un taux fixe de £ 3, Sh. 17, D. 10 $\frac{1}{2}$ l'once (et à acheter tout or, qu'on lui offrira au taux de £ 3, Sh. 17, D. 9 l'once). Cette loi, reconnaît officiellement le passage de la Grande-Bretagne du Gold Standard pur au Gold Bullion Standard, sans convertibilité intérieure illimitée. Bien entendu, la frappe de monnaie métallique est réservée exclusivement à la Banque.

* *
*

Quelle a été, pendant cette époque, la politique de l'or de la Banque d'Angleterre ?

Dès le début, elle s'est proposée une politique tenace de concentration de l'or et elle réussit pendant la deuxième moitié de l'année 1914, à augmenter de plus de 31 mill. £ son encaisse :

29 juin.	38,13 mill. £
5 août.	27,62
26 août.	43,47
30 sept.	52,92

28 oct.	61,87
25 nov.	72,22
30 déc.	69.49

La diminution de près de 8,5 mill. £ observée le 5 août, s'explique probablement par les appréhensions que la situation internationale trouble faisait naître. Tandis que l'augmentation, presque sans arrêt, depuis cette date, est due à la position fortement créditrice de l'Angleterre dans ses relations avec les autres pays. Un fait digne d'être noté, c'est que le Gouvernement n'a pas hésité à réquisitionner les mines d'or de l'Afrique du Sud et de maintenir cette disposition jusqu'en 1919, et Johannisberg a été, pendant toute la durée de la guerre, un dépôt officiel du métal jaune, pour le compte de la Banque et de l'État anglais. Nous retrouvons en août 1918, à peu près la même encaisse qu'à la fin de 1914. Mais, entre temps, elle avait subi des variations assez importantes :

	Encaisse-or	Circulation
Fin 1914	69,49	36,2
1915	51,48	35,3
1916	54,31	39,9
1917	58,34	46,6
Août 1918	69,55	—
Fin 1918	79,11	70,2

(en millions de £)

Remarquons, tout d'abord, que la Banque n'a pas été dans la nécessité d'augmenter sa circulation au-dessus de la couverture métallique, les « Currency Notes » suffisant amplement à satisfaire les besoins de numéraire, du public et des banques. Disons ensuite, que l'accumulation de l'or, dans les années de guerre, a été rendue très difficile par le fait que l'Angleterre s'était chargée d'une partie importante, des règlements internationaux, pour le compte de ses alliés. L'*Economist* du 23 avril 1917 estime que le Royaume-Uni a exporté depuis le début des hostilités et jusqu'en avril 1917, environ 200 mill. £ d'or, à ces fins (1). On comprend alors pourquoi la Banque d'Angleterre, malgré ses efforts, n'a pas pu augmenter sa réserve. Au contraire, elle a été obligée de se déssaisir de 28,5 mill. £ d'or au profit du Trésor, qui les a gardées comme couverture pour les Currency Notes émises.

L'accumulation du métal jaune à l'Institut central d'émission prend, depuis la fin de la guerre, une allure autrement imposante. Le Comité Cunliffe dans son rapport, véritable charte de la politique monétaire anglaise d'après-guerre, l'avait instamment recommandée. Malgré la déflation, qui faisait aussi partie du programme, l'assainissement complet n'aurait pas été possible, si, en face d'une masse de billets considérablement accrue, on ne plaçait pas une réserve suffisamment forte, pour écarter les doutes, qui auraient pu naître, à propos de la stabilité et de la solidité du système. Par quels moyens la Banque a-t-elle réalisé cette concentration ? Et quel a été son montant total ? Commençons par une statistique, nous donnerons ensuite les explications de ces changements :

	Encaisse-or	Circulation effective
Août 1918	69,55	—
Fin 1918	79,11	70,2
1919	91,34	87,7
1920	128,27	113,3
1921	128,4	107,1
1922	127,5	102,9
1923	128,0	105,7
1924	128,6	101,3

(1) Voir H. DECKERT, *op. cit,*

L'augmentation s'est produite entre le mois d'août 1918 et le mois de décembre 1920. Elle est résultée d'abord des achats d'or effectués par la Banque d'Angleterre sur le marché libre ; on peut voir là une circonstance, ayant contribué à la chute du change anglais en 1919 et 1920. Puis, et surtout, il y a eu une entente avec les Grandes Banques, en vertu de laquelle celles-ci cédaient à la Banque Centrale leurs stocks d'or évalués à 40 mill. £. Enfin des appels ont été faits au public dans le même but. C'est la première fois que la Banque d'Angleterre a attiré, par une action directe, de l'or dans ses caves. Depuis 1920, son encaisse, sauf des variations minimes, est restée autour du même niveau.

Mais la place de Londres n'a pas cessé un seul instant d'être un marché très important de l'or. Nous faisons suivre les mouvements, avec certains détails, des entrées et de sorties de métal jaune dans le pays d'après le *Statistical Abstract* publié en 1927, pour la période de 1913-1925, et les « Accounts relating to trade and navigation », de décembre 1926 et septembre 1927 :

La valeur des lingots et monnaies d'or, importés et exportés
par le Royaume-Uni

Importations	1913	1914	1915
I) Venant des autres pays	12.986	29.729	5.244
II) Venant de l'Afrique du Sud. . .	38.223	21.981	1.479
III) Venant des autres contrées anglaises	8.325	6.933	4.106
Total. . . .	59.534	58.643	10.829

	1916	1920	1921	1922	1923
I) . .	—	10.247	4.098	1.054	3.265
II) . .	—	36.314	34.514	30.382	37.475
III) . .	—	4.117	11.065	3.106	3.247
Total.	17.790	50.678	49.676	34.542	43.987

	1924	1925	1926	1927 (9 mois)
I). .	3.768	16.175	?	?
II). .	28.555	22.296	31.489	21.478
III). .	3.469	2.990	?	?
Total . .	35.792	41.461	38.551	26.154

Exportations	1913	1914	1915	1916
I) Allant aux autres pays .	34.594	22.972	35.168	—
II) Allant aux Indes . . .	10.827	6.459	2.542	—
III) Allant aux autres contrées anglaises , . . , . . .	666	1.167	1.508	—
Total. . . .	46.687	30.599	39.218	38.449

	1920	1921	1922	1923	1924
I) . .	60.771	57.697	31.310	38.007	36.729
II) . .	23.629	1.540	12.949	19.093	12.265
III) . .	8.165	111	579	335	426
Total. .	92.565	59.348	44.838	57.434	49.420

	1925	1926	1927 (9 mois)
I)	33.531	?	?
II)	12.977	2.634	2.004
III) . . , . . .	3.167	?	?
Total. . .	49.675	27.153	20.554

(en milliers de £, au pair)

Des données précises manquent pour 1916 et il n'y en a pas du tout pour la période 1917-1919, le Ministère du Commerce estimant que leurs révélations iraient à l'encontre du secret de l'État. Parmi les importations, une place pro-

éminente est tenue par l'or venant du Transvaal et de la
Rodhésie. La diminution constatée en 1924 et 1925 est due
au fait que pendant ces années, les producteurs d'or trouvaient plus avantageux à faire frapper directement le métal
sur place, en livre sterling de l'Afrique du·Sud, que de
le transporter à Londres. En 1926, le mouvement se rétablit et tend à revenir au normal. En ce qui concerne les
exportations, des grandes quantités de métal jaune ont été
absorbées par les Indes, aux fins de thésaurisation. La
nouvelle réforme monétaire de ce pays lointain, prévoyant
l'adoption du Gold Bullion Standard, aura pour effet, pense-
t-on, de diminuer les besoins métalliques du pays, rendant
partiellement inutile la thésaurisation privée. Les chiffres
enregistrés pour les deux dernières années, relativement
aux exportations vers les Indes, paraissent confirmer cette
vue. Si nous cherchons maintenant à savoir quels ont été
les excédents (positifs ou négatifs) depuis 1920, nous obtenons le tableau suivant :

Excédents (des export., des imp. —)

1920.	41.887
1921.	9.672
1922.	10.296
1923.	13.447
1924.	13.628
1925.	8.214
1926.	— 11,398
1927 (9 mois) . .	5.600

(en milliers de £)

Ce n'est que pendant l'année 1926, qu'un peu plus de
11 mill. £ sont restées effectivement dans le pays. Pendant
les autres années, l'Angleterre a perdu de l'or, pour plus
de 100 mill. £. Nous ignorons les mouvements exacts pen-

dans la période précédente. Nous ne pouvons donc pas savoir quelle est la perte effective, nette pour le pays. Et il faut surtout tenir compte du fait que les chiffres donnés plus haut, se rapportent à l'ensemble de l'or, destiné à des fins monétaires et à des fins non-monétaires. Une discrimination exacte, qui pourrait nous permettre d'indiquer le montant total de l'or monétaire (monetary gold) possédé par le pays, nous paraît actuellement impossible. Considérant que, en pratique, l'or ne circule pas librement comme moyen de paiement dans les transactions intérieures, nous allons nous tenir, pour nos conclusions, au total de l'encaisse métallique de la Banque d'Angleterre, encaisse qui, sous le nouveau régime (1) est la pièce essentielle du système monétaire anglais.

Insistons encore un peu sur les conditions, dans lesquelles s'est effectué le retour au pair, assez brusque, de l'Angleterre. Il est incontestable que le facteur psychologique de la confiance des nationaux et de la spéculation étrangère, en a été, principalement, la cause. Le Gouvernement conservateur a d'ailleurs tout fait pour créer l'atmosphère favorable à une hausse rapide. Et cette hausse est arrivée artificiellement, sans que les autres éléments d'un retour au normal soient présents dans l'économie anglaise. On constate, par exemple, dans la circulation monétaire (effective et virtuelle) du pays, un fort « résidu d'inflation » : il y a une masse d'environ 290 mill. £ de Currency Notes, gagés

(1) Du *Gold Bullion Standard*.

en grande partie avec une créance immobilisée sur l'État,
et puis le Royaume-Uni porte encore la lourde charge d'une
dette flottante, dont le total dépasse 700 mill. £. Selon
l'opinion de M. Lacout, que nous faisons nôtre, et contrairement à ce que paraît soutenir M. G. E. Bonnet, la politique de réappréciation du pouvoir d'achat intérieur de la
livre n'a pas été assez énergiquement poursuivie. M. Bonnet
veut bien reconnaître qu'une compression plus sérieuse des
prix est nécessaire pour permettre aux industries de garder
leur bas prix (1). Mais il paraît ignorer ce grief qu'on peut
faire aux dirigeants de la politique monétaire anglaise,
d'avoir insuffisamment insisté sur les effets inéluctables de
la revalorisation et d'avoir insuffisamment averti et les industriels et les milieux ouvriers de la baisse des prix, qui devait
fatalement se produire pour consolider la réforme. Et c'est
précisément le résidu d'inflation, qui s'oppose à une diminution plus accentuée des prix, car la masse totale des
moyens de paiement reste exorbitante en face d'une quantité de marchandises, n'ayant pas augmenté en proportion.

Voilà donc un double aspect des lacunes que présente
la restauration monétaire de la Grande-Bretagne : déflation
incomplète ; politique timorée des prix. Disons tout de
suite, que les hommes d'État anglais croyaient à une action
quasi-automatique des changes sur les prix, qui n'a eu
lieu que partiellement. En logique pure (et d'après la théorie quantitative) c'est plutôt la restriction des moyens de
règlement, qui aurait dû amener la baisse. Mais ni l'appréciation des changes, ni la déflation ne sont, à notre avis,
le mëilleur remède à un mal monétaire, provoqué par des

(1) Voir G. E. BONNET, *op. cit. L'Expérience anglaise*,
pp. 37-43.

PANDELE

circonstances extraordinaires. La seule solution vraiment efficace, quoique accompagnée de certaines injustices inévitables, est la stabilisation immédiate, avec dévaluation. Mais on ne revient pas sur ce qui est définitivement accompli. Il s'agit aujourd'hui de démêler les chances de durée de la nouvelle réforme et de rechercher quel rôle le métal jaune est appelé à jouer à l'avenir dans ce pays. Nous pourrons ainsi déterminer, approximativement, quels seront les besoins éventuels en or de l'Angleterre et nous y trouverons peut-être des indications précieuses sur la répartition future de l'or dans le monde.

*

* *

Au début de l'année 1925, une ouverture de crédit de 300 mill. doll. fut consentie par la Banque de Réserve Fédérale de New-York et par la Maison Morgan & C° au Trésor anglais, pour constituer un fonds massif de défense de la livre sterling. Le Trésor n'a pas eu l'occasion de s'en servir et il ne l'aurait fait qu'à la dernière limite. Le change a pu être maintenu dans les limites des Gold Points de mars à septembre 1925, à l'aide des crédits étrangers (surtout américains) à court terme, qui trouvaient un avantage à s'employer sur la place de Londres, où le taux de l'intérêt était plus élevé. L'Angleterre a reçu même des quantités considérables d'or, malgré sa balance commerciale constamment déficitaire. Pendant le deuxième et le troisième trimestre de l'année les entrées nettes ont été de 6.928.000 £ (1). Mais la Banque d'Angleterre avait cru devoir soutenir une

(1) Voir Mémorandum sur la Monnaie et les Banques centrales S. D. N., 1926.

politique d'abaissement du taux de l'escompte et au début
de novembre celui-ci était tombé jusqu'à 3,2 % (par rapport à 4,7 % en mai). Les crédits étrangers étaient moins
incités à venir chercher un placement dans le pays et le
change sur New-York descendit fin novembre jusqu'à
4,83 7/8 (le gold point de sortie pour la livre étant de
4,84 4/5). Alors la Banque fut obligée de céder de l'or,
et son encaisse passa de 160,5 mill. £ fin septembre à
144,6 mill. £ fin décembre. M. Lacout n'hésite pas de
caractériser la politique de l'Institut central anglais, comme
une hérésie économique. Car la perte de l'or ne pouvait
pas s'accompagner d'une restriction notable de la circulation et exercer une influence sur les prix et par leur intermédiaire sur la balance des comptes. Il y a, nous l'avons
déjà vu, une circulation incompressible de Currency Notes,
dont la partie immobilisée est de 250 mill. £ sur environ
280-300 mill. La Banque d'Angleterre a reçu dans son
encaisse le fonds d'or — 27,5 mill. £, détenu par le Trésor, et elle a mis de côté, comme couverture de cette circulation fiduciaire, environ 27 mill. £ de ses propres billets (1).

Nous saisissons maintenant, en réfléchissant un peu à
cette phase de la politique monétaire anglaise à la fin de
l'année 1925, la contradiction interne du système monétaire
actuel de la Grande-Bretagne, et nous arrivons à mieux
comprendre pourquoi un théoricien, tel M. Lacout, peut
parler d'une déflation insuffisante, tandis qu'un homme de
la Banque, tel M. Mac Kenna, parle d'une déflation dangereusement grande de crédit (2). En effet, d'un côté, il

(1) Voir D. T. JACK, *op. cit.*, p. 55.
(2) Voir MAC KENNA, art. cité dans le *Bulletin de la Middland
Bank.*

reste dans la circulation une quantité anormale de moyens de paiement, qui augmente la capacité de consommation du public, de l'autre côté, la cherté du crédit prive les entreprises des capitaux circulants, nécessaires à une expansion industrielle et commerciale plus grande et les empêche de procéder, avec une activité accrue, à une compression des prix. Même en tenant compte de la dépréciation universelle de l'étalon-or, le déficit du commerce extérieur de l'Angleterre est beaucoup plus grand en 1925 qu'en 1913 (394 mill. par rapport à 158 mill.). L'équilibre de la balance des paiements n'est possible que grâce aux exportations invisibles et aux placements temporaires de capitaux de l'étranger. C'est là une situation précaire et extrêmement délicate pour l'économie nationale anglaise.

On n'ignore pas que la disparité des pouvoirs d'achat à l'intérieur et à l'extérieur, conjuguée avec l'inadaptabilité assez marquée de l'industrie aux nouvelles conditions, avait mené à une crise, dont la manifestation la plus aiguë fut le chômage de près d'un million et demi d'ouvriers, en 1925 et 1926. M. J. Lescure a, d'autre part, lumineusement montré dans un article récent la cristallisation des méthodes de production de l'industrie anglaise et nous a fait voir combien elle est réfractaire aux nouveaux moyens d'exploitation de notre siècle (1). Il y a là, des facteurs qui peuvent influencer défavorablement l'évolution prochaine de l'économie britannique et nous sommes en droit de nous demander si le système monétaire anglais, bâti sur une circulation qui est dépourvue d'élasticité plus encore qu'avant la guerre, falsifié par une politique de crédit, qui est mise au service

(1) Voir J. LESCURE, *Les difficultés de la Grande-Bretagne* dans la *Revue de France*, 15 nov. 1927, pp. 327-346.

de la défense du change, au lieu de l'être à celui de l'industrie et du commerce, menacé enfin par une dette flottante de la grandeur de 728 mill. £ (environ 3,5 milliards doll.) si ce système présente de grandes chances de durabilité et s'il se trouve à l'abri de toute atteinte. Sans compter que la Banque d'Angleterre est toujours régie par l'acte désuet de 1844, qui la rend particulièrement inapte à suivre les indications d'expansion possible de l'économie nationale.

La crise minière et ses répercussions sur toutes les branches de l'industrie anglaise, occupe la majeure partie de l'année 1926. La Banque d'Angleterre défend un taux officiel de 5 %, pour endiguer les demandes accrues de production, affectée par la crise. La situation sur le marché monétaire n'est pourtant à aucun moment trop tendue, car un très grand nombre de capitaux étrangers ont cherché à Londres un placement temporaire, soit pour profiter du décalage des taux d'intérêt, soit pour fuir la dépréciation de leur monnaie nationale. Ceci explique aussi pourquoi on n'a pas eu à enregistrer pendant les huit ou neuf premiers mois de l'année aucune faiblesse caractéristique du change. Au contraire, la position de la Banque d'Angleterre devient plus forte, elle est à même, pendant ce temps-là, de procéder à des achats d'or sur le marché libre. Son encaisse passe de 144,7 mill. £ le 31 décembre 1925 à 150,3 mill. £ le 30 juin 1926 et à 155,9 mill. £ le 22 septembre 1926.

Mais l'automne, généralement défavorable à la Grande-Bretagne, à cause des importations accrues, l'a été cette année plus défavorable encore. L'hésitation des capitaux étrangers à s'investir sur le marché londonien, juste à cette époque, a fini par amener un fléchissement des devises et le change sur New-York tombe jusqu'à 4,850 en octobre et 4,849 en novembre (pour une parité de 4,865). Alors des exportations de métal jaune devinrent nécessaires et l'encaisse de la Banque descendit le 31 décembre 1926 à 151,1 mill. £. A la même date, il y a encore 290 mill. £ de Currency Notes en circulation et le montant des billets de la Banque d'Angleterre est de 140,8 mill. £. Le pourcentage de l'encaisse à la circulation globale s'établit à 39,6 % (en fin 1925, 37,9 %). D'un autre côté le rapport de la réserve totale (du Banking Department) au montant de ses obligations à vue s'établit à 21,0 % au lieu de 11,6 % en 1925.

Vers la fin de l'année, le conflit ouvrier est apaisé et une amélioration se fait jour. Au début de l'année suivante, 1927, l'industrie paraît se ressaisir et l'abondance des capitaux sur le marché monétaire rend possible un abaissement du taux de l'intérêt (N'oublions pas que cette baisse est d'une importance capitale pour la prospérité des entreprises et la compression des prix de revient). Mais la Banque d'Angleterre ne peut pas le décider, des achats considérables d'or de la part de l'Amérique et de l'Espagne venant de se produire et réduisant ainsi ses possibilités de crédit.

En avril 1927, la situation de l'Institut d'émission fut encore menacée par le paiement de 33 mill. £ dus par la France à l'État anglais, et la libération d'un gage de 18 mill. £ d'or, détenu par lui. Heureusement que des arrangements intervenus à temps ont empêché un transfert effectif de métal jaune, qui aurait pu ébranler sa position. Le marché monétaire présentait toujours une grande liquidité. L'encaisse métallique de la Banque augmente jusqu'à 154 mill. Alors, elle abaisse le taux à 4 $\frac{1}{2}$ % (21 avril 1927). Au mois de mai, le pourcentage des réserves aux dépôts est exceptionnellement élevé : 34 ½ %. Une nouvelle baisse devient probable. Elle ne peut pas être mise en application, la spéculation sur la devise française aboutissant à une mesure de défense de la part de la Banque de France, traduite par des achats d'or sur le marché libre anglais. Il s'ensuivit un resserrement monétaire qui dura jusqu'à l'automne. En ce moment-là, nouveau revirement : l'abondance des capitaux étrangers (surtout américains) tant à court terme, qu'à longue échéance, prend de telles proportions, que le change anglais s'améliore de jour en jour (contrairement à ce qui se passe d'habitude, à cette époque). Fin novembre, le dollar atteignait le gold point d'entrée (4,8875 doll. pour 1 £) et dès le début de décembre, des exportations d'or américain à destination de Londres se produisirent. C'est la première fois, depuis la guerre, qu'on assiste en Angleterre à un mouvement normal de l'or, dû uniquement aux variations du change.

Tenant compte de cette circonstance, que la plupart des placements américains ont été distribués par Londres, dont la perfection en matière bancaire est imbattable, un journal financier a défini ainsi les rapports entre les deux marchés anglo-saxons :

« Si Londres pouvait se réapprovisionner en métal grâce au rétablissement de la livre au point d'importation, la Cité serait véritablement une succursale des crédits-or du système des Banques Fédérales américaines ».

b) La Suède

Avec deux ou trois autres États européens, la Suède fut le pays neutre qui a le moins ressenti le choc brutal et les

répercussions immédiates de la guerre de 1914. Cela ne
veut pas dire qu'elle a pu défendre son économie et sa
monnaie contre toute évolution anormale, et notamment
la crise de 1919-1920 constitua une dure épreuve pour
son organisation économique. Mais elle ne mit pas
longtemps, pour améliorer sa situation et ramener à l'équilibre son système monétaire. Dès le mois de mars 1924,
l'œuvre d'assainissement était complètement achevée et la
Suède réintroduisait, chez elle, l'étalon d'or effectif en
faisant disparaître les dernières entraves, apportées à son
libre fonctionnement. Nous allons donner une brève esquisse
de la crise monétaire suédoise, si tant est qu'on puisse
l'appeler de ce nom, et nous ferons ressortir l'accumulation
du métal jaune dans ce pays, et la forte position de sa
monnaie par le fait de son important soubassement métallique.

La Banque Royale de Suède est une Institution d'État,
qui possède le privilège exclusif d'émission des billets, à
condition de s'assurer une couverture-or de 50 % et de
ne pas dépasser un contingent de 125 mill. de couronnes,
pouvant être émises sans couverture. D'après la loi monétaire, l'unité de compte était la couronne suédoise, équivalente à un poids d'or fin de 0,40323 gr. La parité s'établissait donc comme il suit :

> 1 cour. = 0,268 doll.   (1 doll. = 3,73 cour.)
> —   = 13 1/2 penn.   (1 £ = 18,15 cour.)

Au début de la guerre, la convertibilité des billets en or fut
suspendue et le rapatriement des capitaux étrangers (anglais,
français, etc.) fit baisser le change suédois, les autres devises faisant prime sur la couronne. Mais dès le mois de
mars 1915, un changement de tendance résulta d'une

balance commerciale extrêmement favorable, à la suite des exportations extraordinaires dans les pays belligérants. Ce fut le tour de la couronne de faire prime sur les devises étrangères, et même par rapport au dollar. Naturellement l'or afflua dans le pays. Alors on décida, le 28 avril 1916, de supprimer la frappe libre des pièces d'or et on interdit l'importation non contrôlée du métal jaune. La convertibilité était rétablie. En novembre 1917, le change sur New-York est de 1 cour. = 0,475 doll. Il a rétrogradé depuis ce moment et a atteint de nouveau, et assez tôt, le pair. En même temps que l'encaisse métallique, la circulation et l'indice des prix de gros, augmentaient dans une proportion considérable :

	Or	Circulation	Indice
Fin 1913	102 mill.	234 mill.	100
Fin 1918	285 mill.	813,5 mill.	372

Ce n'est que dans le second semestre de 1919, que l'industrie et le commerce suédois ont connu des difficultés sérieuses, tant à cause de l'épuisement des matières importées qu'ils ne pouvaient pas facilement remplacer, qu'à cause de la stagnation de l'exportation, provoquée par la disparition des débouchés anormaux de la guerre. En outre, sa marine marchande, élément essentiel de sa balance des comptes, traversait, pour les mêmes motifs, une période très dure.

Le déséquilibre temporaire de la balance des comptes s'est traduit par une baisse de la couronne par rapport au dollar, celui-ci faisant en février 1920, une prime de 53 % (1 doll. = 5,69 cour.). Mais la situation économique de la Suède en général et l'état de sa monnaie en particulier, étaient trop sains, pour ne pas être capables de conjurer bien vite les effets fâcheux de la crise de 1920, et dès l'année suivante, une amélioration marquée est à observer. Fin 1921, le dollar est ramené à 3,98, la balance commerciale devenant beaucoup moins défavorable et la marine marchande reprenant, petit à petit, son trafic régulier. L'excédent des importations (et éventuellement des exportations) depuis 1919 s'établit de la façon suivante :

1919	— 958,3 mill. cour.
1920	— 935,9
1921	— 161,5
1922	+ 39,5
1923	— 152,5

L'indice des prix n'est plus que de 155, à la fin de 1922. La circulation diminue aussi dans une proportion notable. Enfin la couronne remonte de nouveau jusqu'au pair et arrive, par moments, à faire une légère prime sur le dollar. Comme nous l'avons déjà dit, au début de 1924, la situation normale est complètement rétablie, l'importation et l'exportation de l'or ne subissent plus aucune entravè, l'or est admis à la frappe libre et les opérations de la Banque ne poursuivent plus que des buts purement économiques.

	Circulation	Encaisse-or	Excédent d'actif à l'étranger
Fin 1920	760	282	299
1923	576	272	209
1925	530	230	168
1926	525	224	160
1927	526	230	158
			(en mill. cour.)

On constate, depuis lors, un lent développement favorable de la conjoncture. Les industries et le commerce ont repris leur activité normale et ils trouvent sur le marché monétaire une abondance, qui leur facilite grandement leurs opérations. Cette aisance sur le marché des capitaux, jointe aux taux exceptionnellement bas pratiqués par les banques, a conduit à une exportation des fonds à l'étranger, où ils pouvaient s'employer d'une façon plus rémunératrice. Les mouvements en sens inverse, de l'étranger en Suède, étant d'une moindre envergure, le change s'en est ressenti quelque peu, et par moments, il est descendu au-dessous du gold point de sortie. Alors la Banque de Suède a cédé de l'or, qui a servi à redresser l'équilibre. Dans le tableau que nous venons de donner, cette modification pendant l'année 1926, apparaît clairement. L'année suivante la Banque arrive à reconstituer son encaisse et elle maintient le chiffre de ses avoirs-étrangers presque au même montant.

Malgré une diminution d'un demi-point du taux de l'escompte (4 % à partir du 22 avril), l'emprise de la Banque sur le marché monétaire n'augmente que passagèrement vers le milieu de l'année. La circulation de la Suède repose, aujourd'hui encore, non pas seulement sur une encaisse métallique et un portefeuille-escompte, mais aussi sur une grosse quantité de devises. Ces dernières ne comptent pas comme réserve légale, et d'autre part les dépôts à vue ne rentrent pas dans le calcul de la couverture. Néanmoins une réforme, en ce qui concerne le second point, est toujours possible et alors la Banque Nationale sera peut-être amenée à augmenter son encaisse, en transformant une partie de ses devises en or ; pour le moment, avec la législation en vigueur sa position est très forte et un afflux prochain d'or en Suède est très peu probable.

c) Le Danemark

Quoique pays neutre, comme la Suède, l'État danois fut très sérieusement affecté par la guerre. Il subit les conséquences fâcheuses du bouleversement mondial et eût à pâtir d'une revalorisation brusque et trop rapide de sa monnaie dépréciée. Le Danemark souffre, aujourd'hui encore, d'une crise d'assainissement et le retour au pair de l'ancienne couronne danoise est loin d'être considéré comme la meilleure solution qu'on aurait pu apporter au problème monétaire dans ce pays.

Pendant toute la durée de la guerre, le parallélisme entre l'évolution économique et financière dans les trois États scandinaves, est frappant. Après un fléchissement passager, la couronne danoise connaît, elle aussi, un raffermissement inquiétant, la Banque Nationale reçoit beaucoup de métal jaune, on arrête la frappe libre et on interdit l'importation de l'or. Le cours forcé introduit en 1914, est suspendu au début de 1917 et la situation reste favorable jusqu'à la cessation des hostilités. En même temps que la réserve métallique, la circulation (1) et les prix augmentèrent en proportion :

	Réserve-or	Circulation	Prix
Fin 1913 . . .	79 mill. cour.	150 mill. cour.	100
Fin 1918 . . .	194	451	292

Puis survint la crise des débouchés de 1919-1920, la balance des comptes s'équilibrait difficilement et la cou-

______

(1) Une inflation a eu lieu, déterminée par les besoins de l'État et les crédits accordés aux belligérants.

ronne danoise se déprécia. Elle ne cota plus que 0,1305 doll. en novembre 1920 (pour une parité égale à la couronne suédoise, à savoir 0,2680 doll.). La convertibilité fut de nouveau suspendue et déjà le 30 août 1919 la couverture légale fut abaissée de 50 % à 33 ½ % dont 30 % au moins en métal. La circulation et les prix atteignirent leur point culminant :

	Réserve-or	Circulation	Prix
Fin 1920 . . .	237 mill. cour.	557 mill. cour.	341

Une amélioration se produisit en 1921 et 1922 et la couronne réussit à se maintenir à un cours de 0,20 doll. environ. Mais l'amélioration n'était pas durable, car une nouvelle crise, locale cette fois-ci, ébranla l'économie danoise et son change sur New-York redescendit en mars 1924, jusqu'à 0,1530. Dès la fin de 1923, le Gouvernement fit des efforts pour s'opposer à l'affaiblissement du pouvoir d'achat extérieur de la couronne. Un emprunt étranger de 5 mill. £ (fond d'égalisation) fut contracté et destiné à servir comme masse de défense. Son utilisation n'apporta pas les résultats espérés. Une Commission Centrale des Changes fut aussi instituée au début de l'année 1924. Son succès fut très restreint. Enfin des experts furent consultés et le 20 décembre 1924 *on promulgua* une loi concernant la revalorisation lente, avec déflation de la couronne. Le 12 janvier 1925, un accord avec la Banque Nationale obligea celle-ci de contrôler le redressement, par étapes, de la monnaie danoise et un « crédit de caisse » de 40 mill. doll. résultant d'un emprunt auprès de la National City Bank de New-York, fut garanti par l'État.

On assista alors, pendant toute l'année 1925 et une grande partie de l'année 1926 à un vaste mouvement de spéculation internationale qui déjoua les plans de revalorisation par paliers, du Gouvernement du Danemark. La vie économique nationale fut cruellement affectée par cette revalorisation trop rapide. Le change avait beau être revenu au pair en décembre 1926, l'index des prix de gros se maintient encore à 158, et la circulation diminue dans une proportion insuffisante. La balance du commerce extérieur se solde avec un déficit considérable, à cause des difficultés plus grandes d'exportation et les industries connaissent une crise, dont l'effet le plus grave est un chômage accru.

En 1927, en dépit d'un change remarquablement stable (1), la situation économique persiste à être mauvaise. L'indice des prix de gros en légère baisse, s'établit, en novembre, à 154, mais l'excédent des importations, pour dix mois, dépasse le chiffre correspondant de l'année dernière, en s'élevant à 77 mill. de couronnes. La Banque mène une politique de restrictions de crédits qui est vivement critiquée par les milieux industriels et commerciaux. La confiance de l'étranger ne lui faisant pas défaut, elle arrive pourtant à garantir la couronne contre toutes fluctuations et en décembre 1927, le change danois est très fort. Ça ne veut pas dire que l'évolution future du Danemark soit à l'abri de toute surprise désagréable, et malgré une situation monétaire, parfaitement saine, pour le moment, l'économie danoise cherche encore son équilibre ailleurs.

Ces derniers temps, la Banque Nationale en Danemark

(1) Le 1er janvier, le Gold Standard est officiellement réintroduit et la convertibilité est reprise au taux ancien : 1 kg. or fin pour 2.480 couronnes. Il est prévu seulement qu'il faudra présenter au moins 28.000 couronnes ou un multiple de cette somme. L'exportation de l'or est permise dans les pays qui l'admettent à leur tour. Enfin la couverture légale est relevée à 50 %.

a poursuivi une politique de l'or, qui prête aussi à la critique. Elle a préféré se dessaisir d'une partie de son encaisse métallique et ne pas rapatrier le produit de certains emprunts étrangers, pour se constituer des réserves de devises à l'extérieur. Ses bilans à la fin de 1926 et de 1927, révèlent ces modifications :

	31 déc. 1926	31 déc. 1927
Réserve-or	208,6	182,0
Devises	23,4	92,0
Prêts et avances	261,0	203,8
Circulation	385,9	354,1
		(en mill. cour.)

Nous retenons le fait. Nous verrons plus tard les objections qu'on peut y apporter.

d) La Norvège

Le troisième État, faisant partie du groupe scandinave, a été assez durement éprouvé par les suites de la guerre. Il s'en est tiré, comme le Danemark, avec une revalorisation brusquée, et la crise d'assainissement persiste encore et entrave sérieusement l'essor économique du pays. Le pair n'a pas encore été atteint, quoique la perte au change de la couronne norvégienne est aujourd'hui minime, et on a pu dire avec raison que la Norvège est depuis plusieurs années en état de crise chronique (1).

Le sort de ce pays n'a pas été trop différent de celui de

(1) Voir Albert Despaux, *La revalorisation de la couronne norvégienne* dans *l'Information économique et financière* du 5 mars 1927.

ses deux voisins de l'Union. Dès le début de la guerre, la Banque Nationale (Norges Bank) fut relevée de l'obligation de rembourser ses billets et l'exportation libre de l'or fut interdite. Après une faiblesse passagère du change norvégien, jusqu'à la fin de 1915, la couronne se redresse fortement et fait prime sur les autres monnaies européennes et même sur le dollar. Avec une parité égale à la couronne suédoise et danoise, la couronne norvégienne se trouve fin 1917 très au-dessus du pair avec la livre et le dollar :

£ 1 = 13 couronnes   (parité légale : £ 1 = 18,16 cour.)
doll. 1 = 2,80 couronnes $ 1 = 3,73 cour.)

L'explication se trouve surtout dans l'augmentation importante des frets, qui passent d'une moyenne de 200 mill. cour. à plus d'un milliard cour. par an, et qui arrivent à combler avec excédents, le déficit accru de la balance commerciale. Il s'ensuit un accroissement considérable de l'encaisse-or de la Banque d'émission : sa réserve métallique a triplé de 1914 à 1919. Mais en même temps la circulation monétaire a augmenté aussi, et plus que proportionnellement.

	Encaisse-or	Circulation
Fin 1913	44 mill.	117 mill.
1914	69	134
1915	130	162
1916	123	257
1917	116	325
1918	121	426
1919	147	453

Le statut de la « Norges Bank » est plus rigide que celui des deux autres Banques scandinaves et consiste à demander pour la circulation des billets, une pleine couverture-or, au delà d'un contingent, fixé d'avance. Naturellement, à plusieurs reprises, la Banque a été obligée de demander qu'on relève le montant de cette circulation non couverte, car elle payait un impôt pour tout excédent qui dépassait la double limitation légale. Le 31 juillet 1916 le contingent est porté à 70 mill. cour. (de 45 mill. primitivement). Le 31 octobre 1920, l'impôt frappait 212,9 mill. cour. ; alors, une nouvelle loi du 26 novembre 1920, actuellement encore en vigueur, détermina le droit d'émission de la façon suivante : d'abord, contre pleine couverture or ; ensuite jusqu'à un total de 250 mill. cour. non gagées ; enfin d'une manière exceptionnelle jusqu'à la concurrence d'un dernier contingent de 100 mill., passible d'impôts, et destiné à être progressivement réduit (ce qui s'est réellement produit, dans la suite).

Par esprit d'imitation, sans doute, la Banque de Norvège a pris des mesures, en avril 1916, contre l'importation de l'or, après avoir rétabli la convertibilité quelques jours auparavant. Cette attitude se justifie moins qu'en Suède ou au Danemark, vu les dispositions spéciales qui régissent le statut de la Banque. Il est en effet contradictoire de laisser cette dernière payer un impôt, pour une émission déjà effectuée, et l'empêcher en même temps de renforcer son encaisse. A moins de supposer que la crainte d'une inflation, par l'échange de l'or contre des billets, ait été plus grande que celle d'une inflation pure et simple pour le compte de l'État.

Pendant la guerre, il y eût aussi une autre inflation, celle des dépôts en banque :

1913. . . . .   592 mill. cour.
1918. . . . .   2.721

Il en est résulté de cet accroissement considérable de moyens de paiement une diminution très accentuée du pouvoir d'achat intérieur de la couronne. L'indice général des prix de gros est de 345, fin 1918. A cette même époque, la couronne norvégienne se maintient légèrement au-dessus du pair (la livre à 17 cour., et le dollar à 3,50 cour.). Mais l'avènement de la paix, privant la Norvège d'une source principale de profits, les bénéfices de sa flotte marchande, et bouleversant son économie tout comme dans les autres pays, déclancha la crise de 1919-1920 dont la répercussion fut une chute marquée de la couronne. Celle-ci perd de sa valeur extérieure, pour coter jusqu'à 30 cour. pour une livre et 6,50 pour un dollar. On constate un relèvement temporaire en 1921-1922, mais une réaction intervient de nouveau et la couronne connaît en février 1924, sa dépréciation la plus grande :

16 février 1924 . . . . . . 1 £ = 32,60 cour.
1 doll. = 7,61 cour.

Des efforts sérieux pour assainir la situation monétaire furent faits pendant ce temps-là, et dès le début de 1925, la position financière et économique du pays révélait une amélioration constante. La Banque Nationale avait pu garder depuis 1919, et malgré les vicissitudes d'une instabilité continuelle de sa monnaie, son encaisse-or intacte à 147 mill. cour.

La Norvège a eu le grand tort, nous le croyons fermement et les événements présents paraissent nous donner raison, de ne pas stabiliser immédiatement. Le Gouvernement s'est décidé pour une revalorisation par paliers, malgré les protestations des milieux industriels et commerciaux. La spéculation internationale s'empara de cette nou-

velle source d'un gain sûr et rapide, et nous assistâmes
à la hausse brusque et désastreuse pour l'économie nationale, de la couronne norvégienne. Le dollar ne cote plus
que 4,92 en moyenne en janvier 1926 et il tombe à 3,88,
le 18 novembre 1926, et à 3,78, le 31 décembre 1927.

La Norvège étant très tributaire pour ses matières premières à l'étranger, ses prix de gros suivirent de très près
l'amélioration du change. L'indice général s'établissait à
214 en janvier 1926, il n'était plus que de 159 en juin 1927.
Le chiffre total du commerce extérieur diminue aussi. Mais
le raffermissement de la couronne est plutôt favorable à la
balance commerciale : en 1926, l'excédent des importations est moindre qu'en 1925.

Tandis que le pouvoir d'achat de la couronne se renforçait tant à l'extérieur qu'à l'intérieur, les prix de détail
et surtout les salaires opposaient une résistance effrénée
à la baisse. Il s'ensuivit une grave crise économique, caractérisée par des faillites, un chômage menaçant, des grandes
difficultés pour les banques, enfin une stagnation inquiétante
de l'industrie et du commerce. Une grande abondance de
capitaux inemployés encombre le marché monétaire, la
Banque Nationale a abaissé son taux de l'escompte jusqu'à
4 ½ % (le 27 octobre 1926) et les banques privées se sont
vues dans l'obligation de contingenter leurs dépôts. La Norvège est à la merci d'un revirement de l'opinion publique
et d'un mouvement plus fort des capitaux, qui iront chercher ailleurs un placement plus rémunérateur. Il est curieux
de voir comment ce pays a subi la revalorisation plutôt
qu'il ne l'a provoquée sciemment et de constater que la
Banque n'a pu améliorer sa position, que dans une mesure
assez restreinte, par une déflation insuffisante. En 1926
même, la diminution de la circulation a été largement con-

tre-balancée par une augmentation exceptionnelle des dépôts
à vue, tandis que son encaisse-or, reste à peu près au
même niveau, et que sa réserve-devises décroît, sans équivalent :

	Fin 1925	Fin 1926	Fin 1927
Or	145,2	146,2	147,2
Devises	55,3	62,6	46,7
Prêts et Avances	320,1	466,0	260,5
Billets en circulation	362,8	337,1	330,9
Dépôts à vue	98,5	304,3	94,5

(en mill. cour.)

Le correspondant de l'*Economist* (1) dans une lettre
récente du 21 janvier 1928, nous affirme que la Banque
de Norvège domine en ce moment le marché monétaire et
des changes et que son intention est de revenir lentement
au pair, pendant une période raisonnable. Mais on ne saurait pas avoir une certitude quant à l'évolution future de
la situation monétaire de ce pays, et pour les motifs que
nous avons indiqués plus haut, l'avenir de la couronne norvégienne nous apparaît comme un grand point d'inter-
rogation.

e) La Hollande

Parmi les neutres, la Hollande a eu moins à souffrir
que les autres. La crise de 1920 ne l'a pourtant pas épar-
gnée complètement. Mais elle a pu se ressaisir bien vite
d'une défaillance passagère, et si elle a attendu jusqu'en
1925 pour revenir officiellement à l'étalon-or, ç'a été par
excès de prudence et aussi par une sorte de solidarité financière, qui unit le marché monétaire hollandais à la place

(1) Voir *The Economist* du 28 janvier 1928.

de Londres. Prudente, la Hollande l'a été dès le début de
la guerre. Déjà le 31 juillet 1914, le Gouvernement abais-
sait la couverture légale de la Banque Néerlandaise, institution privée et unique d'émission, de 40 % à 20 % seulement. Hâtons-nous de dire que cette limite extrême n'a
jamais été atteinte et que le rapport effectif s'est maintenu
tout le temps à un taux beaucoup plus élevé. Le 8 août 1914,
on interdisait la libre exportation de l'or (1), mesure justifiée en partie par le rappel des capitaux étrangers placés
avant la guerre dans le pays, et par la hausse des devises
étrangères, qui en résulta. Cette situation ne dura que
quelques mois ; ensuite une balance des comptes très favorable provoqua une hausse du pouvoir d'achat du florin,
et celui-ci fit prime, même sur le dollar. Naturellement
l'or afflua en Hollande et la circulation, entraînant avec
elle les prix, augmenta fortement. Néanmoins, le 7 avril
1917, on prend une autre précaution et on décrète une
interdiction absolue de l'exportation de l'or, sous toutes
les formes. Et dès le début des hostilités, la Banque avait
été relevée de son obligation de rembourser les billets en
or. Malgré le cours forcé et l'interdiction mentionnée, le
florin s'est trouvé jusqu'à la fin de 1918, au-dessus du
pair. Au contraire, son pouvoir d'achat intérieur avait diminué considérablement ; les partisans de la théorie, qui
explique les mouvements des prix principalement par les
variations des changes, ne prendront assurément pas le cas
de la Hollande, comme une confirmation de leurs opinions.
Voilà un tableau résumatif de ces changements :

(1) Mais on l'admettait si elle était requise dans l'intérêt
national.

	Encaisse-or	Circulation	Prix
Fin 1913	151	313	100
1914	208	473	109
1915	429	577	146
1916	587	758	224
1917	698	890	276
1918	689	1.068	376

(en millions de florins)

Pendant la guerre, le commerce de la Hollande n'a pas été très actif (les excédents de sa balance des comptes sont dus à d'autres causes : frets, mouvements des capitaux, etc.). Dès l'année 1919, il reprend avec une grande ampleur, seulement les importations dépassent de beaucoup les exportations. D'autre part, les bénéfices de la flotte marchande et des autres éléments invisibles de la balance marquent une diminution sensible. Alors le florin ne peut plus défendre sa position favorable et c'est le tour du dollar à faire prime. Rappelons que le florin vaut au pair :

$$0,6048 \text{ gr. or fin ou bien}$$
$$0,402 \text{ doll. (1 doll.} = 2,4875 \text{ fl.)}$$
$$1 \text{ kg. or fin} = 1,653,44 \text{ fl.}$$

En 1920, le florin subit une dépréciation assez forte ; le dollar monte jusqu'à 3,37 ; au début de 1921 on assiste à une légère reprise, suivie d'une nouvelle chute à 3,27. Mais dès le début de 1922 la situation économique s'améliore, le change se redresse et le florin s'approche du pair. En 1924, la prime au change disparaît totalement.

La politique avisée des changes de la Banque Néerlandaise a nécessité des exportations d'or en Amérique, à plusieurs reprises. Elle ne s'est servi que modérément de son stock de devises pour la défense du florin et elle a préféré se dessaisir d'une partie de sa réserve en métal jaune. La

déflation des billets en circulation fut de peu d'importance
et pendant cette deuxième période, il paraît que ce sont
plutôt les changes qui ont déterminé la compression des
prix de gros et le redressement parallèle du pouvoir d'achat
du florin, à l'intérieur. Voilà, avec des chiffres, quelle a
été cette évolution :

	Encaisse-or	Devises (1)	Circulation
Fin 1919. . . .	637	48	1.033
1920. . . .	636	52	1.072
1921. . . .	606	33	1.013
1922. . . .	582	75	1.012
1923. . . .	582	26	1.066
1924. . . .	505	38	935

(en millions de florins)

Au début de l'année 1925, le retard apporté au rétablissement de l'étalon-or était une véritable anomalie. La situation monétaire du pays apparaissait comme extrêmement
forte. Quand, le 28 avril, le retour à l'or fut officiellement
décrété, par la dispense donnée à la Banque centrale de
céder du métal jaune sur demande justifiée, il passa presque
inaperçu, tellement il avait été bien préparé (2). Toutefois,
aux premiers temps de la réforme, la Banque ne put pas
maintenir l'intégralité de son encaisse, et entre le 26 avril
et le 30 novembre elle perdit plus de 25 mill. florins d'or,
à destination des pays qui admettaient à leur tour l'exportation libre du métal jaune et quoiqu'elle exerçait un contrôle très sévère sur le véritable emploi de ce dernier. Vers

(1) Non compris les avoirs à l'étranger, résultant de l'escompte
des devises.

(2) Voir Eug. BOISLANDRY-DUBERN, *Le retour des Pays-Bas à
une situation monétaire normale* dans la *Revue Économique
internationale*, 1927.

la fin de l'année, le florin raffermit sa position surtout par
rapport à la livre sterling et Londres dût procéder à des
envois d'or à Amsterdam. Malgré cela, le bilan de la Banque accuse fin 1925 une diminution totale du poste encaisse
de plus de 60 mill. florins (1), au contraire le montant
global des devises et avoirs à l'étranger est beaucoup plus
élevé :

	Encaisse-or	Devises et avoirs à l'étranger
Fin 1924.	505	112
1925.	443	247

(en millions de florins)

Il était essentiel pour la Hollande de se donner un change
absolument sain, vu le rôle important qu'elle joue dans
les relations internationales, tant à cause de sa position
d'intermédiaire dans le commerce extérieur, qu'à cause de
sa puissante flotte marchande et le rendement très élevé
de ses colonies. Tenant compte, enfin, que sa dette envers
l'étranger est minime, on s'explique pourquoi le change
a pu maintenir pendant tout ce temps, sa position très
ferme, signe de l'excellent crédit commercial de la Hollande
à l'extérieur.

Seulement ces deux dernières années, 1926 et 1927,
l'équilibre normal du change hollandais fut en quelque sorte
faussé par des mouvements intempestifs et insolites des
capitaux. En effet, dans la première moitié de 1926, on
assista à une fuite des capitaux français et belges, qui cher-

(1) Notons que depuis le 17 novembre 1925, la Banque de Hollande a fait un essai timide de remettre en circulation des pièces
d'or de 5 et 10 florins ; il paraît pourtant que le public n'en a
absorbé qu'une quantité peu importante.

chèrent en Hollande une garantie contre leur dépréciation. D'autre part des gros excédents des Indes Néerlandaises arrivaient aussi à Amsterdam. Alors le change garda une allure favorable et la situation de la Banque fut très forte. Mais un revirement se produisit dans la deuxième moitié de l'année et le florin fit preuve d'une certaine faiblesse, due en partie au rapatriement des capitaux, et aussi aux prêts consentis à l'étranger, et pour une autre partie aux demandes saisonnières accrues de l'importation. Le bilan du 27 décembre 1926 traduit cette évolution défavorable :

	Encaisse-or	Devises et avoirs à l'étranger	Circulation
Fin 1925.	443,0	246,9	874,8
1926.	413,5	187,1	817,1

(en millions de florins)

Déjà pendant l'année écoulée, le marché monétaire fut très liquide. La présence d'un nombre considérable de capitaux flottants, jointe à l'hésitation de l'industrie et du commerce de reprendre leur pleine activité normale conduisit à une baisse très importante du taux de l'escompte (3 $\frac{1}{2}$ % depuis le 3 octobre 1925, et encore beaucoup plus bas, sur le marché libre). On assista à des investissements, sur une large échelle, des fonds hollandais dans les entreprises étrangères, ce qui augmenta les éléments passifs de la balance des comptes (1). De même, beaucoup de crédits à court terme furent consentis à l'étranger. Les changes se ressentirent sérieusement, et en octobre 1927, la Banque de Hollande fut obligée de relever son taux de l'escompte à 4 %. Les mouvements des capitaux se ralentirent et en

(1) Voilà un tableau significatif de la marche des émissions sur le marché financier hollandais :

décembre, le florin s'approchait du gold point d'entrée, ça veut dire du cours au delà duquel il est préférable de faire venir de l'or que de vendre des florins. Le dernier bilan de l'année qui vient de finir, porte encore les traces de l'évolution défavorable du change hollandais :

	Encaisse-or	Devises et avoirs à l'étranger	Circulation
27 décembre 1927	399,9	—	797,2

(en millions de florins)

Mais rien que depuis le relèvement du taux, la Banque a pu accroître sa réserve de devises, de 80 mill. florins environ. D'un autre côté, au moment où nous écrivons ces lignes, l'encaisse-or de la Banque se trouve en augmentation de 31 mill. florins (le 23 janvier 1928).

Deux enseignements se dégagent des faits que nous venons d'exposer brièvement : tout d'abord le danger qu'il peut y avoir, même pour un pays disposant d'un système monétaire très solide, d'être soumis à des mouvements désordonnés et anormaux des capitaux et la fragilité des réserves-devises, qui en résultent. Ensuite, la perfection et l'efficacité complète du mécanisme classique des variations du taux de l'escompte, pour défendre l'encaisse et redresser le cours du change, sous un régime d'étalon-or.

	1924	1925	1926	1927
Emissions néerlandaises.	354,3	154,2	176,2	162,1
Emissions étrangères.	49.1	143,9	283,6	340,6
	403,4	298,1	459,8	502,2

(en millions de florins)

(Lettre de Hollande, publiée par l'*Économiste français* du 28 janvier 1928).

f) La Suisse

La petite république fédérative suisse est encore au régime
du cours forcé, malgré une situation monétaire parfaitement
saine et extrêmement solide. Depuis peu de temps elle
s'est débarrassée des derniers liens, légaux, qui l'unissaient
à l'Union latine et le problème se pose aujourd'hui pour
l'État helvétique d'un retour effectif à l'or, par l'adoption
du Gold Standard, ou bien, comme on ne manque pas de
lui proposer, à tort croyons-nous, du Gold Exchange Standard.

La Suisse possédait au début de la guerre un système
monétaire qui tenait du bimétallisme incomplet, ou boîteux. La Banque Nationale devait garder contre les billets
mis en circulation une encaisse métallique de 40 %, dont
un cinquième pouvait être en argent. Elle pouvait rembourser à volonté les porteurs des billets en or ou en argent,
quoique ce dernier n'était plus admis à la frappe libre.
L'unité légale était le franc-argent, qui, tenant compte du
rapport 1/15 1/2 donnait la parité théorique suivante avec
l'or :

$$1 \text{ fr. suisse} = 0{,}290322 \text{ gr. or fin}$$
$$= 0{,}193 \text{ doll.}$$
$$1 \text{ kg. or fin} = 3.444{,}44 \text{ fr. suisses}$$

Le cours forcé fut décrété dès le début des hostilités et
le 16 juillet 1915 on interdit d'exporter de l'or sans autorisation. Mesure, en partie bien inutile, car une balance
des comptes très active allait permettre à la Suisse, pendant
toute la durée de la guerre, de renforcer notablement l'encaisse-or de sa Banque Nationale.

	Encaisse-or	Argent	Circulation
Fin 1913	170	21	314
1914	238	25	456
1915	250	52	466
1916	345	53	537
1917	358	52	702
1918	415	58	976

(en mill. frs. suisses)

L'inflation fiduciaire qu'on constate entre ces deux dates
extrêmes est due en partie à l'escompte des prescriptions de
l'État, émises pour faire face aux besoins de la mobilisation et du ravitaillement, et aussi à l'escompte des obligations des chemins de fer fédéraux, créés pour couvrir les
déficits de l'exploitation. En 1919, le montant de la circulation connaît son point le plus élevé :

	Encaisse-or	Argent	Circulation
Fin 1919.	453	75	1.036

(en mill. frs. suisses)

Alors, une modification de la loi bancaire intervient le
26 décembre 1919, qui permettait au Conseil Fédéral
d'abaisser la réserve légale minime jusqu'à 33 $\frac{1}{2}$ %, en cas
de nécessité. Cette disposition resta sans application pratique, car la couverture effective ne descendit jamais au-dessous de 45 %. A la même date, une mesure plus importante fut prise, concernant les avoirs à l'étranger. On
permit pour la première fois à la Banque de compter parmi
sa couverture bancable (son portefeuille-escompte) des devises, pour la défense des changes. La Banque a usé à
plusieurs reprises de cette faculté, quoiqu'elle n'a pas hésité
à envoyer réellement de l'or à l'étranger, quand la stabilité
du franc était sérieusement menacée.

Ce n'est que vers la fin de 1924 que le franc suisse atteint durablement le pair et depuis lors ses variations se sont maintenues dans des limites très étroites. D'abord en 1920, le manque des débouchés et la crise qui s'ensuivit, se répercuta sur la vie économique du pays, affecta sa balance des comptes et fit monter le dollar jusqu'à 6,60 (le 9 novembre 1920). Mais la position financière de la Suisse était trop solide pour se ressentir de cette secousse passagère. Ses nombreux placements étrangers lui procurèrent des gros revenus en même temps que ses banques constituaient un refuge sûr pour les capitaux, en fuite, des pays environnants. Alors le pouvoir d'achat extérieur du franc se redresse vivement et le dollar descend le 22 février 1922 jusqu'à 5,09 (pour une parité de 5,18). En ce moment, tout en conservant le cours forcé, on fit une tentative de réintroduire l'or en circulation.

On a pu calculer que fin avril 1922, on avait cédé au public environ 117 millions de francs en or. C'est très probablement l'or venu dans le pays, par suite de la prime sur le dollar, qui a servi à cette expérience monétaire. Il est arrivé que pendant le deuxième et le troisième trimestre de cette année, le change ayant repris, la Banque a été obligée de suspendre la frappe. On assista même à une certaine exportation des monnaies, fondues en lingots. Enfin vers la fin de l'année, les capitaux suisses vécurent sous l'épouvante d'un prélèvement socialiste et naturellement l'or disparut de la circulation, tandis que les changes étrangers connurent une nouvelle appréciation. La Banque elle-même exporta en mai-juin 1924 plus de 30 mill. de métal jaune vers l'Amérique, conformément à sa politique des changes. D'un autre côté un emprunt de 30 mill. dollars fut contracté aux États-Unis par l'État, qui remboursa avec son produit une partie de ses prescriptions détenues par la Banque. Comme nous le disions plus haut ce n'est que vers la fin de 1924 que la parité avec le dollar fut, de nouveau, rejointe et cette fois-ci d'une façon définitive. Au début de l'année suivante l'or reparut dans la circulation.

Signalons, pour avoir un tableau plus complet de l'évolution monétaire de la Suisse, que le 28 décembre 1920, on avait décidé que les pièces d'argent étrangères, qui s'étaient introduites dans le pays en grand nombre pour profiter de la différence des changes, allaient être démonétisées, et que le décret du 18 février 1921 obligea la Banque à compter l'argent dans son encaisse, à sa valeur marchande, l'État supportant la perte qui en résultait pour la Banque. Un contingent de 80 millions était fixé pour la monnaie d'argent en circulation.

Voilà comment ces divers changements se sont concrétisés dans les bilans annuels de l'Institut d'émission suisse :

	Encaisse-or (1)	Argent	Devises	Circulation
Fin 1919.	453	75	95	1.036
1920.	478	123	25	1.024
1921.	550	100	59	1.009
1922.	526	106	74	976
1923.	537	92	94	982
1924.	506	88	193	914
1925.	467	91	223	876

(en mill. frs. suisses)

Des voix autorisées, telle le *Bulletin de la Société de Banque suisse*, analysant les conditions économiques et monétaires du pays, à ce moment-là, estimaient que le

---

(1) Les dépôts d'or effectif à l'étranger ne sont pas comptés, conformément aux statuts, dans l'encaisse.

rétablissement légal de l'étalon-or était parfaitement possible et que la seule difficulté, consistant dans l'obligation pour l'État de reprendre sur le champ les écus étrangers déposés à la Banque (d'une valeur de 156 mill. frs.), pouvait être écartée par une convention nouvelle, ou un emprunt étranger. Le bulletin n'ignorait pas la dépression de l'industrie et du commerce, qui régnait encore en Suisse à cause surtout du niveau général trop élevé des prix de gros et de détail. Mais il n'ignorait pas non plus que la balance des comptes disposait des éléments, autres que la balance commerciale, qui lui permettaient facilement un équilibre avec excédents actifs (1).

Néanmoins la Suisse a eu raison de ne pas trop se hâter, car l'année 1926 et une partie de l'année 1927 ont constitué une dure épreuve pour son change. Les mouvements anormaux des fonds, soit en fuite devant la dépréciation de leur monnaie nationale, soit, s'il s'agit des capitaux suisses, à la recherche des bénéfices de spéculation sur les changes, ont faussé l'équilibre régulier de la balance des paiements et ce n'est que grâce à la politique vigilante de la Banque de Suisse, que le franc n'a connu que des variations minimes. Elle a su utiliser, il faut le reconnaître, très adroitement ses réserves de devises, celles-ci se sont avérées comme un bon moyen, temporaire et exceptionnel, pour corriger une situation anormale. Aujourd'hui rien n'empêche plus la Banque de rétablir officiellement la convertibilité libre des billets en or et de supprimer les dernières entraves à la liberté absolue d'exportation du métal jaune, d'autant plus

(1) Ce n'est pas le tourisme qui procure à la Suisse la plus grande source de ses bénéfices, comme on le croit encore trop souvent. Ce sont surtout les revenus de ses placements à l'étranger.

que sa situation pendant ces deux dernières années s'est
maintenue excellente.

	Or	Argent	Devises	Circulation
Fin 1925.	467	89	223	874
1926.	472	73	—	874
1927.	517	63	—	917

(en mill. frs. suisses)

N'oublions pas que le 13 déc. 1927, la Suisse a dénoncé
officiellement l'Union latine et qu'elle a retiré les monnaies-
or étrangères qui se trouvaient encore en circulation. D'autre part, elle a cédé sur demande, refrappées à l'effigie
nationale, toutes les pièces d'or, qu'on lui avait demandées.
Le cours forcé est un non-sens. Il importe de le faire disparaître le plus vite possible.

g) L'ESPAGNE

On est bien embarrassé quand on veut caractériser la
situation monétaire de l'Espagne. Détentrice d'une des plus
riches réserves d'or de l'Europe actuelle, dotée d'une circulation qui n'est pas exorbitante par rapport à l'étendue de
son territoire et au nombre de sa population, sa monnaie
est pourtant instable, son système défectueux, son fonctionnement est inadéquat à un pays riche et à une économie pleine de possibilités nombreuses pour un développement favorable. La politique domine tout ; des questions
monétaires, on s'en désintéresse, au grand dam de l'activité productrice et de l'essor économique du pays.

La guerre a surpris l'Espagne avec un système monétaire
des plus compliqués qu'on puisse s'imaginer. Il y avait
dans ce système des précautions nombreuses contre l'arbitraire de l'Institut central d'émission (la Banco di Espana) ;

il y en avait même de trop. On mélangeait, dans des règles
contradictoires le principe de la couverture proportionnelle
croissante avec celui d'un plafond légal, le tout sous un
régime impossible de bimétallisme boiteux. Ainsi la couverture métallique devait être de :

33 1/2 o/o pour les premières 1200 mill. pes.
60 o/o pour la fraction comprise entre 1200-1500 mill.
70 o/o —   —   —   —   1500-2000 mill.

La limite maxima était donc de 2 milliards. L'or était
admis à la frappe libre, tandis que la Banque se réservait
le droit de rembourser ses billets en argent, qui avait un
pouvoir libératoire illimité, mais ne pouvait pas être monnayé librement. Enfin l'opération normale de crédit, l'escompte, était moins développée que l'avance sur titres, qui
aurait dû rester une opération accessoire. A titre d'exemple, nous donnons le bilan de la Banque, du 31 décembre 1913 :

Couverture-or.	479
Argent.	725
Avoirs à l'étranger	193
Escomptes.	347
Avances	413
Circulation	1.934
Dépôts.	450

(en mill. pesetas)

Dès le 5 août 1914 on relève le plafond légal à 2.500 mill.
en exigeant pour ce supplément une couverture métallique
de 100 %. Des relèvements successifs furent rendus nécessaires en mars 1917, en juillet 1918, en janvier 1919,
en février 1920. Enfin le 7 octobre 1920 et le 29 novembre 1921, les dispositions légales concernant la circulation

furent encore modifiées et c'est le dernier décret, qui est encore actuellement en vigueur. Il prévoit que jusqu'à un total de 4 milliards pes. la réserve métallique exigée sera de 45 %, dont 40 % au moins en or, et que pour le milliard suivant, celle-ci devra consister en 50 % or et 10 % argent. De plus, par mesure extraordinaire, le Gouvernement pourra fixer le plafond légal à 6 milliards, dans les mêmes conditions que pour le cinquième milliard. Pour compléter notre tableau disons encore que la peseta valait au pair le franc-or, à savoir :

$$1 \text{ peseta} = 0,280322 \text{ gr. or fin}$$
$$= 0,1930 \text{ doll.}$$

Quelle a été l'évolution monétaire en Espagne depuis la guerre et jusqu'à nos jours ? La même, au début, avec certaines petites différénces, que dans les autres pays neutres. Jusqu'au commencement de 1915 le change espagnol subit une légère éclipse, du fait des rapatriements des capitaux étrangers, investis dans le pays. Ensuite l'Espagne connaît une période exceptionnelle d'excédents de ses exportations qui lui donnent pour la période des hostilités, un bénéfice net de 2 milliards pes. En avril 1918, la peseta enregistre son cours le plus élevé : elle vaut 0,3075 doll. Vers la fin de l'année, elle revient à 0,20 doll. et en 1919, malgré une balance commerciale favorable, elle subit une légère dépréciation. La crise de 1920 l'affecte très sérieusement et en novembre elle descend jusqu'à 0,1180 doll. Pendant tout ce temps-là la réserve-or de la Banque Nationale s'accroît dans une proportion extraordinaire et nous permet de supposer que seule parmi les autres, l'Espagne a transformé tout son gain de guerre en métal jaune. Sa réserve-argent subit une diminution sensible, tandis que la circulation s'accroît parallèlement au forcissement de l'encaisse, et oblige l'État à plusieurs reprises à procéder au dépassement de la limite légale.

	Or	Argent	Circulation
Fin juillet 1914.	543	736	1.919
Fin 1914.	572	713	1.965
1915.	867	761	2.100
1916.	1.250	741	2.360
1917.	1.966	714	2.782
1918.	2.228	644	3.316
1919.	2.445	632	3.856
1920.	2.457	575	4.326

(en mill. pesetas)

L'inflation des moyens de paiement eût son influence défavorable sur le pouvoir d'achat intérieur de la peseta, l'indice des prix de gros se montant jusqu'à 204 en 1919 et à 221 en 1920. Dans les années suivantes, l'Espagne supporta d'abord le poids d'un excédent déficitaire grandissant de la balance commerciale, elle fut aussi le théâtre d'une spéculation désastreuse sur le mark allemand, enfin sa situation financière empira chaque jour davantage. Depuis 1920, le change espagnol connut des hauts et des bas, avec une tendance assez marquée à la revalorisation. En 1924, la peseta arrive à coter 0,14 doll. environ, nous la trouvons en décembre 1926 à 0,1524 doll. et en décembre 1927, à 0,1669 doll. Pendant toute cette période, l'Espagne vit sous le signe d'une dépression économique constante, avec un fort passif commerciale et une législation draconienne, relative à l'exportation des capitaux et au contrôle des opérations de change. Ces derniers temps on a pu constater un effort remarquable d'assainir les finances et d'écarter les déficits budgétaires. Mais il manque une volonté ferme de redressement monétaire et l'adoption courageuse de la seule solution capable de mettre fin à l'insécurité des changes : la stabilisation. Pendant les sept années qui se sont écoulées depuis 1920, la Banque a plutôt raffermi sa position :

	Or	Argent	Prêts et Avances	Circulation	Dépôts
Fin 1921 .	2.513	626	2.424	4.244	2.680
1922 .	2.525	647	2.111	4.137	2.168
1923 .	2.528	650	2.023	4.353	2.026
1924 .	2.535	652	2.423	4.547	2.204
1925 .	2.537	654	2.630	4.440	2.343
1926 .	2.557	675	2.486	4.339	1.026
1927 .	2.604	685	1.841	4.202	1.087

(en mill. pesetas)

Tout récemment le Président de la Federal Reserve Bank de New-York formulait ainsi son opinion sur la situation monétaire de ce pays : « l'Espagne dispose aujourd'hui d'une réserve-or suffisante et elle peut stabiliser sa monnaie à n'importe quel moment » (1). Il s'agit seulement de savoir si elle doit supprimer le disagio, de 13,5 % environ, qui existe encore, ou bien s'il vaut mieux procéder à une légère dévaluation, qui lui permettra d'atteindre la stabilité, avec moins de perturbations et de risques. Nous inclinons vers cette dernière solution, en tenant compte du niveau actuel des prix de gros (168), qui s'opposera assurément à une baisse trop brusque, et en tenant compte aussi de l'expérience des autres pays, ayant poussé jusqu'au bout la revalorisation de leur monnaie. Mieux vaut rendre tout de suite une nouvelle convertibilité à la monnaie espagnole, abandonner le système désuet du bimétallisme boiteux, qui ne cadre plus avec les conditions monétaires internationales

(1) Voir une correspondance publiée dans *Wirtschaftdienst* du 21 janvier 1928.

d'aujourd'hui, et permettre à la peseta de prendre dans le concert des monnaies saines, la place à laquelle lui donne droit la forte encaisse métallique de la Banque d'émission espagnole.

II. — Stabilisation, après dévaluation totale.

a) L'ALLEMAGNE

C'est le pays, dont la situation monétaire a été la plus éprouvée pendant et après la guerre. Non pas que son système fut plus défectueux qu'un autre, mais parce que les vicissitudes économiques et financières, tant à l'intérieur, qu'à l'extérieur, de l'Allemagne, ont été de beaucoup plus grandes et plus importantes, que celles des autres belligérants. On a assisté dans le court espace de quelques années, à une véritable débâcle du « mark », à l'effondrement complet d'une unité monétaire et on a pu suivre, dans tous ses détails, l'expérience d'un peuple, privé d'une unité de compte stable, et dont le pouvoir d'achat subissait chaque jour des variations énormes, se dépréciant sans cesse, jusqu'à l'évanouissement total de sa valeur réelle. Mais on a assisté aussi, avec beaucoup d'étonnement et une certaine admiration, au vigoureux effort de redressement, entrepris par le pays, quand il se trouvait à deux pas de l'abîme, et on a enregistré depuis la stabilisation du mark, depuis le retour à l'or de l'Allemagne, le succès considérable d'une réforme énergiquement poursuivie par une nation, dont la farouche volonté de vivre n'était pas à sa première manifestation.

Reconnaissons tout de suite que la faillite du système

monétaire allemand, avec tous les maux qu'elle a engendrés, a été une banqueroute frauduleuse, et que le principal coupable fut, sans conteste, l'État. Nous aurons néanmoins à réhabiliter partiellement les simples particuliers, accusés avec trop d'absolutisme d'avoir sciemment provoqué la chute du mark, des événements plus récents et généralisés, nous ayant appris que la fuite des capitaux, qui en a été principalement la cause immédiate, s'explique par un reflex psychologique, légitimé par un besoin naturel de sécurité, et un souci non moins légitime de s'assurer un pouvoir d'achat stable pour le lendemain. Évidemment, il faut tenir compte de la « psychose des réparations » de la croyance et de l'espoir de certains milieux, de voir l'Allemagne libérée du fardeau de ses dettes de guerre, par l'anéantissement de sa monnaie. Et aussi peut-être, de l'effet favorable, et tout contraire, qu'aurait pu avoir un revirement dans la psychologie collective, traduit par une confiance plus grande dans l'avenir du mark.

Les circonstances, les effets et les répercussions proches et lointaines de la dépréciation et réappréciation du mark allemand, ont été commentés, interprétés et critiqués par des nombreux auteurs. Citons principalement l'ouvrage de M. Fourgeaud, qui épuise tous les problèmes de l'histoire monétaire contemporaine de l'Allemagne et l'intéressant chapitre consacré à l'expérience allemande par M. Bonnet dans son livre précité. Nous ne ferons que résumer brièvement les phases principales et les conséquences les plus importantes de l'évolution des phénomènes monétaires depuis la guerre, et nous décrirons d'abord, en quelques lignes, le système bancaire d'avant 1914.

Précisons, encore une fois, la raison pour laquelle nous estimons cette rapide vue rétrospective utile, et en quelque sorte, nécessaire. Avant 1914, l'édifice de la circulation et du crédit reposait sur un grand pouvoir d'adaptation des disponibilités monétaires aux besoins économiques du pays et trouvait une base solide et sûre dans l'encaisse-or, détenue par la Banque Centrale et employée, avec un succès parfait, dans les relations internationales. Incontestablement, ni la réserve en métal jaune, ni le mécanisme de crédit, si perfectionné qu'il eût été, n'eussent pas suffi à donner au pays une prospérité réelle qui dépend surtout de la richesse de son sol et des qualités industrielles et commerciales de ses habitants. Mais l'utilisation adroite d'un système monétaire mis à point et d'une encaisse-or proportionnelle, était la condition indispensable, quoique insuffisante, de cette prospérité. Une comparaison entre ce qui était avant et ce qui reste après le bouleversement provoqué par la crise des changes, est toujours extrêmement intéressante pour nous permettre de démêler les imperfections actuelles et à prévoir les possibilités futures de l'économie considérée.

A part quelques banques d'émission privées, d'une importance médiocre, la circulation effective était dirigée par la Banque de l'Empire (Reichsbank) qui détenait son privilège de la loi de 1875. Cette dernière prévoyait l'obligation d'une couverture légale de 33 $\frac{1}{2}$ % en or, et n'admettait pas les devises dans l'encaisse. En outre, un contingentement de 550 mill. marks (respectivement 750 mill. aux termes trimestriels) était fixé au-dessus des billets entièrement couverts par le métal jaune et constituait la limite de l'émission libre de monnaie fiduciaire. La limite dépassée, mais tout en respectant la couverture d'un tiers, la Banque payait un impôt, qui devait servir comme frein à une émission trop considérable et à la légère. Cette restriction n'a pas pourtant empêché la Reichsbank d'étendre ses octrois de crédit (et la mise en circulation des billets nécessaires) à l'industrie et au commerce, dans la mesure qu'elle a jugé utile au développement économique normal de l'Allemagne. Elle savait se servir adroitement des variations du taux de l'escompte pour dominer le marché monétaire et pour attirer les capitaux étrangers à court terme, en empêchant l'affaiblissement des changes ; elle avait aussi une assez grande emprise sur les autres banques, en leur assurant, par un large réescompte, les réserves liquides, qui leur donnaient une élasticité suffisante.

La politique des établissements de crédit allemands se caractérisait surtout par le cumul des fonctions d'une banque de dépôt et d'une banque d'affaires. Les habitudes commerciales du peuple s'accommodaient assez bien avec cette illiquidité relative, résultant des investissements à long terme, et la grande faculté d'économie, dont il faisait preuve, rendait possible l'accumulation d'une épargne considérable dans les Banques hypothécaires et les Caisses d'épargne (Sparkassen). Enfin les règlements par compensation étaient très développés et des maisons spéciales, Girozentralen, s'en occupaient sur une large échelle.

Les buts économiques n'étaient pas les seuls envisagés par la Reichsbank. Elle préparait aussi la mobilisation financière éventuelle du pays. A cette fin elle renforçait, avec méthode, son encaisse, qui passait de 472 mill. marks en 1907 à 1.639 mill. marks en 1914 ; elle pouvait facilement le faire, vu la prospérité économique croissante pendant toute cette période. Son bilan, fin 1913, se présentait de la façon suivante, d'après le Mémorandum sur la Monnaie de la S. D. N.

Réserve métallique en caisse.	1.446,8
dont *or* :	1.170,0
Billets d'autres Instituts d'Emission.	59
Avoirs étrangers	68,1
Effets commerciaux	1.497,8
Prêts et avances	491,4
Billets en circulation	2.593,5
Comptes courants créditeurs	793,5
Divers	3,2

La circulation totale de l'Allemagne s'élevait, peu de temps avant la guerre, à 6.450 mill. marks (1) dont 3.700 mill. environ monnaie métallique. Tandis que le total des capitaux en activité dans les banques privées de crédit était de 11.982, 1 mill. marks (7.523, 3 mill. pour les dix grands établissements bancaires de Berlin).

Enfin les banques hypothécaires disposaient de 12.792, 6 mill. marks et les Caisses d'épargne, gardaient pour le compte de leurs déposants la somme imposante de 19.689 mill. marks.

On voit par ce bref aperçu que la puissance monétaire et bancaire de l'Allemagne était vraiment remarquable et l'histoire des dernières années d'avant-guerre nous apprend qu'elle était mise, d'une façon presque parfaite, au service d'un essor économique sans pareil. *Qu'allait faire de cette organisation la guerre,* et quel a été le chemin parcouru, avec une vitesse vertigineuse, par la dégringolade du mark ? Le dépassement de la limite légale d'émission avait été prévu longtemps d'avance et le 4 août 1914, la Banque fut exonérée de l'impôt ; fait beaucoup plus important encore, elle fut admise à compter dans sa couverture, et à l'égal de l'or,

---

(1) Voir GIUSTINIANI (G.), *Le commerce et l'industrie devant la dépréciation et la stabilisation monétaire,* 1927.

les bons des Caisses de l'Empire (Reichskassenscheine) et
les bons des nouvelles Caisses de prêts (Darlehnskassen-
scheine). Il y a là, un suprême et vain hommage au principe de la couverture du tiers, sans aucune efficacité directe,
sauf l'influence psychologique sur la foule ignorante. Le
cours forcé fut bien entendu décrété et des appels patriotiques eurent pour effet une concentration assez forte de l'or
à la Reichsbank.

Les besoins immenses de financement des hostilités furent
satisfaits par des appels au crédit des banques et du public
(des emprunts). En même temps, les opérations des Caisses
de Prêts et les Bons du Trésor, plus directement, servaient
de gage à une émission exagérée de billets de banque. Le
11 novembre 1918, la dette consolidée atteignait 97 milliards, la dette flottante 45 milliards (1). La circulation
totale s'établissait à 33 milliards marks et les dépôts en
banques et dans les Caisses d'épargne montaient jusqu'à
48 milliards (2). On se trouvait devant une inflation réelle,
car l'accroissement de la richesse effective n'ayant pas suivi
le gonflement des disponibilités monétaires, les prix mon-
tèrent en conséquence et en 1918 avaient à peu près triplé
par rapport à 1914.

Le déficit de la balance commerciale d'autre part, et
surtout l'absence des crédits étrangers eurent leurs effets
sur les changes, et la limite des gold points étant écartée,
ils purent monter par rapport au mark jusqu'à 300 % (le
mark perdait plus de 60 % relativement au pair). Les principaux postes de la Reichsbank évoluant de la façon suivante :

(1) Voir G. E. Bonnet, *op. cit.*, p. 64.
(2) *Ibid.*, p. 65.

	Fin 1913	1915	1916	1918
Couverture.	1.491	3.765	2.957	7.548
dont : or	1.169	2.445	2.520	2.262
Circulation	2.953	6.917	8.054	22.187

La défaite de l'Allemagne eut pour résultat, comme on pouvait bien s'attendre, une panique financière. L'insécurité du lendemain, l'absence d'une attitude énergique de la part du Gouvernement, ont rendu possible l'affolement général, qui s'est traduit par une réalisation compacte des valeurs et des dépôts et par un appel désespéré au crédit des banques. D'autre part, le pays vaincu, meurtri par les conséquences d'une guerre épuisante, n'arrivait plus à trouver son équilibre et l'année 1919, marquée par des troubles sociaux et des menaces de révolution, signifia encore des dépenses accrues avec un fort déficit budgétaire, une augmentation importante de la dette publique et l'utilisation de la suprême ressource : l'inflation. En face d'un gonflement démesuré de pouvoir d'achat nominal se trouvait une production restreinte, et les prix, malgré les interventions de l'État ne cessent de monter. A la dépréciation intérieure, correspondait un affaiblissement extérieur du mark. C'est l'époque à laquelle une véritable famine sévissait en Allemagne et la Banque est obligée de *céder plus d'un milliard de son or,* pour faciliter l'approvisionnement en matières alimentaires à l'extérieur. Au déficit de la balance commerciale s'ajoutait un commencement d'évasion de capitaux, ce qui explique la chute ininterrompue du change.

	Encaisse-or	Réserve légale	Circulation
Fin 1918.	2.262	7.548	22.187
1919.	1.089	12.134	35.698

L'année suivante et la première moitié de l'année 1921 nous apportent un vigoureux effort de redressement, tenté par un gouvernement socialiste. Mais, ignorant les principes élémentaires et inébranlables d'une organisation capitaliste, ce dernier fait fausse route avec une technique financière socialisante et sa tentative échoue lamentablement. Le déficit budgétaire s'accroît, la dette publique grossit encore (272 milliards fin 1920), l'inflation reste la panacée universelle et les prix et les changes suivent leurs mouvements déréglés. La réglementation arbitraire, et par voie d'autorité de l'État, en ce qui concerne tant la valeur interne que la valeur à l'extérieur du mark, n'a pas d'autre effet que de séparer leurs variations et de les soumettre à des actions indépendantes et anormales. Vers le milieu de 1921, on supprime la limitation (apparente) de l'émission et à la même époque l'ultimatum de Londres donne à la question des réparations une forme particulièrement aiguë. Le gouvernement est impuissant désormais à remettre en ordre la maison ravagée, les dépenses du Reich sont presqu'exclusivement compensées par des émissions nouvelles, et toute une classe de spéculateurs s'efforce à maintenir l'inflation, en profitant de la « psychose des réparations » et des facilités de gains malhonnêtes, qu'une situation monétaire trouble leur permettait de réaliser. C'est l'époque de la concentration verticale, des grands *konzern* et de la prime à l'exportation, résultant du bon marché relatif des produits et des marchandises dans le pays.

Il va sans dire que les avantages de quelques profiteurs éhontés, parmi lesquels l'État passe en premier lieu, s'achetaient avec la misère des larges couches sociales, la ruine des possesseurs d'obligations à revenu fixe, la spoliation des créanciers par les débiteurs et la désorganisation de toute la vie économique nationale. En 1922, la fuite des capitaux prend des proportions extraordinaires et ses effets sur le change et indirectement sur les prix sont catastrophiques. Les banques voient diminuer fortement leurs dépôts (leur montant n'est plus que de 522 mill. marks-or à la fin de l'année) les caisses d'épargne et les banques hypothécaires sont complètement vidées. Enfin la Reichsbank fait fonctionner la planche à billets à une allure accélérée.

	Encaisse-or	Circulation
Fin 1921	1.091	68.805
Fin 1922	995	113.639
		(millions marks)

Pendant tout ce temps-là, le commerce extérieur était assez florissant, le chômage très réduit et des nombreuses entreprises-champignons vivaient d'une prospérité artificielle. Mais en réalité, on vendait à l'extérieur à bas prix, et le pays essuyait une perte de substance au profit de l'étranger.

Au début de l'année 1923, le Gouvernement se décide à une dernière intervention pour arrêter la chute des changes. Il arrive à stabiliser à un taux très bas, le mark pendant les mois de mars et d'avril, mais, comme il ne s'agissait que d'une action technique isolée sans aucune relation avec un véritable assainissement monétaire et financier, les barrages opposés par la Reichsbank à la spéculation nationale furent rompus et l'effondrement de la monnaie nationale fut complet. L'expérience *a coûté à la Banque, plus d'un demi-milliard,* et l'encaisse-or est descendue dans la première quinzaine d'octobre à 432,6 mill. marks. Voilà le détail de ces mouvements de l'or :

Vente d'or à New-York et Londres . . .   367,2
Déposé en gage (Londres et Berne) . . .   165
Donné en gage, dans le pays, contre devises   5,6
      Perte nette . . . .   537,8 mill. **Mark-or**

De 0,48 cents les 100 marks en mars et au début d'avril le mark tombe à des valeurs infinitésimales, sans aucune signification pratique. Mais l'inflation provoquée par la ronde infernale (hausse des prix, déséquilibre du budget, inflation, nouvelle hausse des prix et des changes étrangers), reste pourtant insuffisante et l'industrie et le commerce sont menacés d'une paralysie de leur activité. Rappelons qu'en 1913, la circulation totale dépassait 6 milliards de marks-or ; le 31 octobre 1923, elle arrive à peine à 300 mill. marks-or, dont 144,6 mill. l'émission, à sa valeur réelle, des billets de la Reichsbank et le reste, de la monnaie de secours (Notgeld) et des coupures d'un emprunt-or, que l'État avait fini par lancer pour redresser un peu ses finances. A cette formidable concentration monétaire (4,95 % par rapport à l'avant-guerre, moins encore si on tient compte de la dépréciation de l'or) a dû remédier partiellement l'accroissement vertigineux de la vitesse de circulation, et d'un autre côté l'emploi direct, dans les transactions journalières, des devises étrangères. Néanmoins la situation était telle qu'une réforme était indispensable. Elle était déjà, c'est une constatation d'une importance capitale, accomplie en fait : le public avait recherché des valeurs stables : marchandises, monnaies étrangères, unités de compte-or dans les banques, en rétablissant l'agio à l'intérieur du pays, c'est-à-dire en calculant le prix des objets et le montant des contrats d'après une base fixe, tout en les réglant avec une quantité variable de papier-monnaie, seul moyen légal de libération. L'État lui-même s'était rendu à l'évidence et avait d'abord émis un emprunt-or, ensuite il avait établi le budget sur une base-or. Retenons de ces derniers faits, l'enseignement précieux de la nécessité absolue d'une valeur stable, dans les relations commerciales et juridiques d'un peuple, et soulignons la réaction naturelle de la collectivité, exercée malgré et envers tout contre l'instabilité de l'unité de compte, et son attachement fervent à une valeur-or.

La solution provisoire fut trouvée dans la création de la Rentenbank (1) avec un pouvoir d'émission strictement limité, et un gage très solide, quoique irréalisable, dans l'hypothèque générale de tous les biens immeubles agricoles, industriels et commerciaux du pays. Le capital fut fixé à 3.200 mill. Rentenmark, l'émission effective n'atteignit que 2.400 mill. dont la moitié fut utilisée par le Reich, pour combler son dernier déficit budgétaire, et l'autre moitié alla à la production, qui était complètement dépourvue de fonds de roulement. Le Rentenmark n'avait pas cours légal, mais était accepté partout, car il reposait sur un grand acte de foi du peuple allemand, qui y voyait enfin une monnaie stable. Le mark-papier continuait à circuler au taux de 1 Rentenmark = 1 trillion marks-papier = $\dfrac{1}{4,20}$ doll. (le Rentenmark ayant été décrété égal au mark ancien, dont la parité était : 1 doll. = 4,20 marks-or).

On a soutenu que cette nouvelle monnaie avait fait la preuve de l'inutilité d'une couverture d'or, car sa convertibilité en or (par le mécanisme assez compliqué des titres hypothécaires) n'a jamais été effective. On a dit que la seule limitation de l'émission a suffi pour assurer la stabilité des prix et celle des changes. Nous considérons cette inter-

(1) Décret du 15 octobre 1923.

prélation comme absolument fausse et nous indiquons comme arguments d'une réfutation, dont le développement nous entraînerait trop loin, le fait que dans l'esprit de tous, il ne s'agissait que d'un moyen essentiellement provisoire et ensuite que, psychologiquement, le Rentenmark valait de l'or : on l'avait dit, en le créant, et on le répétait à chaque occasion. Observons pourtant que dans les premiers temps de son existence, le trillion de marks, qui lui était équivalent et qui seul cotait à l'extérieur, descend encore entre le 15 novembre (date de la réforme effective) et le 26 novembre, à 12 cents (1) donc il perd encore la moitié de sa valeur, pour la reprendre ensuite, avec la confiance renaissante de l'étranger.

La Reichsbank n'avait pas renoncé à ses prérogatives. Elle a pris en charge d'abord la distribution des crédits, sous forme de billets de la Rentenbank, et la défense des changes. Au moment où la limite de 2.400 mill. Rentenmark fut atteinte, elle a de nouveau émis des trillions de marks, mais cette fois-ci, elle les a mis principalement à la disposition de l'économie nationale. Le 31 décembre 1923, la circulation totale s'élève à 2.273,6 mill. marks-or et le bilan de la Reichsbank présente les modifications suivantes :

	15 nov. 1923	31 déc. 1923
Encaisse-or	467,0	467,0
Portefeuille-escompte (part.)	39,5	322,7
Avances de l'Etat	189,8	—
Comptes courants	129,5	549,0
Billets en circulation	92,8	496,5 (2)

(en millions de marks-or)

(1) Parité légale : 1 Rentenmark = 1 Mark-or = 0,23821 doll.
(2) Voir Justus Schœnthal, *Deutsche Währungs-und Kreditpolitik seit Währungsfestigung*, pp. 20-21.

C'est surtout pendant le premier trimestre de 1924 que la Reichsbank accorde, un peu inconsidérément, des crédits à l'industrie et au commerce affamés de fonds de roulement : la circulation totale est de 2.824 mill. marks-or en avril, tandis que le portefeuille-escompte augmente jusqu'à 1.790 mill. le 31 mars 1924 (au lieu de 39,5 le 15 novembre 1925). La menace d'une nouvelle inflation des prix et d'une autre baisse des changes amène la Banque à une restriction brusque et violente des crédits, qui eut lieu le 7 avril 1924. Ce fut le déclanchement de la crise d'assainissement qui allait se poursuivre jusqu'à la fin de l'année suivante. Mais pour aider quand même les industries d'exportation et leur fournir les crédits-or indispensables, on avait créé la Banque d'Escompte-or, qui faisait ses opérations exclusivement avec des devises et comptes-or et qui a pu rendre des réels services.

Enfin vers le milieu de l'année le Comité des experts finit d'élaborer le plan Dawes et résout, d'une façon satisfaisante, le problème épineux des réparations. On y prévoyait expressément la refonte de la Reichsbank et un grand emprunt étranger, pour permettre la stabilisation définitive de la monnaie allemande.

Le 30 août 1924, s'est effectué officiellement le retour à l'or de l'Allemagne. Plusieurs lois en ont déterminé les conditions :

La loi bancaire proclame la réadoption d'une monnaie-or, le Reichsmark, avec la même parité légale et le même rapport d'alliage que les anciennes pièces d'or. Les billets de la Reichsbank et la monnaie frappée (or, argent et billon) auront seuls cours légal.

La nouvelle loi bancaire réorganise le statut de l'Institut central d'émission, en lui accordant un nouveau privilège pour 5o ans, en limitant strictement les avances à l'État (1oo mill. RM), enfin en fixant un nouveau principe de couverture. La Réserve légale devra être de 4o % au moins, et trois quarts de son total devront être tenus en or, le reste en devises. Ce n'est qu'au cas où l'encaisse tomberait au-dessous du rapport fixé par la loi, qu'un impôt progressif et pénal, sera payé par la Banque.

Enfin *la loi concernant la liquidation de la circulation des billets de la Rentenbank,* et la *loi concernant les banques privées d'émission* parachèvent la réforme monétaire, très complète et méthodiquement poursuivie, de l'Allemagne (1).

La Reichsbank commença sa nouvelle activité de Banque-or (Goldbank) en s'appuyant sur un emprunt de 8oo mill. marks-or, consenti par l'étranger, en vertu du plan Dawes. Elle a procédé de suite au remplacement des anciens billets et a prévu l'amortissement graduel des billets de la Rentenbank, en dix années.

La préoccupation dominante de la Reichsbank, dans les premiers temps de sa réforme surtout, et aujourd'hui encore, fut la défense des changes et le renforcement de son encaisse, même en sacrifiant quelque peu les besoins légitimes de la production. Voyons quelle a été l'évolution des différents postes de son bilan, depuis 1924 :

	Fin 1924	Fin 1925	Fin 1926	Fin 1927
Encaisse métallique. .	8o6	1.2o8	1.831	1.865
dont : à l'étranger . .	2o7	97	17o	81
Réserve en monnaie étrangère	1.344	4o2	519	282

(1) Voir Dʳ NORDHOFF, *La réforme monétaire en Allemagne* dans *Le Capital*, 2 septembre 1927.

	Fin 1924	Fin 1925	Fin 1926	Fin 1927
Portefeuille-escompte .	2.051	1.915	1.828	3.128
Divers	133	590	473	499
Capital	90	128	128	128
Réserve	72	186	237	243
Billets en circulation .	1.941	2.960	3.735	4.564
Exigibilité à vue. . .	821	697	648	779

(en mill. Reichsmark)

Nous disions plus haut qu'une restriction sévère des crédits fut décidée par la Banque en avril 1924 ; son but était d'enrayer une spéculation nouvelle, qui aurait pu avoir une influence défavorable sur la tenue des prix et des changes. Elle atteignit surtout les industries vivant d'une vie artificielle, et amena la disparition de nombreuses entreprises-champignons. La vie économique toute entière fut durement mise à l'épreuve ; mais ce fut une « débâcle saine », selon l'heureuse expression de M. G. E. Bonnet (1). Le taux de l'escompte est maintenu à un niveau élevé pendant toute l'année 1924 et 1925 (10 % le 1er janvier 1924, 9 % le 26 février 1925, 8 % le 12 janvier 1926) ; mais c'est justement cet intérêt élevé, joint à la confiance croissante des autres pays, qui a attiré en Allemagne des sommes considérables de capitaux étrangers, à la recherche d'un placement temporaire. Le marché des capitaux (monétaire et financier) se reforme petit à petit, et les industries viables et assez fortes pour résister à la tempête, trouvent, malgré tout, les fonds nécessaires à une reprise énergique de leur activité. L'effort de redressement est soutenu, avec un succès complet, par une adroite politique de rationalisation, aboutissant à une compression des prix de revient

____

(1) Voir G. Bonnet, *op. cit.*, p. 83.

et à une technicité plus parfaite de la production. Dès le début de 1926, les effets les plus graves de la crise sont écartés et le développement d'une conjoncture favorable se poursuit sans cesse.

L'accroissement continu du revenu national, a permis au Reich d'équilibrer, avec excédents, ses budgets, et à l'épargne de se reconstituer petit à petit. Les banques de dépôts reprennent leur fonction de distributrices de crédit et les institutions, recevant des placements à long terme augmentent, chaque jour, leurs disponibilités.

Le total des capitaux en activité (capital propre, réserves et fonds empruntés) pour 150 *banques de dépôt,* était de 3.382,2 mill. marks-or en 1924, par rapport è 11.982 mill. en 1913, nous dit M. Giustiniani dans son livre précité. Le 30 juin 1927, une statistique officielle pour 93 banques par actions, nous donne un chiffre global de 8.645,7 mill. Reichsmark. Les progrès réalisés sont énormes et témoignent de la vitalité de l'organisme économique allemand. La reconstitution de l'épargne à long terme avance plus lentement :

Banques hypothécaires	1913	1924	1926
Total général des fonds employés.	12.792,6	548	1.244

Caisses d'Epargne	1913	1924	1925	1927 (juin)
	19.689	39.602	1.629,1	5.180,7

L'économie allemande depuis sa restauration monétaire est dominée par trois problèmes, qui sont en étroite relation : les réparations, la crise des débouchés, les emprunts étrangers. Il est clair maintenant que la prospérité actuelle de l'industrie allemande est due à l'intervention, sur une vaste échelle, des capitaux étrangers, tant par des prêts à court terme que par des investissements à longue échéance. Si on y réfléchit un peu, on s'aperçoit bien vite que c'était là, la seule solution pratique, pour remédier à un manque presque complet de fonds de roulement, sans recourir à l'inflation (émission non gagée) et en maintenant, à chaque instant, une allure favorable des changes. Il est très malaisé de préciser avec exactitude, le montant de ces prêts. Les relations, qui nous paraissent le plus près de la vérité, nous indiquent pour 1925, un total de 4 milliards marks-or de capitaux américains prêtés à l'Allemagne (1). Sur cette somme, 1.433 mill. marks-or auraient été des placements à long terme (2). En 1926, ce sont les investissements durables qui prédominent : 1.698 mill. marks-or (3). En 1927, à la suite d'une campagne du Docteur Schacht, Gouverneur de la Reichsbank, les placements à long terme se ralentissent (1.469 mill. marks-or) et au contraire les crédits étrangers à court terme sont abondants. Enfin, dans un discours fait à Bochum le 18 novembre 1927, le Docteur Schacht a révélé les résultats obtenus par une enquête très approfondie de la Reichsbank, sur les importations totales de fonds étrangers depuis l'avènement du plan Dawes, et il a cité les chiffres suivants : 5,5 milliards Reichsmark pour les emprunts à long terme et près de 5 milliards pour les emprunts temporaires. On voit par là, toute l'importance que l'aide de l'extérieur, principalement de l'Amérique, a eu pour le redressement de l'Allemagne. Une bonne partie

(1) Voir BONNET, *op. cit.*, p. 89.
(2) *The Economist*, 7 janvier 1928 d'après la Reichs-Kredit Gesellschaft dans son rapport annuel pour 1927.
(3) *Ibid.*

de ces crédits étrangers (devises) ont été remployés en importations ; une autre a été portée à la Banque d'émission et échangée contre billets, en provoquant de la sorte un allègement du marché monétaire intérieur.

La grande question, pour ce pays, reste les Réparations. Jusqu'à présent, les documents officiels eux-mêmes l'avouent, le paiement des annuités, n'a été effectué que très partiellement par un transfert en nature. Ce sont les devises, réalisées par les apports de fonds étrangers, qui ont servi au règlement, et on se rend facilement compte de ce que cette situation a d'anormal et d'illogique, si elle se continue à la longue. Le vrai moyen pour arriver à un règlement définitif est d'obtenir un fort surplus d'exportation.

Et c'est ainsi que nous saisissons combien angoissant est pour l'avenir de l'Allemagne le problème des débouchés ; sa solution favorable pourrait seule lui offrir la possibilité de s'acquitter de ses dettes. Jusqu'à présent la balance commerciale s'est soldée avec déficit : en 1925 l'excédent des importations de marchandises a été particulièrement élevé : 3.600 mill. Reichsmark. Il s'explique en partie par les besoins accrus des matières premières, nécessités par une industrie capable d'une très grande activité productrice. Pour maintenir l'équilibre de la balance des comptes et soutenir le cours des changes, la Banque fut obligée de céder plus d'un milliard de son stock de devises. L'année 1926 marque un revirement : l'excédent déficitaire descend jusqu'à 132 mill. Reichsmark ; l'explication se trouve probablement dans la reprise de l'activité économique et dans le succès de la politique de compression des prix (Indice général : 134 en août 1926). Mais l'année 1927 manifeste un recul inexplicable : les importations dépassent les exportations, d'après une première estimation grossière, de plus de 3.600 mill. marks. Assurément que l'Allemagne s'engage dans une fausse voie et il est clair qu'une pareille politique menace sérieusement l'accomplissement intégral de ses obligations internationales.

Alors, elle aura beau poursuivre sa politique de l'or, qui nous paraît être la meilleure. Son développement économique normal n'en sera pas moins gravement compromis. Mais ne prophétisons pas. Contentons-nous, avant de finir, de résumer brièvement quelle a été cette politique, et définissons-la d'un mot : accumulation ininterrompue de métal jaune, au détriment des devises, possédées comme réserve. Disons tout de suite que l'afflux de l'or n'est pas dû au jeu normal d'une balance commerciale favorable, comme cela se passait avant la guerre. Il a été provoqué sciemment par la Reichsbank, qui convertissait une partie de ses devises, à New-York ou à Londres, en or et puis faisait venir le métal précieux en Allemagne, pour l'enfermer dans ses caves. Mais une partie seulement de ses devises résulte d'un rapatriement des capitaux qui avaient pris la fuite pendant la période de l'inflation, et qui constituent donc un fonds destiné à rester durablement dans le pays. L'autre partie est formée par des crédits étrangers à long et court terme. Et l'octroi de crédits extérieurs ne saurait se continuer à l'infini, d'autant plus que l'intérêt bien compris de l'Allemagne elle-même lui déconseille une pareille politique. Le point de vue du Docteur Schacht, malgré ses innombrables détracteurs, nous paraît le plus juste, quand il prétend que l'équilibre durable de la balance des comptes devra être obtenu par les propres forces du pays. Pour le moment, l'Allemagne vit d'une vie artificielle. Néanmoins, certains changements sont à enregistrer :

Durant les trois dernières années (1925-1927) la Reichsbank a augmenté son encaisse-or de 819 mill. Reichsmark (début 1925) à 1.865 mill. Reichsmark (fin 1927). Nous ne possédons, pour 1927, que les chiffres réunis des entrées et sorties de métaux précieux (or et argent) ; mais la partie des importations et exportations d'argent doit être négligeable. Le tableau suivant montre quels ont été les excédents d'importations pour la période considérée :

```
1925  .   .   .        680 (1)
1926  .   .   .        580 (2)
1927 (11 mois)         210 (en millions de Reichsmark)
```

En échange le poste : devises, pouvant servir de couverture, essuye une diminution de plus d'un milliard :

```
Fin 1924.  .   .   .   .   .     1 344
Fin 1927.  .   .   .   .         282 (millions de R. M.)
```

Les résultats de la politique de remplacement des devises avec de l'or appliquée avec méthode par la Reichsbank, apparaissent très nettement. Il faut se rappeler, en outre, qu'une partie des devises n'est pas comptabilisée dans la réserve, parce qu'elle ne remplit pas les conditions requises par la loi. Ce qui explique comment en réalité la Banque a perdu plus de 2 milliards de devises, dont un milliard en 1925 et un autre en 1927.

Depuis le milieu de l'année 1926 (plus précisément depuis le mois d'août), la Reichsbank a abandonné la cotation rigide du dollar et a permis à la devise américaine de varier selon

----

(1) Dont 638,6 millions d'or en lingots et monnaie étrangère et allemande.

(2) *Ibid.*, 574,4 millions. Voir *Jahrbücher für Nationalökonomie und Statistik*, mai 1927.

la position exacte des offres et demandes sur le marché des changes. Elle s'est déclarée prête, en même temps, à céder de l'or pour l'étranger, si le « mark » venait à faiblir. Pendant toute l'année 1927 elle a acquis très peu de devises. Nous avons vu, au contraire, qu'elle en a cédé une bonne partie de son stock. Vers le milieu de l'automne, à la suite des forts mouvements de capitaux étrangers sur le marché allemand, le dollar et la livre marquent un sérieux fléchissement. La Banque achetant l'or à 2.790 Reichsmark le kilo d'or fin (au lieu de 2.784, selon la loi), les points d'entrée d'or étaient presque atteints et des importations devaient fatalement s'ensuivre. Alors le 18 octobre 1927, la Reichsbank revient au taux légal en abaissant de 6 Reichsmark le prix d'achat. Une nouvelle marge fut ainsi laissée aux variations des changes étrangers. Mais si des nouveaux emprunts se produisent et si la Banque se refuse toujours à absorber des devises, les bénéficiaires des emprunts procèderont à des importations de métal jaune et l'encaisse de la Banque s'accroîtra en proportion. On sera revenu de la sorte au fonctionnement d'avant-guerre du Gold Standard (1). On y arrivera d'autant plus que le Portefeuille-escompte est actuellement de 3.128 mill. Reichsmark par rapport à 1.915 mill. fin 1925 et 1.828 mill. fin 1926, ce qui signifie que l'emprise de la Banque sur le marché monétaire est très forte et que, désormais, les variations du taux de l'escompte seront plus efficaces et moins arbitraires, que dans les cas où elles étaient déterminées par les contingences d'une politique changeante des devises.

Aujourd'hui, il paraît que l'Allemagne a complètement

____

(1) Voir *Le Capital*, 10 novembre 1927, *Les bienfaits du retour à l'or*.

refait son système monétaire et qu'elle dispose d'une circulation suffisante pour ses besoins économiques. Le président
de la Reichsbank, ayant pris en considération les multiples
facteurs du moment, donnait le chiffre de 6 milliards environ, comme circulation normale pour l'économie allemande
actuelle. Or d'après une estimation officielle, le total de la
circulation effective du Reich est passé de :

$$
\begin{aligned}
&3.955,5 \text{ mill. R. M.} &&\text{en novembre } 1924 \\
&4.976,9 \text{ mill.} &&\text{en novembre } 1925 \\
&5.421,2 \text{ mill.} &&\text{en novembre } 1926 \text{ à} \\
&5\ 990,1 \text{ mill.} &&\text{en novembre } 1927
\end{aligned}
$$

La réserve-or et devises de l'Institut central et des Banques d'émission privées est passée aussi entre les deux dates
limites, de 988,6 à 2.230,3. Le rapport de couverture
$\dfrac{\text{Réserve totale}}{\text{Circulation totale}}$ s'est amélioré de 24,99 % à 37,23 %.
Pourtant le même rapport pour la circulation des billets de
la Reichsbank, contre ses réserves légales tombe de 64,41 %
en novembre 1926 à 51,17 % en novembre 1927. Il semble
donc que, de ce côté, un progrès nouveau ne soit plus à
attendre. Au contraire le devoir de la Banque est actuellement de restreindre un peu ses crédits et de renforcer encore
son encaisse.

Mais le problème essentiel de l'Allemagne, qui décidera
de la solidité de son système monétaire comme de la validité
de son développement économique, est l'affranchissement,
sinon total, au moins plus marqué, de l'aide étrangère.
Très circonspecte quant à la conclusion de nouveaux
emprunts étrangers, l'Allemagne devra trouver dans son
propre organisme reconstruit, les éléments nécessaires à
une augmentation plus sensible de l'épargne nationale et
de son rendement productif, et se mettre en état de remplir

honnêtement et définitivement ses multiples et diverses obligations internationales.

b) La Russie

On connaît en mathématiques la preuve par réduction à l'absurde ; l'expérience monétaire des Républiques soviétiques nous fournit par la même méthode, dans le domaine économique, la démonstration éclatante de l'excellence d'une monnaie stable, utilisée comme meilleur instrument pour les échanges intérieurs et basée sur l'or, seul moyen valable de règlement dans les relations internationales. Fidèles à la doctrine communiste, les « purs » des premières années d'après la révolution, ont caressé, pendant un moment, l'espoir d'une économie nationalisée, revenue au troc et émancipée de la tyrannie de la monnaie. L'inflation énorme des billets de la « Banque du Peuple » banque étatisée depuis août 1917, n'était considérée que comme un moyen pratique de percevoir un impôt, par la dépréciation continue du pouvoir d'achat intérieur. On attendait le miracle d'une organisation industrielle et commerciale socialiste, qui aurait trouvé son équilibre, en éliminant naturellement l'emploi des signes monétaires. Le miracle ne se produisit pas et, ironie des réalités méconnues se vengeant contre les doctrines utopiques, la Russie fut un des premiers pays qui retourna à une monnaie stable, par la réforme du 11 octobre 1922, complétée en février 1924.

L'U. R. S. S. adoptait un étalon-or, le tchervonetz, égal à dix roubles-or, et défini par un poids d'or de 7,741 gr. La Banque d'État, créée déjà depuis le mois d'octobre 1921 avec la mission de prendre « les mesures nécessaires pour

l'établissement d'un régime monétaire sain » (1) fut chargée
de l'émission de la monnaie nouvelle. Pendant la période,
qui s'étend entre octobre 1922 et février 1924, les Tcher-
vonetzi circulèrent concurremment avec les billets d'État,
roubles-papier, émis en quantités croissantes. Le public thé-
saurisait la bonne monnaie et le Rouble-papier connut une
dépréciation, dépassée seulement par l'Allemagne. C'est
pourquoi depuis le début de 1924, le tchervonetz a remplacé
définitivement l'ancienne monnaie, et l'État s'est obligé à
ne plus émettre que des petites coupures (du billon).

Nous avons indiqué, plus haut, la parité légale de l'unité
monétaire actuelle de la Russie soviétique ; complétons nos
indications, en disant que la Banque d'État doit garder
une réserve minima de 25 % du total de la circulation (2)
et que son encaisse peut être constituée indifféremment avec
de l'or ou des devises étrangères. La principale préoccupation de ses gouverneurs doit être la défense des changes,
même au prix du sacrifice des besoins de l'industrie nationalisée. C'est évidemment une erreur, qui trouve pourtant
une explication partielle, dans la nécessité absolue pour ce
pays, de recourir à certaines importations indispensables.
Mais le système monétaire russe repose sur une base artificielle, à cause des conditions tout à fait particulières de
l'économie nationale. La production se poursuit d'une
manière complètement anti-économique, et l'indice du
niveau général des prix est beaucoup plus élevé que dans
les autres pays (*The Economist* estime que le rapport des

____

(1) Cité par L. POMMERY, *Le Tchervonetz* dans *Le Capital* du
6 mai 1927.

(2) Cette réserve est de 50 % au cas où les billets sont émis
pour le compte de l'État.

prix de gros en Russie et en Angleterre, pour le mois d'août 1926 est comme $\frac{100}{69}$ et pour les produits industriels comme $\frac{100}{40}$). Le maintien du change russe, dont la cotation à l'étranger est quasi-illusoire, n'est possible que grâce au monopole du commerce extérieur, exercé par l'État, et grâce au pouvoir arbitraire de celui-ci de contingenter brutalement les quantités importées et exportées de marchandises.

La source de toutes ces difficultés rencontrées par les dirigeants de l'U. R. S. S., dans leur politique monétaire, réside, la question d'organisation économique mise à part, dans la pénurie de métal jaune. De l'encaisse importante détenue par l'ancienne Banque Impériale, il en est resté bien peu de chose. Au début de la guerre, celle-ci possédait plus d'un milliard et demi de roubles, comme réserves-or. Elle a pu maintenir son encaisse presqu'au même niveau pendant toute la durée des hostilités (1).

Fin 1913	1 514 mill. Roubles
1914	1.554 —
1915	1.611 —
1916	1.472 —
Juin 1927	1.480 —

Mais la paix de Brest-Litowsk obligea la Russie de transférer à l'Allemagne, à titre de réparations, 640 mill. de roubles-or (Cet or a été cédé ensuite à la France, en vertu du traité de Versailles). Le reste des avoirs-or de la Banque Impériale fut dispersée par la révolution et on en signale des traces à Moscou, Pétersbourg et Kasan. Un journal allemand (*Die Vossische Zeitung*) nous apprend qu'en 1920,

____

(1) Voir DECKERT, *op. cit.*, p. 30.

les Soviets ont dû se dessaisir d'une grande quantité de
métal jaune pour pouvoir s'approvisionner en vivres, qui
leur étaient indispensables (1). Des renseignements plus
précis pour cette période manquent à cause de la désorganisation complète, qui caractérise les débuts de la Révolution russe.

Quand la Banque commença ses opérations nouvelles,
elle avait très peu de métal jaune dans ses caisses. Après
une année de fonctionnement (fin 1923) elle avait déjà pu
amasser de l'or pour 88 mill. roubles, les billets en circulation (en Tchervontzi) étant de 237 mill. roubles. Elle possédait en outre des disponibilités étrangères (devises et billets) pour 124 mill. roubles. Depuis lors, l'évolution de la
situation monétaire de la Banque d'État a été la suivante :

	Billets en circulation	Or et platine Couverture	Avoirs étrangers	o/o
Fin 1923	237	88	124	89,4
1924	411	142	197	82,4
1925	727	182	66	34,2
1926	884	194	61	28,8
1927 (2).	1.068	210	81	27,2 (3)

Si nous nous rappelons que la Russie d'avant-guerre se
servait de billets de banque pour 1.700 mill. roubles et
qu'à la fin de 1927 les billets de la Banque d'État arrivent
péniblement à dépasser 1 milliard de roubles-or, et quoique l'organisation économique actuelle ne soit pas com-

(1) Cité par H. DECKERT, *op. cit.*, p. 31.
(2) Pour la période 1923-1925, voir Mémorandum de la S. D. N.
précité, pour 1926, voir *Jahrbücher f. n. u. st.*, juin 1927 ; pour
1927, voir *La vie économique des Soviets* du 20 décembre 1927.
(3) Le pourcentage indiqué touche de près le minimum légal.
La marge d'émission de la Banque est donc très réduite.

parable avec l'organisation économique d'antan, nous pouvons nous faire une idée de la pénurie de moyens de règlements et de la tension des crédits, qui doit exister en Russie. Précisons pour plus d'exactitude que dans la circulation totale interviennent encore des monnaies d'appoint, ce qui fait que son montant global s'élève pour la fin de 1926, par exemple, à quelques 1.453 mill. roubles. Des chiffres, pour la circulation totale en 1913 nous manquent. Mais leur comparaison n'infirmerait en rien nos conclusions.

Le problème essentiel reste donc, à défaut des crédits étrangers, la défense de l'encaisse, par une politique des changes très stricte, et son renforcement, par tous les autres moyens possibles. Quels sont plus exactement ces moyens ? C'est l'excédent des exportations et la production aurifère des Ourals.

On a célébré en octobre dernier, cinq années de stabilité du Tchervonetz. On a affirmé à cette occasion que la monnaie stable a permis à la Russie soviétique de sortir de la crise économique, dans laquelle elle se débattait, que le tchervonetz a constitué la base financière de la nouvelle organisation du pays, qu'enfin la première réalisation socialiste n'a été possible (?) que grâce au nouveau système monétaire de 1922, qui reste un « des principaux leviers de l'économie nationale » (1). M. Katzenelenbaum, un des membres du Directoire de la Banque d'État, tout en défendant le tchervonetz contre les attaques injustifiées, dont il a été l'objet, reconnaît toutefois que la consolidation de l'unité monétaire russe est encore à faire. Il estime que la réserve-or, pierre angulaire « de tout notre système moné-

(1) Voir G. Socolnikov dans *La vie économique des Soviets*, 20 décembre 1927.

taire », est insuffisante et il dit plus loin que « nous avons actuellement besoin d'une importante provision de valeurs en métal, comme nous en avions besoin il y a cinq ans, à l'époque de l'émission du tchervonetz, non seulement pour renforcer la confiance de la population de l'U. R. S. S. envers sa monnaie, mais encore pour renforcer dans l'avenir le lien économique, qui nous unit aux centres financiers des États étrangers » (1).

C'est tout un programme. Et les apologistes du régime se croient autorisés à crier à la victoire, car la dernière année économique, 1926-1927, leur a apporté, pour la première fois, une balance active du commerce extérieur :

1924-25	— 134 mill. Roubles	d'excédents
1925 26	— 84,6	d'importations
1926-27	+ 54 4	ou d'exportations

Ils y voient un triomphe des nouvelles méthodes, du nouveau mécanisme des « plans économiques », et ils restent pleins de confiance dans l'avenir de leur monnaie et de leur économie nationale.

Quant à nous, il nous est permis de douter de la solidité d'un tel régime de monopole et de contrainte, et nous disons, volontiers, avec M. Pommery, que « la stabilité de la monnaie russe reste entachée de précarité » (2).

Nous avons voulu exposer, néanmoins, la situation actuelle du métal jaune en Russie, car il y a là un facteur, une réalité économique, avec laquelle il faudra compter, dans une nouvelle redistribution de l'or dans le monde, et plus spécialement en Europe.

(1) Voir Katzenelenbaum, *Cinq ans de stabilité monétaire en U. R. S. S.* dans la Revue précitée.
(2) Voir Pommery, art. cité.

c) La Pologne

État créé de toutes pièces, la Pologne n'avait pas de tradition monétaire indépendante. Dans les premiers temps de son existence, elle a satisfait aux besoins généraux de moyens de paiement, d'abord à l'aide des anciens signes monétaires qui circulaient sur son territoire, ensuite grâce à l'institution d'une Caisse Nationale des Prêts, sorte de Banque officielle, investie du droit d'émission.

La Pologne est un pays très riche en matières premières. Ses ressources naturelles et l'industrialisation assez poussée de la plupart de ses régions lui permettent un développement considérable de son activité productrice. Normalement, elle aurait dû avoir une balance des comptes favorable et des changes stables surtout qu'elle n'avait pratiquement pas de dettes extérieures et que sa position politique internationale était plutôt faite pour inspirer de la confiance.

Mais outre les ravages de la grande guerre, le nouvel État eut à supporter une guerre épuisante avec la Russie, qui amena un déséquilibre profond de son économie et de ses finances. Il y a eu autre chose encore. Comme le remarque très justement M. Hantos, la Pologne a donné assez tôt « l'impression de gérer ses affaires d'une manière déplorable » (1). Après avoir épuisé les ressources bien maigres des monopoles, des emprunts et des impôts, le Gouvernement eut recours à l'inflation. L'instabilité des changes, qui en résulta, rendit illusoire tout effort de redressement du budget, la presse à billets continuait à couvrir les défi-

____

(1) Voir E. Hantos, *op. cit.*, p. 37.

cits, une dégringolade accélérée du mark polonais s'ensuivait et la « ronde infernale » entraînait tout le système. Un essai infructueux d'arrêter la chute, fut effectué quand la situation n'était pas encore trop désespérée. Ensuite une loi du 26 septembre 1922, reconnaissant implicitement la nécessité d'avoir une unité de compte stable, créa le zloty, monnaie abstraite, et l'égala à un franc-or. Ce n'est qu'un peu plus tard qu'on utilisa cette monnaie stable pour valoriser les impôts. L'inflation prit fin en février 1924. Un nouveau régime monétaire fut institué le 23 avril, avec la fondation de la « Bank Polsky », Institut central d'émission. Elle héritait d'une lourde charge et ses opérations ne commençaient pas dans des conditions d'absolue sécurité. La suite des événements a vite fait de démontrer sa fragilité.

Voyons rapidement les traits principaux de la réforme et les causes de son échec. L'inflation du mark polonais avait pris des proportions catastrophiques et son montant peut s'exprimer en trillions, comme en Allemagne.

11 nov. 1918 . . . .   876,4 mill.
27 avril 1924 . . . .   570.700.000,0 mill.

Telles furent les limites extrêmes de l'émission de papier-monnaie de la Caisse Nationale des Prêts. La valeur-or d'une pareille circulation était très réduite. Pour se prémunir contre la dépréciation du pouvoir d'achat de leur avoir et pour parer, imparfaitement, d'ailleurs, à l'insuffisance des fonds de roulement, les intéressés avaient adopté les comptes-or. Les impôts étaient aussi établis sur une base stable. La stabilisation intervenue en avril 1924, consacra cet état de fait et fixa une parité de 1.800.000 marks polonais = 1 zloty, en chargeant la nouvelle Banque d'émission de surveiller la circulation et de défendre le change (1). Aucune masse de manœuvre, constituée par un emprunt étranger, comme ç'eût été indiqué de le faire, n'est mise à sa disposition. Elle doit se contenter d'un fonds assez maigre, accumulé pendant la période précédente, à savoir 249,5 millions de zloty, dont 70,3 mill. en or et le reste en devises. Seulement, avec un budget équilibré et une confiance revenue, la Banque de Pologne put commencer ses opérations sous des auspices favorables et à la fin de l'année son premier bilan présentait les postes suivants :

	31 déc. 1924
Réserve mét. en caisse.	130,9
Dispon. et avoirs à l'étranger.	269,0
Effets commerciaux.	257,0
Billets en circulation	550,9
Comptes courants	84,3

Mais bientôt des circonstances économiques adverses provoquèrent un grave déséquilibre de la balance commerciale, un affaiblissement grandissant des changes et des appels répétés et exorbitants aux réserves en devises de la Banque. La Pologne eut à souffrir en 1924 d'une très mauvaise récolte, d'une baisse indue des prix du charbon et du sucre, articles d'exportation, et enfin d'une crise industrielle, à la suite de la stabilisation. Les effets ne se manifestèrent que vers le milieu de l'année suivante et en juillet 1925 la

(1) Le zloty est égal au franc-or, quant à sa teneur en métal, et à sa parité légale.

La Banque est obligée, par ses statuts, de conserver une encaisse, or et devises, de 30 %, contre la circulation de ses billets. Elle paie un impôt, si le montant des billets dépasse certaine proportion fixée d'avance.

Banque Polski limitait la vente de ses devises. Alors les changes étrangers montent au-dessus du gold point de sortie et en décembre la livre atteint le cours de 5o (pour une parité de 25,22). La Banque voit sa circulation gagée diminuer fortement. Mais l'État n'arrivant pas à couvrir toutes ces dépenses et à faire rentrer toutes ses recettes, abuse de son droit d'émission et on assiste à une véritable inflation de papier d'État. Le rapport de cette dernière émission contre la première (celle de la Banque de Pologne) est de 113,7 % ; elle n'était que de 22,3 % au début de l'année. Le bilan de l'Institut central d'émission s'établit fin 1925 comme il suit :

	31 déc. 1925
Encaisse-or	133,6 mill.
Avoirs étrangers	69,7
Effets commerciaux	289,3
Billets en circulation	381,4
Comptes courants	105,9

Malgré les vicissitudes d'un système monétaire défaillant, la Banque Polski a réussi, par une politique avisée et consciente de ses buts, à augmenter sa réserve-or. Ce qui lui a manqué ç'a été un grand emprunt étranger, pour pouvoir soutenir victorieusement l'épreuve d'une grave crise commerciale (1). Mais dès l'année 1926, elle a pu reprendre le contrôle de la vie économique du pays et par des mesures adroites et parfaitement adaptées à une reprise d'activité industrielle et commerciale elle est arrivée à stabiliser en fait le cours du zloty et à assainir la situation

(1) Voir aussi Eugène de BOISLANDRY-SUBERN, *La réorganisation financière de la Pologne* dans la *Revue Économique internationale*, septembre 1927.

monétaire de la Pologne. Après avoir connu une dépréciation de plus de 50 % en mai-juin (la livre sterling à 53,00)
le zloty raffermit sa position et depuis le mois d'octobre,
il oscille autour de 43 $\frac{1}{2}$, sur la place de Londres. Pendant
toute l'année, la Banque procède au remplacement, dans
la mesure du possible, des billets de l'État par ses propres
billets (1) et elle s'attache surtout à suivre et à aider d'une
façon adéquate la conjoncture favorable du pays. La balance
commerciale se solde avec un excédent actif :

1925. .   .   .   .   .   .   — 264 mill. zl.
1926. .   .   .   .   .   .   + 400 mill. zl. environ

Mais il faut aussi tenir compte des mouvements des capitaux, qui ont été défavorables à la Pologne. C'est pourquoi
le relèvement du zloty n'a pas été plus marqué.

Dès l'été 1926, une commission d'experts, Kemmerer,
avait déposé son plan de restauration monétaire et proposait
la stabilisation à un taux nouveau, correspondant à peu près
à 9 zlotys pour 1 dollar. Elle insistait aussi sur ce fait que
« pour qu'il y ait corrélation entre la circulation fiduciaire,
l'or et l'activité économique, il fallait que la circulation des
billets d'État, qui est dépourvue d'élasticité devienne négligeable » (2). Le Gouvernement adoptant le point de vue
de la Commission, décide par le décret du 22 octobre 1926
que les billets d'État seront retirés de la circulation et remplacés par la monnaie métallique. D'autre part, il arrive à
équilibrer, pour la première fois, avec excédent le budget,

____

(1) A la fin de 1925, sur une circulation totale de 815,0 mill.
zl. les billets de la Banque n'étaient que de 381,4 mill. Fin 1926
sur 1.021,1 mill. zl. circulation totale, le montant des billets
est déjà de 592,7 mill.

(2) Voir Eug. BOISLANDRY-DUBERN, art. cité.

et l'exercice 1926-1927 montre un surplus de 155 mill. zlotys. L'influence psychologique de ce redressement budgétaire fut considérable.

La Pologne avait néanmoins besoin d'un grand emprunt étranger, d'abord pour se constituer une masse de manœuvre imposante, capable d'effrayer la spéculation et de parer à un fort déficit de la balance commerciale, ensuite aussi pour l'employer, en partie, à des buts productifs et subvenir de cette façon à la pénurie des fonds de roulement, qui se faisait encore sentir sur le marché monétaire polonais. Elle s'efforce de le placer dès le mois de juin 1927, mais le marché américain étant saturé, sa tentative échoue. Elle obtient pourtant une avance de 15 mill. doll. pour la défense des changes, et un peu plus tard, le 12 octobre, la Banque Polski réussit effectivement à contracter le grand emprunt d'une valeur nominale de 72 mill. doll. environ et d'un produit net de 65 mill. doll.

Le lendemain, 13 octobre 1927, on proclame officiellement la nouvelle stabilisation et on modifie le statut de la Banque Polski. On augmente son capital, on lui impose l'obligation de garder une couverture de 40 %, dont 30 % en or, contre ses billets et ses engagements à vue (double réforme très importante), enfin on prend les dispositions nécessaires pour la valorisation de certains postes de son bilan (1). On lui reconnaît aussi le droit exclusif d'émission et on l'oblige à retirer environ 140 millions de billets d'État se trouvant en circulation. D'un autre côté, on fixe à 320 mill. le maximum de la circulation d'appoint et une loi du 30 novembre 1927 détermine les conditions de frappe

(1) Un contrôleur américain est adjoint à la Banque pour surveiller l'exécution scrupuleuse du plan de réforme.

de la monnaie métallique. Dorénavant la parité légale sera :

$$1 \text{ doll.} = 8{,}9141 \text{ zl. ou bien}$$
$$1 \text{ doll.} = 8{,}90 \text{ zl. par chèque}$$

La teneur en or du zloty n'est plus que de 9/53,32 au lieu de 9/31 gr. Donc 1 kg. d'or pur servira à monnayer :

$$5924{,}44 \text{ zlotys au lieu de}$$
$$3444{,}44 \text{ zlotys comme avant.}$$

Une innovation intéressante de la réforme du 13 octobre, est celle qui consacre une partie de l'emprunt (75 mill. zloty) à la constitution d'une réserve budgétaire, émancipant encore plus complètement l'Institut d'émission de toute avance non gagée à l'État. L'encaisse, or et devises, extrêmement élevée de la Banque Polski (on l'estimait mi-novembre à 150 mill. doll.) lui permet d'accorder plus libéralement des crédits à la production et d'aider plus efficacement l'actuelle conjoncture favorable du pays. La comparaison des deux derniers bilans de la Banque, nous rend sensibles les changements opérés par la stabilisation récente :

	31 déc. 1926	31 déc. 1927
Or.	138,8 (1)	517,2
dont à l'extérieur	—	(164,4)
Devises	164,9	894,6
Portefeuille escompte.	321,3	455,9
Avances au Trésor.	25,0	25,0
Capital	100,0	150,0
Billets en circulation	592,6	1.003,0
Comptes courants.	142,8	659,7
Réserve du Trésor.	—	75,0

(en mill. zl.)

(1) Il s'agit là des zlotys-or qui ne sont pas absolument comparables avec les zlotys en circulation à cette époque.

Le revirement capital, et qui nous intéresse plus particulièrement, dans la politique monétaire de la Pologne est
celui qui a trait à l'accumulation de l'or par la Banque
Nationale. En effet la nouvelle loi constitutive impose à
cette dernière de garder, nous l'avons déjà dit, une proportion minima de 30 % en or, contre toutes ces obligations à
vue (billets et comptes courants). Le 20 octobre 1927,
dans le premier bilan après la réforme, la réserve-or valo-
risée n'apparaissait que de 324,1 mill. zlotys. Elle était
manifestement insuffisante et n'aurait pas permis à la Banque une extension salutaire de ses opérations de crédit. Par
contre ses avoirs à l'étranger étaient considérables, tant à
cause de la réalisation de l'emprunt, qu'à cause de l'achat
de devises, correspondant aux placements à court et long
terme de l'étranger en Pologne. Alors la Banque procéda
à des achats d'or, ou plus précisément à l'échange d'une
partie de ses devises en métal jaune. M. Mlynarsky, Vice-
Président de la Banque Polski, défendant la politique de
l'or de cette institution (1), faisait remarquer récemment
que le 30 novembre 1927 la réserve-or n'était plus que
de 32,08 % par rapport aux exigibilités et qu'elle touchait
presque la limite légale. Mais, avec le retour de la confiance
du public, suite normale de la stabilisation, l'activité de
la Banque va naturellement s'accroître et elle aura besoin
d'une marge bien plus forte pour ses émissions. Ceci nous
explique pourquoi la Pologne a augmenté ses avoirs-or,
dans un espace de temps relativement restreint de plus de
180 mill. de zlotys nouveaux. Ses achats d'or n'ont pas été
sans provoquer quelque difficulté sur le marché libre de

(1) Voir Dʳ Félix MLYNARSKY, *The difficulties of the Gold Market*
dans l'*Economist* du 14 janvier 1928.

Londres, malgré que les trois quarts de ses acquisitions aient été effectués sur le marché américain. C'est qu'à notre avis, ce n'est pas la place de Londres, qui devra principalement pourvoir aux besoins de métal jaune des autres pays. L'Amérique, avec ses ressources abondantes, restera longtemps encore, le réservoir où iront puiser les pays en mal de métal précieux.

d) L'Autriche

Si nous avions encore besoin d'une preuve, qu'une monnaie saine ne suffit pas, à elle seule, à redresser complètement une économie chancelante, le cas de l'Autriche, pendant ces dernières années, serait là, pour nous la donner. En effet, dès la fin de 1922, ce pays réussit, avec l'aide de la S. D. N., à s'assurer une stabilité de fait de la couronne, qu'il transforme plus tard en stabilisation définitive. Il arrive aussi, c'est vrai, à écarter les maux provoqués par l'inflation et à traverser heureusement la crise d'assainissement. Mais le déséquilibre profond de son économie, tenant à des causes qui sont étrangères à son système monétaire, persiste encore, et la solution satisfaisante du malaise économique dont souffre l'Autriche, doit être cherché ailleurs.

La situation particulière créée à ce nouvel État, tronçon réduit d'un riche empire, par les traités de paix, nous explique facilement les difficultés qu'il a rencontrées sur son chemin, en essayant de vivre d'une vie économique indépendante (1). Doté d'une capitale immense, dépourvu de la

(1) Voir pour une étude plus détaillée : G. H. Bousquet, *La restauration monétaire et financière de l'Autriche*, Paris (Rivière), 1927.

plupart des matières premières indispensables à son industrie, et de la plupart de ses débouchés indispensables à son
commerce, divisé par des luttes politiques et abandonné à
la direction des systèmes contradictoires, le petit État de
l'Autriche voyait, dès sa création, son existence sérieusement
menacée. Bientôt le doute et le manque de confiance dans
les destins de leur pays, s'emparèrent des Autrichiens, et
ce fut alors la paralysie de toute activité réellement productrice, une spéculation effrénée et sans précédent, prenant
la forme d'une liquidation générale, enfin une crise monétaire et financière, qui dépassait en intensité toutes les
autres, qu'on pouvait enregistrer pendant la même période.
L'État devait accorder des secours à la population miséreuse,
le déficit du budget atteignit des montants fantastiques, une
inflation considérable s'ensuivit, et tout effort de redresser
les finances publiques était rendu vain par la dépréciation
continuelle de la couronne.

On peut dire qu'en ce moment, le salut tenait dans la
possibilité de retrouver l'équilibre monétaire. Après plusieurs
essais infructueux de le réaliser par ses propres forces, le
Gouvernement autrichien, devant la détresse de son pays,
lança un appel désespéré à la S. D. N. ; cet appel fut
entendu et bientôt après, sous le contrôle de celle-ci, avec
son fort appui moral et l'aide matérielle d'un important
emprunt étranger, la restauration monétaire commença et
se poursuivit de la façon la plus heureuse.

Et tout d'abord, le 14 novembre 1922, fut constituée la
nouvelle Banque Nationale, destinée à remplacer la section
autrichienne de l'ancienne Banque d'Autriche-Hongrie, qui
n'était plus qu'une presse à billets au service du Gouvernement. Elle devait prendre en charge le 1er janvier 1923,
date de son entrée en activité, le total des billets déjà émis,

et les avoirs à l'étranger, amassés pendant les derniers mois
de 1922, à la suite du revirement de la spéculation internationale, par la Centrale de devises. Quant à l'or, il n'y en
avait pratiquement plus, dans les caisses de l'ancien Institut d'émission (le total de l'or possédé se montait à quelques cent mille couronnes, en tout).

Rappelons brièvement que la Banque d'Autriche-Hongrie,
qui pratiquait avant la guerre une active politique des devises et était dispensée de l'obligation de convertibilité absolue, détenait néanmoins une forte encaisse-or, pour une
circulation relativement modeste :

	Réserve totale	Réserve or	Billets en circulation
Juin 1914	1.609	1.241	2.325

Pendant la guerre, elle perd rapidement la plus grande
partie de son encaisse :

Fin 1914	1.240 mill. Cour.
Fin 1915	1.055
Fin 1916	684
Fin 1917	290
Fin 1918	265 (1)

Et en 1919, la circulation fiduciaire de ses billets est
absolument hors proportion avec sa réserve.

	Réserve totale	Réserve or	Billets en circulation
Fin 1919. . .	296	261	53.109

(en millions de couronnes)

En 1920, rien que l'émission de la section autrichienne
s'élève à 30,6 milliards, la réserve étant inexistante. Puis

(1) Voir H. DECKERT, *op. cit.*, p. 31.

la fabrication, c'est le mot, des billets s'accroît vertigineusement, et nous en trouvons pour 833 milliards en août 1922. Le change était tombé à la même époque à un niveau qui donnait une parité d'environ 14.000 couronnes-papier pour une couronne-or. On arrive à stabiliser à ce taux, et avec la confiance renaissante, des rapatriements de capitaux se produisent, en même temps que des crédits étrangers viennent s'investir à court terme dans le pays. Les billets remplacent les devises dans les paiements intérieurs et la vitesse de circulation se réduit considérablement. Tout cela explique pourquoi, avec des changes et des prix relativement stables, le montant des billets en circulation s'élève jusqu'à 4.080,5 milliards de couronnes à la fin de l'année 1922.

La nouvelle Banque d'Autriche peut établir un premier bilan le 31 décembre 1922 (à un jour avant de commencer les opérations pour son propre compte) comme il suit :

31 décembre 1922

Réserve-or.	0,1 mill. couronnes
Réserve-devises	3,2 mill. £
Billets en circulation. . .	4.080,5 milliards couronnes-papier.

Quel était son statut légal et quelle devait être l'unité de compte, dont elle allait se servir dorénavant ? Son capital social est fixé à 30 millions couronnes-or. La Banque est déclarée complètement indépendante de l'État, elle s'interdit toute avance aux autorités publiques, sans couvertures en or ou en devises, elle obtient le monopole d'émission des billets, pour 40 ans. Un principe nouveau y trouve son application : la couverture légale ne s'entend pas seulement en ce qui concerne les billets, mais aussi quant aux obligations à vue de la Banque (1) ; la réserve minima, qui peut être formée indifféremment avec de l'or ou des devises, sera de 20 % pendant les cinq premières années, de 24 % pendant les cinq années suivantes, de 28 % pour cinq autres années et de 33 $\frac{1}{2}$ % pour le reste du temps. Si le rapport tombe au-dessous de la limite légale, un impôt pénal est prévu. Enfin on décide, pour faciliter les calculs, de ne pas réintroduire l'ancienne couronne-or, et on choisit comme unité de compte le shilling, égal à 10.000 couronnes-papier. Prenant en considération la parité de la couronne-papier sur le marché des changes, maintenue au même niveau depuis l'automne 1922, à savoir 1 dollar = 70.960 couronnes environ, nous obtenons les relations suivantes :

    1 shilling = 0,21172 gr. or fin
    1 shilling = 0, 73 couronne-or
    1 shilling = 0,1407 doll. ou bien 1 doll. = 7,10 sh.

Pendant la première année de son fonctionnement, la Banque Nationale d'Autriche a été amenée à acquérir des devises, pour ne pas laisser le cours du dollar descendre au-dessous de la parité choisie pour la stabilisation ; autrement dit, on a empêché la couronne d'améliorer son pouvoir d'achat intérieur. Les devises étaient abondantes, d'une part à cause de la réalisation partielle du grand emprunt étranger (650 mill. couronnes-or) obtenu en février-mars 1923, d'autre part à cause de l'afflux continuel de capitaux rapatriés et de fonds étrangers placés à brève échéance dans le pays. La situation économique n'est pas

---

(1) Elle ne s'étend pourtant pas à la partie de la circulation correspondante aux avances à l'État, déjà existantes.

trop mauvaise ; elle profite de la présence d'une quantité assez grande de moyens de paiement sur le marché extérieur et de l'absence presque complète de la concurrence allemande. Le déficit du budget, beaucoup moindre qu'on l'avait supposé tout d'abord, en sous-estimant la capacité contributive de l'Autriche, est couvert par le produit de l'emprunt étranger, conformément au plan du Comité des Experts. Une vague d'optimisme déferle sur le pays et les prix montent légèrement (l'indice des prix-or est de 126, fin 1922 et de 144 fin 1923) (1).

Elle se manifeste surtout par une spéculation dévergondée en Bourse, qui ne reposait sur aucune base solide. En ce moment, la Banque eut le grand tort d'être très libérale avec ses crédits et de maintenir l'escompte au taux relativement bas, dans ces circonstances, de 9 %. A la fin de l'année, la Banque avait amélioré la position de sa réserve, mais sa circulation avait fortement augmenté.

	Fin 1922	Fin 1923
Encaisse-or	0,1	9,5
Réserve-devises	—	413,1
Circulation	408,0	713,0
		mill.

L'année 1924 fut beaucoup moins favorable à l'Autriche ; elle débuta avec la dégringolade des cours en Bourse, qui ne reposaient que sur une base spéculative. La crise boursière fut aggravée par une autre spéculation malheureuse, sur la chute du franc. Les banques intervinrent pour empêcher une catastrophe et la Banque Nationale avança

(1) Voir Mémorandum de la S. D. N. sur la Monnaie et les Banques Centrales, vol. I.

encore très largement des fonds. Malgré cela une forte liquidation eut lieu et nombre d'entreprises, bancaires et industrielles, sombrèrent pendant cette époque. Une dépression économique, qui avait commencé à la fin de l'année précédente, se continua pendant les trois quarts de l'année 1924 et la position de la Banque s'est trouvée affaiblie. Elle a persisté dans son erreur, de ne pas procéder à une élévation du taux, jusqu'au 23 août (à cette date, on le porte à 15 %), et en même temps que sa circulation augmentait par le réescompte, son encaisse faiblissait, par la perte de devises. Sa solidité ne fut pourtant pas atteinte, car elle se décida à un sévère rationnement des crédits et elle disposait d'une somme de 40 mill. dollars, détenue par le Gouvernement, comme réserve éventuelle pour la défense des changes. A la fin de l'année sa situation était la suivante :

	31 décembre 1924
Encaisse-or	11,1
Réserve-devises.	348,5
Circulation	839,0
	mill.

Conformément aux décisions prises à Genève en septembre 1924, le contrôle adouci est maintenu et l'Autriche passe à la stabilisation définitive sur la base d'une unité de compte nouvelle. Elle fait voter, le 20 décembre 1924, la « Loi sur les comptes en shilling », proclamant officiellement le remplacement de l'ancienne couronne et la frappe des monnaies métalliques en shillings. On fixe la nouvelle relation légale avec l'or et la monnaie autrichienne se dégage du dollar, pour rester désormais indépendante. Le 23 mars 1925 on rétablit la liberté du commerce avec des devises et le 18 décembre 1926, on supprime les dernières dispositions restrictives relatives à ce commerce. Déjà le 1ᵉʳ juillet 1926 le shilling avait été rendu obligatoire et c'est désormais la seule monnaie légale officiellement reconnue par la République d'Autriche.

Pendant les trois dernières années, ce pays a connu encore deux périodes de conjoncture favorable (fin 1924-milieu 1925 et depuis le milieu de 1926 jusqu'aujourd'hui) et une période de marasme (milieu 1925-milieu 1926). Malgré l'abaissement du taux de l'escompte jusqu'à 6 % en février 1927, la Banque n'arrive que difficilement à reprendre la maîtrise du marché monétaire. Les crédits étrangers sont toujours très abondants. Quoique des progrès certains ont été enregistrés dans la voie de la rationalisation et de l'augmentation du rendement productif dans l'industrie, l'Autriche n'a pas réussi encore à améliorer la situation déficitaire de sa balance de commerce.

Excédent des importations

1925	937 mill. sh.
1926	1.077 mill.
1927	1.000 mill. environ

Il est incontestable que l'économie autrichienne n'est pas, pour le moment, menacée par ce déficit de son commerce extérieur et la tenue excellente de son change nous est une preuve que des éléments invisibles compensent largement les éléments passifs de sa balance de paiements. Dans un article récent, M. H. Schwartzwald a pu affirmer sa foi

______

(1) Voir H. SCHWARTZWALD, *Rückblick und Aussichten* dans *Die Börse*, 5 janvier 1928.

dans les destins de son pays et ne pas s'inquiéter du tout de ce déficit anormal.

Nous estimons pourtant que la présence de gros crédits à court terme dans le pays, rend sa situation économique précaire et que d'autre part, la quantité considérable de devises, qu'ils permettent d'amasser à la Banque Nationale, est capable de fausser son système monétaire, qui garde l'apparence d'être des plus solides. Nous montrerons plus tard, pour quelles raisons nous croyons que l'encaisse-devises ne vaut pas l'encaisse-or, comme réserve pour la couverture de la circulation. Nous retenons dès à présent le cas de l'Autriche, où malgré des efforts timides de renforcer la réserve-or purement dite, les devises prédominent encore dans les bilans de la Banque :

	31 déc. 1925	31 déc. 1926	31 déc. 1927
Réserve-or	14,8	52,5	84,4
Devises	499,0	484,6	379,1
Autres avoirs étrangers	59,3	142,7	274,2
Portefeuille-escompte .	180,2	123,5	131,7
Avances au Trésor . .	187,9	177,2	173,1
Capital social. . . .	43,2	43,2	43,2
Réserve stab	2,6	4,5	6,3
Billets en circulation .	890,0	947,3	1.005,3
Dépôts.	55,0	37,3	39,5

C'est en 1926 et en 1927, que la Banque d'Autriche a laissé le cours du dollar descendre au-dessous du point d'entrée et qu'elle a pu de cette manière augmenter ses réserves effectives d'or. D'un autre côté, les ordonnances des 20 mai, 17 juillet et 24 juillet 1926 ont pris les mesures nécessaires pour permettre le libre monnayage de l'or. Jusqu'à présent ce n'est que l'Institut d'émission qui s'en est prévalu pour monnayer une partie de son métal jaune.

Mais sur le chemin qui conduit au Gold Standard pur, il reste à l'Autriche encore beaucoup à faire.

e) La Hongrie

La Hongrie, l'autre moitié rétrécie de l'ancienne monarchie, a procédé plus tard que l'Autriche, à sa réforme monétaire. C'est que chez elle, sauf dans les tout derniers temps, avant la stabilisation, les circonstances ont été moins désespérées, l'inflation a pris une forme moins aiguë que chez sa voisine de l'Ouest. La courte et désastreuse révolution bolcheviste de 1919 n'avait pas ébranlé tellement sa structure économique et financière, pour que tout espoir de relèvement lui soit enlevé. Au contraire, l'œuvre d'assainissement financier et monétaire entreprise par ses gouvernants avait quelques chances de succès et le recours, relativement modéré, aux avances de l'Institut d'émission est à l'honneur de leur politique (1). Mais ils ont été submergés par l'action décisive des changes, qui ont varié principalement sous l'influence des causes psychologiques, politiques surtout, et qui ont entraîné la hausse démesurée des prix, le déséquilibre du budget et finalement l'inflation formidable de 1923-1924.

Il est pourtant à remarquer, que depuis 1921, c'est le crédit privé qui fait le plus appel à l'Institut central ; l'inflation pour compte d'État, pratiquée pendant toute cette époque, est plus modeste, et n'atteint des chiffres exorbitants qu'à la dernière minute. Le mal, quoique s'étant manifesté assez tardivement, est tel que la Hongrie ne

(1) Voir E. Hantos, *La monnaie. Ses systèmes et ses phénomènes en Europe centrale,* Giard, 1926.

trouve plus dans ses propres forces le moyen d'y remédier. Elle fait alors appel à la S. D. N., qui, sous condition d'exercer son contrôle, lui accorde l'appui nécessaire pour sortir de l'impasse et se créer une nouvelle monnaie saine. Jetons un rapide coup d'œil sur l'évolution monétaire de ce pays depuis la guerre et étudions, du point de vue qui nous préoccupe, le stade actuel de la situation monétaire en Hongrie.

La part du royaume hongrois dans l'inflation de la Banque d'Autriche-Hongrie n'est que de 7 milliards environ à la fin de la guerre. La république soviétique de 1919 émit de la fausse monnaie, qui fut néanmoins reprise par le gouvernement régulier au moment de la scission de l'ancienne banque et de la création de la section hongroise (1). La circulation fiduciaire se montait en 1920 à 14.308 mill. couronnes-papier et l'encaisse métallique était presque nulle. Le 4 mai 1921 on introduisit un système monétaire national, en confiant le droit d'émettre des billets à l'Office National d'émission du Royaume de Hongrie. L'État s'interdit le recours aux avances non gagées de l'Office. Mais il ne peut pas tenir ses engagements et alors il cherche la défense des changes ailleurs ; il crée le 8 août 1922, la Centrale des devises, dont l'action n'arrive à ralentir la dépréciation de la couronne, que dans une mesure insignifiante. La circulation augmente à une allure accélérée :

Fin 1920 . . . . . .   14.308 mill. cour.-papier
      1921 . . . . . .   25.175
      1922 . . . . . .   75.887
      1923 . . . . . .   932.337
      1924 . . . . . .   4.513.990

(1) Janvier 1920.

Au début de l'année 1924, les fluctuations du pouvoir d'achat intérieur, déterminées par les variations du change, sont tellement importantes qu'on recherche, c'est un fait digne d'être retenu, un étalon stable ; on pense l'avoir trouvé dans l'étalon-blé et la couronne-épargne, mais ce ne sont là que des palliatifs bien insuffisants.

C'est le 14 mars 1924 qu'interviennent, à Genève, les accords avec la S. D. N. pour la restauration financière de la Hongrie. Cette dernière s'obligeait : à arrêter toute inflation pour le compte d'État, à créer une banque d'émission indépendante, à équilibrer le budget à partir du 30 juin 1926 au plus tard, à émettre un emprunt international de reconstruction de 250 mill. couronnes-or, à accepter le contrôle de la S. D. N.

Le programme fut, sans retard, mis en application : le 24 juin 1924, la *Banque Nationale* ouvrit ses guichets et s'obligea à maintenir la stabilité de la couronne par rapport à la livre sterling (au taux de £ 1 = 346.000 couronnes). La devise anglaise fut choisie, entre autres motifs, aussi parce que la Banque d'Angleterre consentit une avance préliminaire de 4 mill. £ à la Banque Nationale, qui était complètement dépourvue de masse de manœuvre, l'emprunt n'ayant pas encore été placé sur les grandes places étrangères. Il le fut, en juillet-août, avec un grand succès et rapporta plus qu'on ne s'attendait (1).

On put couvrir avec une partie de son produit, le déficit du budget 1923-24 ; mais dès l'exercice 1924-25, l'année budgétaire se solde avec excédent et la reconstruction éco-

______

(1) Participèrent à cet emprunt, la Grande-Bretagne, les États-Unis, l'Italie, la Suisse, la Suède, les Pays-Bas et la Tchécoslovaquie.

nomique du pays peut recommencer sur une base solide. La couronne hongroise s'est lentement revalorisée, en même temps que la livre sterling, jusqu'en avril 1925. En ce moment le dollar valait environ 70.000 couronnes-papier et c'est à ce cours qu'on a opéré la stabilisation définitive.

Le statut de la nouvelle Banque d'émission ressemble, dans la plupart de ses dispositions, au statut de la Banque d'Autriche ; il a subi incontestablement la même inspiration. Le système monétaire hongrois diffère néanmoins du système autrichien, par l'unité de compte qui a été choisie comme base de son édifice. Le 20 novembre 1925, la loi XXXV a déterminé quelle sera cette unité : vu les grands changements subis par l'économie nationale et les circonstances totalement différentes du moment, on a adopté comme mesure stable des valeurs le pengö, divisé en 100 groschen.

Le taux de conversion a été fixé à 12.500 couronnes, 1 pengö. La parité légale, qui en résulte, est la suivante :

$$
\begin{aligned}
1 \text{ pengö} &= 0,86 \text{ cour.-or} \\
&= 0,035 \text{ £ } (1\ \text{£} = 27,82 \text{ pengö}) \\
&= 0,1749 \text{ doll. } (1 \text{ doll.} = 5,72 \text{ pengö}) \\
&= 0,2684 \text{ gr. or fin ou bien} \\
1 \text{ kg. or fin} &= 3800 \text{ pengö}
\end{aligned}
$$

La nouvelle mesure des valeurs a été officiellement et obligatoirement introduite dans tous les comptes et dans toute la circulation à partir du 1er janvier 1927.

Comment s'est comportée l'économie nationale, depuis son assainissement monétaire, et quelle a été la politique de la Banque de Hongrie, notamment en ce qui concerne la question de l'or ?

Nous avons déjà eu l'occasion d'insister sur ce fait, que

la perfection d'un système monétaire est incapable, à elle
seule, de suppléer à une économie chétive et privée des
véritables forces naturelles ou industrielles, qui pourrait lui
assurer une prospérité durable. La Hongrie, contrairement
à ce qui s'est passé en Autriche, nous donne l'exemple
d'un rapide relèvement économique, appuyé surtout « sur
de très belles ressources agricoles » (1). Il en est résulté,
dès 1925, une diminution considérable du déficit de la
balance commerciale :

```
1924 .  .  .  .  .  .  .  .  .   — 127 mill. couronnes-or
1925 .  .  .  .  .  .  .  .  .   —  40 mill. couronnes-or
```

L'année suivante, une conjoncture favorable se dessine
nettement et se continue pendant toute l'année 1927. L'argent devient moins cher ; en août 1926, la Banque abaisse
son taux de l'escompte jusqu'à 6 %. Le chômage est en
diminution et les finances publiques sont parfaitement saines. La faculté d'épargne fait des progrès marqués et la
circulation augmente parallèlement aux besoins réels de
l'industrie et du commerce.

Il est à remarquer qu'en Hongrie aussi, le même phénomène de falsification du marché monétaire que nous avons
déjà observé en Allemagne et en Autriche, et dont nous
allons nous occuper avec détails, plus tard, s'est produit
dans les premiers temps de restauration de sa monnaie
et de ses finances. A savoir, les crédits étrangers ont pris
la place que devait normalement tenir le réescompte de la
Banque Centrale et celle-ci, obligée d'émettre des billets,
contre les devises qu'on présentait à ses guichets, a perdu
le contrôle effectif et direct du marché des capitaux. Ce

(1) Voir L. POMMERY, *Changes et Monnaie*, p. 262.

n'est que dans les tout derniers temps que la Banque a réussi à renforcer son encaisse-or, véritable base solide pour une émission accrue, tout en diminuant ses avoirs-devises. Du même coup, elle augmentait le réescompte aux banques privées et élargissait son emprise sur les mouvements de capitaux sur le marché national. Voilà d'ailleurs les bilans des trois dernières années :

	31 déc. 1925	31 déc. 1926	31 déc. 1927
Réserve-or.	59,2	168,8	196,8
Devises	207,0	116,9	114,0
Portefeuille	134,1	218,1	332,0
Avances au Trésor	156,3	134,7	111,4
Billets en circulation.	415,5	470,8	486,7
Comptes courants et dépôts	214,1	243,2	308,8

Avec une monnaie stable, un budget équilibré, une activité économique florissante, la situation de la Hongrie se maintiendra assurément prospère. En achevant la politique courageuse de retour à un étalon-or effectif, l'État hongrois peut être regardé comme un futur demandeur éventuel de métal jaune, jusqu'à ce que la quantité de devises soit réduite à une proportion minime, et que l'encaisse-or renforcée pourra permettre la reprise de la convertibilité absolue, intérieure et extérieure du pengö, prévue par les statuts de la Banque Nationale.

III. — Stabilisation après dévaluation partielle.

a) TCHÉCOSLOVAQUIE

Précisons tout de suite que la Tchécoslovaquie ne jouit, en ce moment, que d'une grande stabilité de fait et qu'elle se trouve, provisoirement, il faut le croire, au régime du Gold Exchange Standard le plus caractérisé. A son grand honneur, ce pays a été incontestablement le premier à faire une tentative sérieuse de remédier dès le début au mal monétaire, qui l'éprouvait, et on peut dire qu'il a réussi assez tôt à se donner un régime monétaire sain, qui lui a permis d'asseoir sur des bases solides et sûres tout son développement économique ultérieur.

Lors du morcellement de l'ancienne monarchie, chaque région rendue indépendante ou bien adjointe à un autre État, avait hérité d'une partie afférente de la circulation totale des billets de la Banque d'Autriche-Hongrie. Pour prévenir toute inflation, les dirigeants tchécoslovaques ayant eu très tôt l'intuition exacte de ses dangers, on procéda au début de 1919 à l'estampillage des billets, circulant sur le territoire du pays et on fit en même temps une déflation nominale, en convertissant une partie des billets présentés en un emprunt forcé. L'Office bancaire près du Ministère des Finances, créé quelques semaines plus tard (10 avril 1919) prit en charge des billets estampillés pour 6.630 mill. couronnes environ et s'obligea d'émettre en échange de la monnaie de papier libellée en « Koruna », nouvelle dénomination de l'ancienne unité monétaire, dont la valeur restait inchangée (1). De même l'Office devait émettre des nouveaux billets, en représentation des comptes courants et des bons du Trésor de l'ancienne Banque, qui revenaient à la Tchécoslovaquie.

Une conception simpliste domina les essais de réforme monétaire à l'époque : on croyait fermement dans les ver-

____

(1) L'échange des billets estampillés contre des billets nouveaux devait se poursuivre jusqu'au 31 août 1920.

tus magiques de la déflation. Pendant trois ans la politique déflationniste du Gouvernement fut contre-carrée par les besoins incompressibles de la vie économique, qui s'opposait à une véritable contraction monétaire et surtout par la solidarité de la « Koruna » avec le mark allemand, qui provoqua une chute inquiétante du change. En octobre 1921, la monnaie tchécoslovaque ne valait plus que 1/103,75 d'un dollar et ce n'est que depuis lors, grâce à une politique financière admirable et courageusement poursuivie sans la moindre défaillance, que la Koruna s'est réappréciée pour ne plus coter en janvier 1923, que 1/34 d'un dollar. On a observé alors ce phénomène curieux et insoupçonné par les théories classiques d'une influence directe des changes sur les prix, dans le sens de la baisse, et une répercussion indirecte sur le montant de la circulation, qui diminua plus ou moins proportionnellement.

C'est depuis le commencement de l'année 1923 que date la stabilité de fait de la couronne tchécoslovaque. Après avoir connu une crise économique assez grave en 1922-1923, la Tchécoslovaquie se ressaisissait vivement en 1924 et les années suivantes sa prospérité allait sans cesse grandissant. Pays largement exportateur, elle soldait chaque année sa balance commerciale avec un excédent favorable et d'autre part elle était devenue le lieu de refuge d'une énorme quantité de capitaux, à la recherche d'une stabilité de valeur plus grande. Toutes ces circonstances lui ont permis d'amasser des fortes quantités de devises, tandis que d'un autre côté les soldes définitifs de sa balance des comptes et la répartition de l'encaisse de l'ancienne Banque d'Autriche-Hongrie entre les États successeurs lui ont facilité l'accumulation d'une réserve en métal jaune, assez importante. L'Office bancaire disposait d'une masse de manœuvre suffisante pour pouvoir défendre à n'importe quel moment et dans n'importe quel cas le change tchécoslovaque. Voilà les diverses transformations subies par les situations annuelles publiées par l'Office bancaire, pendant les sept ans de son fonctionnement (1919-1925).

	Réserve métallique (1)	Avoirs-étrangers	Circulation
Fin 1919	—	13,9	4.723,3
Fin 1920	152,8	482,3	11.288,5
1921	552,3	532,6	12.129,6
1922	819,7	601,2	10.064,0
1923	1.033,0	1.237,0	9.598,9
1924	1.050,5	896,0	8 810,3
1925	1.032,5	1.198,5	8.408,3

Il faut remarquer qu'une bonne partie de cette circulation fiduciaire n'était gagée que par une créance de l'Office sur l'État, du fait des anciens billets pris en charge et des autres avances faites postérieurement (c'est le poste connu sous la dénomination « Dette en billets d'État »). Le porte-feuille commercial au contraire était très réduit et naturellement l'influence de l'Institut d'émission sur le marché monétaire était bien imparfaite. Pour rendre plus d'indépendance au système monétaire tchécoslovaque on avait décidé un prélèvement sur le capital, dont le produit devait servir à l'extinction progressive de la dette de l'État envers l'Office bancaire. Ce dernier comptabilisait les sommes rentrées, aux « autres comptes » du passif, et en 1925 une compensation fut effectuée qui réduisait le montant total de la dette de quelques 5 milliards cour.

(1) Dont une partie réduite, en argent.

	Portefeuille-escompte	Dette de l'Etat
Fin 1919 . . .	79,6	6.939,5
1924 . . .	1.313,5	10.099,5
1925 . . .	747,6	5.085,3

Mais ce qu'il fallait surtout, c'était de doter le pays avec une Banque Nationale indépendante, fonctionnant en dehors des rouages administratifs de l'État, comme dans les autres pays. Un projet de « Banque d'émission nationale » existait déjà depuis le 14 avril 1920. Il fut abandonné momentanément à cause de la crise monétaire et il ne fut repris qu'au début de 1925 quand la stabilisation prolongée rendait la situation beaucoup plus nette. Le 25 avril 1925, une loi constitutive fut votée qui décidait que la nouvelle Banque sera incessamment créée et commencera sous peu ses opérations. On fixa une couverture initiale de 20 %, devant être augmentée de 1 % chaque année, pendant 15 ans, de sorte que finalement la couverture définitive soit de 35 %. Cette réserve légale peut être constituée en métal ou en devises, et dans son calcul on ne tiendra pas compte de la partie de la circulation, gagée par une créance sur l'État. Notons encore que le montant des devises ne doit pas dépasser celui de la réserve métallique et que les trois quarts de cette dernière doivent être conservés en or. Enfin on facilite à la Banque, avec la garantie de l'État, un « revolving credit » de 20 mill. doll. destiné à servir à la défense des changes.

Vers la fin de l'année, le capital de la Banque nouvelle était souscrit et le 1er avril 1926 celle-ci pouvait ouvrir ses guichets au public. Sa préoccupation essentielle, vu le régime précaire de stabilisation de fait, qui existe encore en

Tchécoslovaquie, a été de maintenir à la Koruna le même pouvoir d'achat extérieur. La parité choisie fut :

$$100 \text{ Ko.} = 2,96 \text{ doll.}$$

Et les variations journalières devaient être contenues entre 2,90 et 3,03 doll. La Banque a parfaitement réussi dans sa politique des changes et son encaisse (métal et devises) est restée à chaque moment à un niveau assez élevé :

	31 décembre 1926	31 décembre 1927
Or et argent	1.037,4	1.108,2
Devises.	2.082,8	2.424,0
Dette de l'Etat.	4.812,6	4.444,2
Escompte et avoirs . . .	261,3	125,6
Billets en circulation. . .	8.202,5	8.417,2

Les deux dernières années ont été désignées par les économistes qui se sont plus spécialement occupés de la Tchécoslovaquie comme la période de « consolidation » (1). Il y eut, c'est vrai, un certain ralentissement de l'activité industrielle et commerciale en 1926, mais la jeune république connut une prospérité remarquable en 1927 et on a pu enregistrer une brillante reprise du commerce extérieur. Voilà pourquoi la Banque a été abondamment fournie avec des devises. Pendant la même époque, le marché monétaire a présenté une liquidité exceptionnelle et les appels au réescompte furent minimes. Cette circonstance n'a pas été de nature à renforcer le contrôle de la Banque sur les mouvements des capitaux. Depuis le 7 mars 1926, elle a

(1) Voir H. R. SAVARY, *La consolidation économique et financière de la Tchécoslovaquie* dans la *Revue économique intern.*, juillet 1927.

réduit son taux de l'escompte à 5 %, sans que son porte-feuille-escompte subisse une augmentation quelconque.

Au contraire les derniers bilans nous apportent un chiffre vraiment dérisoire. Pour décongestionner le marché, on a permis partiellement l'exportation des capitaux. Les effets de cette mesure ne se sont pas encore faits sentir d'une manière appréciable, et le principal élément actif de la Banque est toujours la créance quasi-immobilisée sur l'État. Une situation financière excellente rend possibles des remboursements périodiques et assez élevés, qui finirait bien, dans quelques années, à éteindre cette créance. Mais nous estimons que les conditions actuelles, malgré la position très favorable de l'économie tchécoslovaque sont assez anormales, pour justifier les opérations techniques nécessaires à une réforme définitive du système monétaire tchécoslovaque.

Vers la fin de l'année 1927, le Ministre des Finances aurait déclaré qu'il ne voit aucune raison pour que le pays revienne dès maintenant à l'étalon-or. La Tchécoslovaquie ne serait pas assez mûre pour ce changement. Et d'autre part ce serait inutile d'introduire un étalon-or restreint et conditionnel. Nous ne saurons pas contredire cette dernière proposition. Mais nous croyons qu'une économie parfaite comme celle de la Tchécoslovaquie a aussi besoin d'une monnaie plus solide, émancipée des interventions artificielles sur le cours des changes, et en même temps mieux adaptée au développement économique du pays, par une politique avisée et plus efficace du crédit de la part de la Banque centrale. La solution consisterait, comme nous le développerons plus tard, dans un emprunt-or en Amérique et dans la substitution d'un créancier étranger à la place de la Banque, dans sa créance contre l'État. Il reste seulement à voir si un plus fort endettement extérieur, sera suffisamment compensé par les avantages indiscutables d'un système monétaire complètement indépendant.

b) Belgique

L'assainissement monétaire en Belgique peut être regardé, sans conteste, comme un grand succès de stabilisation. Non pas qu'il ait pu être réalisé par un coup de baguette magique et sans aucun effort pénible de la part du pays tout entier ; l'échec d'une première tentative de stabiliser le franc est là pour nous démontrer combien cette opération est délicate et quelles précautions elle demande, pour que toutes les conditions de son succès soient remplies. Mais la stabilisation en Belgique nous est une preuve éclatante des avantages incalculables du retour à l'étalon-or et quoique le rétablissement d'une monnaie-or dans ce pays ne date que d'une année et demie à peine, ses effets bienfaisants sur l'économie nationale n'ont pas tardé à se faire sentir et la pleine mise en valeur des richesses du sol et des énergies créatrices du peuple belge en est une conséquence directe et immédiate.

L'expérience belge a fait l'objet de nombreux et intéressants commentaires (1). Nous ne pouvons même pas essayer de les résumer d'une façon tant soit peu complète. Nous ne retiendrons de la multitude d'événements qui ont carac-

----

(1) Voir principalement les ouvrages de M. Louis Frank (*La stabilisation en Belgique*), de M. Hoffmann (*La tentative de stabilisation monétaire en Belgique*), de M. Orvain (*La stabilisation du franc belge*), de M. Fournier (*La réforme financière et monétaire en Belgique*), etc.

térisé l'évolution monétaire en Belgique, que les faits indispensables pour comprendre comment le problème de l'or se pose pour ce pays.

Avant 1914, la Banque Nationale de Belgique, institution privée, contrôlait seule la circulation dans le cadre du bimétallisme boiteux. Elle devait garder une couverture (or et devises-argent) de 33 $\frac{1}{2}$ % et elle devait comprendre dans le calcul de ce rapport tous ses engagements à vue (billets et dépôts). Fin 1913, la réserve réelle ne dépassait que de très peu la réserve légale :

	Fin 1913
Or	249
Argent	44
Devises	183
Portefeuille-escompte	801
Circulation	1.067
Comptes-courants	117

La guerre et l'occupation allemande ont empêché pendant quatre ans la Banque de remplir ses fonctions. Elle avait pris la précaution de transporter son or à Paris et à Londres, de sorte que, après l'armistice, quand elle eût recommencé ses opérations, son encaisse-or était intacte. Seulement la circulation n'était plus la même, loin de là. Dans un mouvement de parfaite honnêteté envers les citoyens, l'État demanda à la Banque de reprendre au pair les marks allemands qui se trouvaient dans la circulation (1 mark = 1,25 franc belge) et se constitua une dette de 5.600 mill. environ envers la Banque. On consolidait par là l'inflation des moyens de paiement, qui avait eu lieu pendant la guerre, et on rendait définitive la hausse des prix, qui en était résultée. Malgré ce double accroissement de la circulation et des prix, le change ne s'était pas trop éloigné du pair (5,6912 fr. pour un dollar en février 1919), grâce assurément aux crédits étrangers. Mais dans les années qui suivirent, le franc belge ne put pas garder le même pouvoir d'achat extérieur, et une lente dégringolade, coupée par des relèvements passagers, fut son sort jusqu'au premier essai avorté de stabilisation, qui eut lieu vers la fin de 1925.

Il faut dire, à l'honneur des Gouvernements belges qui se sont succédés jusqu'à cette date-là, qu'aucune avance nouvelle ne leur fut faite, contre la seule garantie d'une créance sur l'État. L'augmentation relativement modeste, qu'on peut constater encore dans le chiffre des billets en circulation est due uniquement aux besoins de crédit du commerce et de l'industrie. Au contraire, l'État a fait des efforts méritoires pour rembourser dans une certaine mesure sa dette et de réduire ce gage « *sui generis* » de la circulation, qui en réalité n'en est pas un.

	Or	Argent Devises	Effets comm.	Fonds d'Etat	Circulation	Dépôts
Fin 1918	265	14	402	2.598	3.210	583
1919	266	15	451	6.388	4.786	2.482
1920	266	18	889	6.091	6.261	1.159
1921	267	21	478	6.093	6.415	667
1922	269	22	730	5.996	6.876	457
1923	270	22	1.373	5.899	7.537	430
1924	272	26	1.583	5.803	7.873	438
1925	274	41	1.284	5.806	7.814	460

Ce n'est donc pas du côté d'une inflation proprement dite, qu'il faut chercher l'explication des « changes erratiques » qu'on a constatés pendant cette période. On la trouve plus facilement dans les mouvements des capitaux, déterminés par des facteurs psychologiques et principale-

ment par les doutes que faisaient naître la politique financière d'un gouvernement socialiste. En effet si on n'a pas
eu recours à la presse des billets, les déficits budgétaires
n'ont pas moins existé. Rien que du chef des réparations
de guerre, généreusement assumées par l'État devant la
carence de l'Allemagne, il s'en est suivi une charge de
presque 20 milliards. La seule ressource, à côté des impôts
bien insuffisants, fut l'emprunt et plus spécialement les
Bons du Trésor à court terme (la dette flottante). Or cet
élément instable, joint aux difficultés que provoquait un
système financier renouvelé et pas encore suffisamment acclimaté dans le pays, a donné lieu à des appréhensions, qui
se sont traduites par la position défavorable des changes et
la hausse correspondante des prix à l'intérieur. « Cette descente successive de la devise belge, nous dit M. Louis
Frank, actuel Gouverneur de la Banque Nationale de Belgique, s'est produite malgré l'admirable effort de redressement (économique) du pays, malgré son exportation, malgré
les versements allemands sur la priorité belge, malgré les
capitaux étrangers entrés dans notre circulation » (1). C'est
qu'en même temps se produisait une fuite des capitaux,
cherchant à l'étranger la sécurité qu'ils estimaient avoir
perdu à l'intérieur. Néanmoins à cette époque (fin 1925,
commencement 1926), l'effort fiscal du public avait facilité
la réalisation de l'équilibre budgétaire et écarté, de ce côté,
toute menace d'inflation. D'autre part, le Gouvernement
avait réussi à stabiliser le change et à rompre la solidarité du
franc belge avec le franc français. On avait cru que dans
ces conditions une réforme monétaire serait possible. Il y
avait pourtant un point faible que le Ministre des Finances

(1) Voir *op. cit.*, p. 17.

n'avait pas suffisamment pris en considération. Le cours choisi pour la stabilisation ne correspondait pas au pouvoir d'achat intérieur du franc, il était plus bas et laissait une marge à une hausse éventuelle du niveau des prix qui aurait rétabli la parité relative entre la valeur extérieure et intérieure de la monnaie belge. Cette hausse se produisit réellement et eut des répercussions fâcheuses sur la faculté d'exportation et l'activité industrielle du pays. On avait prévu, il est vrai, dans le plan de la réforme un grand emprunt étranger (150 mill. doll.) qui aurait servi à couvrir les déficits temporaires et même définitifs de la balance des comptes.

Il advint que la politique des socialistes, qui étaient au pouvoir n'inspira pas une confiance suffisante aux banquiers étrangers, qui posèrent des conditions très onéreuses à l'octroi de l'emprunt. Le Gouvernement belge refusa de conclure le pacte imposé et alors, du jour au lendemain, on assista à l'effondrement des changes, la Banque Nationale s'étant déclarée incapable de défendre plus longtemps, avec ses maigres réserves, le change belge ; le 15 mars 1926, le premier projet de stabilisation en Belgique fut abandonné. On vécut des heures d'angoisse, l'incertitude du lendemain augmentait encore le trouble, un grand danger menaçait la circulation du fait des demandes accrues de remboursement de la dette flottante. Alors une loi du 13 juillet 1926 conféra au Gouvernement les « pleins pouvoirs » et en vertu de celle-ci, avec une rapidité remarquable et un sens des réalités peu ordinaire, ce dernier consolida la dette flottante (1), contracta un emprunt étranger et fit signer par

---

(1) En l'échangeant contre des obligations privilégiées de la Société Nationale des Chemins de fer.

le Roi, le 25 octobre 1926, le décret de la nouvelle stabilisation monétaire.

Le cours choisi pour la stabilisation fut de 175 francs-papier pour une livre sterling. M. Frank nous explique qu'on s'est arrêté à ce taux en tenant compte d'abord de la moyenne atteinte sur le marché des changes pendant les derniers mois ; ensuite on a pris en considération les besoins monétaires du pays ; enfin, et surtout, on a envisagé les réserves-or et devises, dont disposait la Banque Nationale pour la défense du nouveau cours. Quelles étaient au juste ces réserves ? Premièrement, une encaisse métallique de 274 mill. frs.-or. Puis, des devises pour 912 mill. frs.-papier. En dernier lieu, le résultat de l'emprunt de consolidation, placé avec un grand succès à l'étranger (1), et qui se montait à 90 mill. doll. net. Sans compter un crédit de réescompte de 30 mill. doll. consenti, pour la première fois, par onze banques d'émission, véritable coopération des banques centrales.

Au taux de 175, l'État peut rembourser à la Banque plus de 4.700 mill. frs., en lui cédant la majeure partie du produit de son emprunt et en prenant pour son compte la différence qui était résultée de la revalorisation de l'encaisse. Voilà d'ailleurs les deux bilans de la Banque, avant et après la stabilisation :

	21 octobre	28 octobre
Or	274	2.796
Devises.	912	2.404
Effets escomptés . . .	1.801	2.296
Avances à l'Etat . . .	6.705	2.000
Circulation.	9.406	8.767
Comptes-courants. . .	768	1.226

(1) En Angleterre, États-Unis, Suisse et Suède.

Le rôle très important, dévolu à la Banque dans l'œuvre d'assainissement monétaire, fut précisé dans une convention intervenue le 18 octobre entre celle-ci et l'État. On renforçait son indépendance, en l'émancipant dans une large mesure des immixtions de l'État, mais on l'obligeait à suivre et à soutenir la politique monétaire du Gouvernement (1). On lui imposait un rapport nouveau de couverture : 40 % de ses engagements à vue, dont 30 % en or. En même temps on consacrait le monométallisme-or, en autorisant la Banque à vendre son argent et à le remplacer par une quantité équivalente de métal jaune. Mais jusqu'à une date encore non précisée la convertibilité n'était introduite que dans les relations avec l'étranger. Enfin on introduisait une autre unité de compte, à côté du franc. C'est le Belga, seule monnaie pouvant servir dorénavant dans la cotation du change belge à l'étranger. Le Belga est un multiple du franc (5 frs.) sur l'opportunité duquel on a beaucoup discuté. On a voulu en faire la base du futur système monétaire belge, en adoptant une nouvelle parité métallique, car le franc ne représentait plus que 14 ou 15 % de sa valeur-or d'avant-guerre. On décida donc que :

$$1\ \text{Belga} = 0{,}209211\ \text{gr. d'or fin}$$

ou bien

$$7{,}1919\ \text{Belgas} = 1\ \text{dollar et}$$
$$34{,}91\ \text{Belgas} = 1\ \text{livre sterling}$$

Quoique ce choix soit critiquable, en raison du pouvoir d'achat réel encore trop réduit que présente cette unité de compte, l'économie belge paraît l'avoir adoptée et s'en sert couramment dans ses échanges.

Il est vraiment étonnant de constater combien bénigne

(1) Voir ORVAIN, *op. cit.*

a été en Belgique la soi-disant crise d'assainissement et combien vigoureux a été au contraire l'essor industriel et commercial, dans un régime de stabilité monétaire. A aucun moment, la pénurie du crédit ne s'est fait sentir, et l'abondance des capitaux étrangers a eu pour conséquence une grande liquidité du marché monétaire et du marché financier. Aujourd'hui, a pu affirmer un journal économique, on est arrivé à « proportionner les moyens financiers de l'industrie belge à sa capacité de production ». Le commerce avec l'étranger en 1927 est très actif et le déficit assez considérable de la balance du commerce extérieur (2 $\frac{1}{2}$ milliards frs.) a été largement couvert par les excédents positifs de la balance invisible (4 $\frac{1}{2}$ milliards, d'après une estimation du Professeur Baudhuin). Il a dû rester à la Belgique, pendant l'année qui vient de s'écouler, environ 1 $\frac{1}{2}$ -2 milliards frs. pour des placements à l'étranger.

La politique de la Banque fut déterminée par son nouveau statut et par les circonstances favorables de l'économie nationale. Dans les premiers jours de la stabilisation, elle eût soin de renforcer son encaisse-or, et M. Fournier en comparant les deux bilans, que nous avons donnés plus haut, estime que les achats d'or, pendant cette période, ont dû atteindre quelques 900 mill. frs. (180 mill. belgas). Les achats d'or, la Banque les a continués, car le 28 octobre 1926, le rapport effectif n'était que de 28 %, il se trouvait donc au-dessous de la limite légale. Tout dernièrement encore, elle a accru son encaisse-or de 100 mill. frs. Mais ses avoirs à l'étranger sont restés à peu près constants. A plusieurs reprises, le gold point d'entrée des autres devises fut dépassé, mais des importations de métal jaune ne se produisirent pas, car la Banque n'est pas tenue à délivrer des billets contre de l'or, sur présentation (1). C'est évidemment une erreur, le moyen normal d'accroître la réserve métallique étant justement l'échange de l'or contre des billets, quand la situation créditrice envers l'étranger rend l'opération utile et même nécessaire.

La Banque a essayé aussi de s'opposer au flot des capitaux étrangers en diminuant son taux de l'escompte jusqu'à 4 $\frac{1}{2}$ % (en octobre 1927). La réduction fut inopérante, parce que les fonds, venus des autres pays, ont pu encore s'assurer des investissements rémunérateurs, qui les retiennent dans le pays. Une influence indirecte et plutôt inespérée fut l'accroissement du réescompte et l'augmentation parallèle de la circulation. Enfin l'État a commencé des remboursements réguliers de son restant de dette, qui amèneront la résorption complète du dernier résidu d'inflation. Le 25 décembre 1927, le bilan de la Banque Nationale de Belgique présentait les modifications suivantes :

25 décembre 1927

Or	3.592 mill. frs ou bien		718 mill. Belgas
Devises. . . .	2.420 —	—	484 —
Effets escomptés .	2.809 —	—	562 —
Avances à l'État .	1.970 —	—	394 —
Billets en circulation	10.035 —	—	2.007 —
Comptes-courants .	898 —	—	179

Aujourd'hui, la couverture totale des engagements à vue (billets et dépôts) est de 55 %, et l'or y est pour 33 %. On pourrait estimer la position de la Banque très forte si

(1) Voir *The Economist* du 24 décembre 1927, correspondance de Belgique.

les devises ne tenaient pas une place encore considérable dans cette réserve. Il est certain qu'au moment où la Belgique abandonnera le Gold Exchange Standard, pour revenir à la pleine convertibilité intérieure et extérieure contre de l'or, cette masse de devises s'avérera comme inadéquate au système de l'étalon-or effectif, et on pourra s'attendre à des nouvelles demandes de métal jaune de la part de ce pays.

c) L'Italie

Ce qui caractérise la réforme monétaire italienne, dont nous avons pu enregistrer ces derniers temps l'aboutissement final, est la transposition du problème monétaire du plan strictement économique, sur le plan moral, politique et social. Les résultats, que nous aurons à indiquer par la suite, porteront la marque des mobiles étrangers l'ayant conditionnée et déterminée, et les effets proprement économiques ne seront que le contre-coup plus ou moins heureux d'une politique de revalorisation qui fut avant tout, une politique de prestige et de dignité nationale.

La stabilisation de la lire, intervenue le 21 décembre 1927, consacre une revalorisation de 42-43 % de la monnaie italienne, par rapport à son pouvoir d'achat extérieur le plus bas, atteint en juillet-août 1926. Elle n'a été possible à un niveau si élevé, que grâce à l'admirable discipline corporative et à l'exaltation des forces productives d'un pays soumis au régime sévère et quelque peu brutal du fascisme. Réglementation stricte, contrôle administratif rigoureux, en même temps (et par une contradiction bizarre), revivification des énergies nationales et effort accru vers une économie meilleure, voilà les traits généraux qui nous aideront à

mieux comprendre l'évolution économique et monétaire de
l'Italie, depuis l'avènement du régime fasciste en 1921.

Toujours du point de vue qui nous préoccupe, nous pas-
serons rapidement en revue les changements subis par le
système monétaire italien à partir de 1914, et nous insiste-
rons surtout sur les modifications de la réserve-or et sur
les perspectives des futurs mouvements de métal jaune dans
ce pays.

Avant la guerre, trois banques d'émission contrôlaient
la circulation fiduciaire, à laquelle venait s'ajouter un certain nombre de billets d'État inconvertibles. C'étaient la
Banque d'Italie, la Banque de Naples et la Banque de
Sicile. Leurs billets avaient cours forcé depuis 1893, à la
suite d'une crise bancaire retentissante. Néanmoins, une
couverture de 40 %, dont les trois quarts en or, leur était
demandée contre tous leurs engagements à vue, et en outre
une limite de 908 mill. leur était assignée pour leurs émissions, à partir de laquelle elles devaient payer un impôt.
Leur situation était suffisamment bonne, aux abords de
l'année de la guerre, pour que la lire se maintienne tout
près du pair (La lire équivalait, au pair, le franc ; elle était
par conséquent égale à 0,290322 gr. d'or fin et à
0,19285 doll.). Le change fut même très favorable dans
les mois qui précédèrent la participation de l'Italie aux
hostilités. Mais la lire se déprécia bientôt et le dollar valait
déjà 9 lire au milieu de 1918. Après les victoires italiennes,
la lire réussit à se redreser jusqu'à 6,34 pour un dollar.
Elle connut, peu de temps après, une dépréciation beaucoup plus grande et beaucoup plus durable.

Au début de la guerre, la situation des trois banques
était assez forte : elles disposaient d'une réserve effective (or,
argent et devises) de 65 % environ et étaient en mesure

de satisfaire facilement les besoins normaux d'instruments
de paiement du pays. Les billets d'État, pour un montant
de 500 mill. lire, venaient s'ajouter à la masse totale de
la circulation, quand la guerre, avec ses dépenses impré-
vues et extraordinaires, obligea le Trésor à recourir, à plusieurs reprises, tant aux émissions des banques, qu'à ses
propres émissions fiduciaires. Je passe sur les différentes
dispositions qui relevèrent les banques du « maximum normal » et qui augmentèrent le montant légal des avances
« statutaires » à l'État : ce ne sont là que de simples for-
malités, qui n'empêchaient que très modérément l'inflation
de se produire. Il suffit de savoir que fin 1918, le total
des avances à l'État s'élevait à plus de 7 milliards et qu'une
augmentation correspondante de la circulation et des comptes courants avait eu lieu.

	Or	Argent	Devises	Billets des trois Banques	Dépôts	Billets d'Etat
Fin 1914.	1.397	120	171	2.976	262	657
1915.	1.364	120	171	3.968	262	1.082
1916.	1.158	120	171	5.012	262	1.317
1917.	1.071	120	171	8.424	262	1.841
1918.	1.049	120	1.255	11.750	1.138	2.337

Pendant la durée des hostilités, le Gouvernement italien
a été amené à solliciter plusieurs crédits étrangers, principalement sur la place de Londres et il a dû envoyer à la Banque d'Angleterre de l'or pour une valeur de 403,6 mill. lire,
pour servir comme gage. Une partie de cet or a été prélevée
sur une réserve que le Trésor gardait à la Banque d'Italie, et
le reste provenait d'une réserve propre du Trésor, se montant à 158,7 mill. lire-or. Ce dépôt, et d'autres encore
d'une moindre importance, furent comptabilisés par les

Banques d'émission sous la rubrique « certificats de dépôts d'or à l'étranger » (en tout, 429,2 mill. à la même date) et englobés dans leur poste « devises ».

A l'inflation de la circulation monétaire et à celle des dépôts en banque (1) correspondit une hausse des prix, équivalente à une dépréciation sensible du pouvoir d'achat intérieur de la lire. Quand les crédits étrangers refusèrent de soutenir plus longtemps et artificiellement le change italien, ce dernier rejoignit la dépréciation intérieure et le dollar cota, fin 1919, plus de 13 lire. A cette époque, pendant toute l'année 1920 et une partie de l'année suivante, l'Italie fut secouée par des troubles sociaux, dont l'activité industrielle eut cruellement à pâtir, et elle solda ses balances commerciales avec des déficits considérables (15 milliards en 1920). L'État n'arrivait pas à équilibrer ses budgets et les appels aux Banques furent continués. Fin 1920, la circulation fiduciaire pour compte de l'État était de 10.743 mill. La valeur de la lire, aussi bien à l'intérieur qu'à l'extérieur, s'effrite : le niveau des prix de gros passe à 624 et le dollar à 28,57. Les difficultés financières et monétaires deviennent inextricables. Survint alors le fascisme et la confiance renaissant dans l'avenir du pays, le change se redresse et l'indice des prix est en légère diminution.

	Prix de gros	Change du dollar
Fin 1921	577	22,70
1922	562	19,88

	Circulation totale	Dépôts en banque	Dépôts aux Caisses d'Epargne
(1)			
Fin 1914 . . .	3.593	1.620	4.520
1918 . . .	14.087	7.681	7.856

Une déflation eut été possible à ce moment-là (l'État avait commencé le remboursement de sa dette), s'il n'y avait pas eu le krach d'un grand établissement bancaire, qui obligea les Banques d'émission de venir à son secours et finalement de prendre à leur compte sa liquidation, ce qui amena un accroissement indû de leur portefeuille commercial et une immobilisation de crédit de presque 4 milliards (45 % des crédits privés consentis par elles). Quoique à partir de 1922, les éléments invisibles de la balance des comptes suffirent à compenser les déficits de la balance commerciale, les mouvements désordonnés des capitaux, les doutes sur la réussite des réformes financières et surtout les appréhensions que faisaient naître la question des dettes interalliées, provoquèrent de nombreuses fluctuations du change et des prix et en juillet 1925, à la suite d'une mauvaise récolte de l'année antérieure, et d'une spéculation effrénée sur la lire, le dollar monta jusqu'à 29,32. Incontestablement les variations de la circulation y furent pour peu de chose : la cause principale réside dans les influences psychologiques, qui à ce moment-là étaient défavorables à la monnaie italienne. Quand un Ministre des Finances énergique, entreprit peu de temps après une série de mesures propres à raffermir la confiance de l'étranger et à dissiper les craintes, le change se redressa et finit par se stabiliser aux environs de 25 lire pour un dollar. On apprend que l'exercice fiscal 1924-1925 s'est soldé avec un excédent de 417 mill. On accueille avec une grande satisfaction le règlement définitif des dettes interalliées (14 novembre 1925 et 27 janvier 1926). Enfin une surveillance rigoureuse du commerce des devises est établie et on obtient pour la défense des changes, d'abord un crédit de 50 mill. doll., ensuite un véritable emprunt de la part de la Maison Morgan, dont le produit net est de 90 mill. doll.

La politique monétaire des trois banques, pendant toute cette période, est indécise : elles subissent plutôt les poussées du marché monétaire et de celui des changes, au lieu de les dominer. On observe pourtant une certaine restriction des crédits à partir de 1924, un vague renforcement de l'encaisse-or et une manipulation assez adroite des réserves de devises, qui permet d'amortir les variations trop brutales des cours :

	Or	Argent	Devises	Circulation	Dépôts	Port. esc.	Avoirs à l'étr.
Fin 1919.	1.037	121	922 (1)	16 281	885	2.045	11.165
1920.	1.019	119	926 (2)	19.732	1 467	3.923	11.494
1921.	1.092	123	827 (2)	19.209	2.342	4.891	9.246
1922.	1.126	121	828 (2)	18.012	2.166	6.041	8 625
1923.	1.118	151	633 (2)	17.247	3.542	7.930	7 926
1924.	1.132	175	575	18 114	2.496	9 109	7.428
1925.	1.134	169	607	19.350	2.918	2 987	7.216

Indiquons maintenant qu'aux billets des trois banques venait s'ajouter la circulation des billets d'État, et que la circulation totale s'établissait aux chiffres suivants :

1919.	. . .	18.814	1923.	. . .	19.956
1920.	. . .	22.275	1924.	. . .	20.870
1921.	. . .	21.754	1925.	. . .	21.806
1922.	. . ,	20.560			

La stabilisation de fait, obtenue assez difficilement vers la fin de l'année 1925, avait peu de chances d'être maintenue à la longue (3). L'incertitude régnait encore quant

(1) Dont 439,2 or à l'étranger.
(2) Dont 418,6 or à l'étranger.
(3) Voir pour les développements qui vont suivre, un article

à la politique financière du Gouvernement en ce qui concerne la dette flottante, d'autre part un déficit commercial exagéré menaçait sérieusement l'équilibre de la balance des comptes. Enfin la solidarité de la monnaie italienne avec le franc français et le franc belge, lui fit subir les attaques répétées de la spéculation. Si bien que le 4 mai, l'Institut des Changes, ayant épuisé ses maigres réserves, abandonna la défense de la lire. Il y avait pourtant d'autres éléments, qui auraient pu réserver à cette dernière un sort meilleur : le budget 1925-26 présentait un excédent de 2.000 mill., les opérations de change étaient encore plus strictement réglementées, un effort remarquable était fait pour augmenter la production et améliorer la balance commerciale. De même, réforme encore plus importante, le 30 juin, la Banque d'Italie prend en charge les actifs et les passifs des deux autres banques et devient l'Institut central et unique d'émission pour le pays tout entier. Le contrôle du marché monétaire devient plus serré et l'intervention de la Banque plus efficace.

La dépréciation néanmoins se continue, une panique s'empare des possesseurs de lire (le dollar cote 31 lire et la livre 151), alors M. Mussolini fit le célèbre discours de Pesaro (18 août), dans lequel il affirma la volonté inébranlable du parti fasciste de revaloriser la monnaie, injustement dépréciée. L'influence psychologique de cette profession de foi fut considérable. Certaines dispositions adroites vinrent renforcer l'impression produite et la spéculation, matée, changea de position.

Ainsi, le 8 septembre 1926, le Gouvernement transféra

de l'*Europe nouvelle* du 21 janvier 1928 sur la stabilisation de la lire.

à la Banque Nationale d'Italie le fonds Morgan, en extinction partielle de la dette de l'État. Les 90 mill. doll. furent
d'abord inscrits pour leur valeur nominale, au pair, comme
réserve-devises ; la différence, au cours des changes du
jour, fut ensuite comptabilisée au poste divers de l'actif (1).
C'est le même procédé qu'on avait employé lors de la fusion
des trois banques, pour les réserves-or et devises de la Banque de Sicile et de la Banque de Naples. C'est enfin de
la même manière qu'on passait dans les bilans de l'Institut
d'émission les avoirs à l'étranger, qui subissaient donc aussi
deux notations.

La Banque d'Italie fut chargée de la défense de la lire
et de sa réappréciation, par une politique avisée de déflation. Il faut reconnaître que l'on a fait preuve d'une mécon-
naissance absolue des lois économiques et des réflexes psychologiques qu'une telle mesure allait provoquer. Le public
thésaurisa les billets, il se rua au Trésor, pour obtenir le
remboursement des Bons à court terme et finalement on a
dû procéder à une consolidation forcée, qui eut des conséquences pénibles pour le public et les banquiers. Mais le
crédit de l'État était sauf et l'emprunt du Littorio apporta
au Trésor plus de 3 milliards d'argent frais.

On assista pendant les mois qui suivirent, à une véritable mystique de la revalorisation. Des formules grandilo-
quentes circulaient partout, confondant dangereusement les
considérations éthiques et sociales, avec les considérations
purement économiques, et une psychose du redressement
de la lire s'était emparée de tout le monde. Dans un article
publié dans la *Revue de Paris*, M. J. Lescure a mis en

(1) Elle constituait, dans tous les cas, une nouvelle créance
sur l'État.

relief avec beaucoup de force cet état d'esprit et nous a fait mieux comprendre la revalorisation italienne (1).

Sans doute les avantages moraux et politiques étaient indiscutables. Mais l'économie nationale ne s'accommodait que difficilement avec cette hausse trop brusque de la lire. Le budget 1926-27 restait il est vrai très solide. La balance commerciale ne s'en ressentait pas trop de l'appréciation de la monnaie. Seuls les prix opposaient une plus grande résistance à la baisse. Vers le 5 mai 1927, quand le dollar était descendu jusqu'à 19, on croyait pouvoir pousser la hausse plus loin. Mais en ce moment les effets douloureux de la revalorisation apparaissent : chômage, faillites, rentrée insuffisante des impôts, concurrence menaçante de l'étranger, etc. Dans ces conditions, on décide une stabilité provisoire à 90 la livre sterling (19 environ, le dollar) et la Banque est autorisée à acheter des devises, sans toutefois augmenter outre mesure la circulation (2).

C'est une période de stabilité de fait, qui s'étend jusqu'en décembre 1927. Elle a facilité à la vie économique italienne une adaptation plus complète au nouveau cours de la lire. Les prix baissent lentement. La balance commerciale est moins défavorable que l'année précédente. Le budget s'équilibre tant bien que mal. La Banque renforce ses réserves-devises ; néanmoins, comme elle est très parcimonieuse avec ses émissions, la tension monétaire sur le marché est excessive. L'automne voit se dessiner une certaine reprise de l'activité industrielle et commerciale. Une nouvelle revalorisation lui aurait été assurément fatale. Alors, brusquement,

____

(1) Voir J. LESCURE, *La politique monétaire de l'Italie* dans la *Revue de Paris*, 1er août 1927.

(2) Un système assez compliqué est édicté pour lui permettre de le faire aux dépens de ses prêts et avances.

sans que personne ne s'en doute, le Gouvernement italien proclame le 21 décembre 1927 la stabilisation légale. Elle était justifiée par l'accomplissement de toutes les conditions, qui devaient assurer son succès : équilibre avec excédents du budget, centralisation du droit d'émission, déflation suffisante, ratification de la dette extérieure et consolidation de la dette flottante intérieure, balance des comptes relativement favorable, stabilité de fait pendant plusieurs mois, réajustement en cours des prix et des salaires, discipline et travail du peuple italien, enfin une réserve considérable, en or et devises, pour défendre la parité choisie (1).

On supprimait le cours forcé. On introduisait le Gold Exchange Standard, ça veut dire la convertibilité limitée des billets, pour les besoins du commerce extérieur, en or et en devises. La nouvelle définition de la lire, qu'on gardait comme unité de compte, était désormais :

$$1 \text{ lire} = 0,07919053 \text{ gr. or fin}$$
$$19 \text{ lire} = 1 \text{ dollar}$$
$$92,46 \text{ lire} = 1 \text{ livre sterling}$$

La pièce maîtresse de la réforme monétaire est la valorisation au cours de la stabilisation, des réserves de la Banque et l'extinction complète de la dette de l'État envers celle-ci, par compensation.

La créance de la Banque sur l'État comprenait :

4.227 mill. qui restaient de ses avances ;
2.036 mill. différence d'estimation sur le fonds Morgan, qui devait être supportée par l'Etat ;
1.179 mill. différence sur les réserves des Banques méridionales ;
  400 mill. environ, différence sur le reste des devises ;
7.842 mill. en tout.

(1) Voir les déclarations de M. Mussolini au Conseil des Ministres, avant la signature du décret, reproduites par l'*Economist* du 31 décembre 1927.

D'un autre côté, les avoirs-or et devises de la Banque, qui allaient être valorisés, se décomposaient comme il suit :

1.174 mill.	Or
93 mill.	Argent
180 mill.	Certificats de dépôts d'or
185 mill.	Bons du Trésor d'Etats étrangers
418 mill.	Or à l'étranger
853 mill.	Crédits à l'étranger en compte-courant
1 mill.	Ecus à l'étranger
2.904 mill.	Lire-or.

On a appliqué à ce total le coefficient de stabilisation, à savoir 3,66, et on a obtenu une couverture de 10.628 mill. lire nouvelles, ce qui donne une plus-value de 7.724 mill., suffisante à éteindre presque complètement la dette de l'État. Dorénavant les billets de banque en circulation n'auront qu'une couverture absolument normale : or (et devises) et portefeuille commercial. La différence est rendue sensible par la comparaison des deux bilans de la Banque fin 1926 et fin 1927 :

	20 décembre 1926	20 décembre 1927
Or	1.143	
Argent	105	10.628
Devises	1.230	
Avances à l'Etat . . .	4.227	—
Portefeuille-escompte .	7 899	5.508
Circulation	17.938	17.756
Dépôts.	2.631	3.171 mill. lire

(données approximatives)

Par surcroît de prudence, le Gouvernement italien s'est ménagé des forts crédits étrangers, pour la défense du nouveau cours. La coopération de 15 banques centrales, lui a assuré un crédit de réescompte d'une valeur de 75 mill. doll. D'un autre côté, des banques privées, anglaises et américaines, lui accordèrent d'autres crédits pour une somme de 50 mill. doll. La solidité de la lire apparaît indubitablement. D'autant plus que les capitaux étrangers, appâtés par le taux élevé de l'intérêt (7 %), viendront chercher sur le marché italien, un placement plus rémunérateur et augmenteront encore la réserve en devises du pays. Cette politique de crédits étrangers peut ne pas être sans dangers et le 5 janvier 1928, une réglementation nouvelle de l'importation et de l'exportation des capitaux, tout en rendant aux mouvements des fonds plus de liberté, exige pour les emprunts faits à l'extérieur la justification d'un emploi productif. Tenant compte du fait que la liberté de frappe et la libre circulation de l'or ne sont pas encore réintroduites, et que d'un autre côté le contrôle du marché monétaire est plus efficacement exercé sur les crédits accordés par la Banque elle-même, que sur les capitaux délivrés en échange des devises, nous pouvons indiquer comme une évolution possible de la politique future de la Banque Nationale d'Italie, une plus grande accumulation de l'or et un échange constant de ses devises contre du métal jaune.

Les états baltes.

d) LA FINLANDE

Parmi les États baltes, la Finlande jouit sans doute de l'économie la plus saine et du système monétaire le plus solide. Cela ne veut pas dire que son évolution économique ait atteint un degré suffisant de perfection, ni que son organisation monétaire soit à l'abri de toute critique. Mais l'œuvre de redressement a été poursuivie d'une façon très adroite et son succès est incontestable.

La Finlande est depuis 1877 au régime du monométallisme-or. La Banque de Finlande a le privilège exclusif d'émission depuis 1886. Comme unité monétaire fut choisi le markka équivalant au franc-or. Le système de couverture exigé à la Banque était assez compliqué et tenait du système de contingentement à vue ; les billets et comptes courants devaient être couverts intégralement par les réserves-or et devises, sauf un contingent de 40 mill. M. Jusqu'en 1914, la Banque assurait facilement la convertibilité de ses billets et dépôts à vue et le change se maintenait aux environs du pair.

La guerre l'obligea de porter atteinte à son régime monétaire, en lui imposant un concours pécuniaire à la Russie, qui se traduisit par des avances en billets. De ce fait le total de la circulation augmente fortement :

	Or	Devises	Circulation
1913	36	106	113
1914	43	106	142
1915.	43	106	232
1916.	43	106	421
1917.	43	106	764
1918.	43	315	1.156

En 1918, il y eut après la révolution bolchevique des troubles sociaux, qui affectèrent gravement l'économie nationale et provoquèrent une inflation redoutable. Quand la paix sociale fut rétablie, l'État finlandais prit à sa charge une dette de 350 mill. et une autre obligation de 21,6 mill., qu'il s'engagea à éteindre par des remboursements échelonnés. Dans les années suivantes, l'État fit encore appel aux avances de la Banque, mais à partir de 1921, l'assainissement de ses finances lui permit de commencer réellement à rembourser sa dette. Une conception judicieuse des réalités économiques lui fit prévoir les désavantages d'une déflation fiduciaire et alors il permit à la Banque (par la modification de son statut légal) de venir plus libéralement en aide aux besoins de l'agriculture, de l'industrie et du commerce.

Pendant cette période les changes oscillèrent assez amplement. Le dollar cotait 41,67 à la fin de 1920 et 52,94 à la fin de 1922 (pour une parité ancienne de 5,18). La Banque fit grandement usage de ses réserves de devises, qui subirent de nombreuses variations. En 1919, elle enregistra une forte diminution de ses avoirs à l'étranger, à la suite de gros achats de céréales. En 1922 au contraire elle peut refaire ses stocks à la faveur d'une balance commerciale exceptionnellement favorable. En février 1923, l'appréciation du markka le ramène jusqu'à 36 pour un dollar. Mais une tendance inverse se manifeste après, et la Banque est obligée d'engager ses devises pour défendre un cours de 40 markka environ pour un dollar. A la fin de l'année, elle réussit néanmoins à refaire ses provisions. Quelques emprunts étrangers placés en 1923 et 1924 lui ont facilité la tâche (total : 27 mill. doll.).

Dès le mois de novembre 1924, une Commission d'experts repousse les projets de revalorisation et propose la stabilisation, aux conditions suivantes : équilibre budgétaire, balance favorable des comptes, réserves suffisantes pour faire face aux variations temporaires de la balance. Le 21 décembre 1925, le Gouvernement finlandais estimant que toutes ces conditions étaient remplies, décrète la stabilisation légale, qui est entrée en vigueur le 1er janvier 1926. La situation monétaire de la Banque avait évolué, comme il suit, depuis la guerre :

	Or	Devises	Fonds d'Etat	Effets commerciaux	Circulation	Dépôts
Fin 1919.	43	145	436	240	1.124	144
1920.	43	234	435	271	1.341	100
1921.	43	232	404	636	1.356	235
1922.	43	740	511	666	1.421	417
1923.	43	613	488	702	1.352	412
1924.	43	563	434	549	1.250	234
1925.	43(1) 1.273		325	526	1.309	518

La réforme monétaire comporte l'adoption d'une nouvelle parité légale :

$$1 \text{ doll.} = 39,70 \text{ markkas}$$
$$1 \text{ markka} = 0,037894 \text{ gr. d'or fin}$$
$$= 0,1305 \text{ frs-or}$$
$$= 0,0251 \text{ doll.}$$
$$= 1\ 24/100 \text{ penny.}$$

Dorénavant, les émissions de la Banque ne pourront dépasser un contingent de 1.200 mill., en dehors de la circulation entièrement couverte par l'or ou les devises. Les engagements à vue doivent être comptés dans le calcul. La Banque reprend la convertibilité de ses billets. Son encaisse métallique ne doit pas tomber au-dessous de 300 mill. markkas.

Allant plus loin dans la voie du retour à une situation normale, le Gouvernement a permis la frappe libre des pièces d'or de 100 et 200 M. (poids net 314/19 et 711/19 gr.). De plus l'or peut être librement importé dans le pays et en être exporté. Néanmoins le Gold Exchange Standard persiste jusqu'à une date ultérieure.

(1) Valorisé au nouveau cours, cela donne 332 mill.

Depuis plusieurs années, la conjoncture en Finlande présente plutôt une évolution favorable. Son commerce extérieur se ressent de cette situation satisfaisante. Les excédents actifs (sauf une exception) depuis 1924 le démontrent nettement :

$$
\begin{aligned}
&1924 \quad . \quad . \quad . \quad . \ + \ 255 \\
&1925 \quad . \quad . \quad . \quad . \ + \ \ 56 \\
&1926 \quad . \quad . \quad . \quad . \ - \ \ 26 \\
&1927 \ (\text{dix mois}) \ . \ + \ 181 \ \text{millions M. F.}
\end{aligned}
$$

Mais il est incontestable que l'organisation capitaliste dans ce pays n'est pas parfaite. L'industrialisation avance assez lentement et le marché monétaire est très tendu. La principale ressource du pays reste encore l'agriculture. Cet ensemble de circonstances, joint à la considération des derniers bilans de la Banque, peut nous fournir quelques indications sur la politique monétaire future de la Finlande :

	Or	Devises	Fonds d'Etat	Escompte et avoirs	Circulation	Dépôts
Fin 1926 .	327	1.153	391	654	1.358	458
1927 .	317	1.409	378	810	1 514	582

C'est un bon signe que de voir la Banque abaisser son taux de l'escompte jusqu'à 6 % le 25 novembre 1927. L'augmentation de la circulation, pour soutenir l'activité économique ne peut être qu'approuvée. On comprend moins pourquoi la Banque néglige son encaisse-or et accroît démesurément son portefeuille-devises. Ce faisant elle ne renforcera pas la solidité du markka. On a parlé ces derniers temps d'un grand emprunt étranger de 800 mill. M. F. Son utilité sera immense, à condition que la Banque se décide à le transformer, au moins partiellement , en une réserve d'or effectif et qu'elle prenne cette encaisse accrue (et dans les limites prévues par son statut légal) comme une base élargie par de nouvelles émissions, dont son agriculture et son commerce ont tellement besoin pour mettre en valeur toutes leurs forces productives.

e) La Lithuanie

La Lithuanie, disloquée de l'empire russe à la suite de la révolution, n'a pas su encore consolider son indépendance. Sa situation économique reste très mauvaise et la pénurie des crédits est extrême. On a réussi assez tôt à doter le pays d'une monnaie stable. Néanmoins la solidité du nouveau système est rendue précaire, par l'incapacité de l'économie nationale de se ressaisir et de mettre la monnaie lithuanienne au service d'une prospérité réelle.

Pendant la guerre la province fut occupée par les Allemands, qui y apportèrent leurs marks, et ensuite elle dut subir la révolution bolchevique, qui y laissa un nombre considérable de roubles nouveaux. La dépréciation de ces deux monnaies, dont on continua à se servir un certain temps, fut telle que le 9 août 1922, une réforme monétaire fut effectuée et une nouvelle unité de compte fut introduite : le litas. La parité choisie était la suivante :

$$1 \text{ litas} = 0,150462 \text{ gr. or fin}$$
$$= 0,51 \text{ fr.}$$
$$= 0,10 \text{ doll.}$$
$$= 5 \text{ pence (environ).}$$

La Banque de Lithuanie fut créée le 11 août 1922 et chargée de contrôler la circulation. Elle devait garder pour

ses billets, une couverture de 1/3 en or ; pour le reste,
des avoirs facilement réalisables. Ses billets étaient investis
du cours légal et la convertibilité était prévue. Elle n'a
pas encore été rendue obligatoire. A la fin de 1924, la
couverture (or et devises) était de 100 % ; elle descendait
à 76 % à la fin de 1925. Elle est encore aujourd'hui très
élevée, mais le régime ne correspond pas aux besoins économiques du pays et la tension monétaire est désastreuse.

	Encaisse or	Devises	Escompte et avoirs	Circulation	Dépôts
Fin 1922 . .	15	17	9	30	—
1923 . .	16	46	17	60	14
1924 . .	31	63	35	93	31
1925 . .	32	30	49	82	25
1926 . .	31	37	52	87	35
1927 . .	33	52	81	97	65

Le phénomène le plus inquiétant est le manque de confiance dans l'avenir, qui a provoqué une fuite des capitaux,
dont on ne peut pas encore calculer les conséquences. Il
est vrai que la balance commerciale se solde avec un petit
excédent actif (12,6 mill. litas en 1926 p. ex.), mais il n'est
obtenu que par l'exportation renforcée des matières premières, sans aucun égard à la capacité productive réelle du
pays. En 1927, l'excédent de la balance commerciale est
passif, et se monte à 19,8 mill. litai. Le salut serait un
emprunt étranger, mais les garanties que les éventuels prê-
teurs exigent sont trop onéreuses. Il dépend du pays même
de faire l'effort nécessaire, pour ramener la confiance et
asseoir sur une base plus ferme son futur développement
économique.

f) LA LETTONIE

La Lettonie, province contiguë à la Lithuanie, a connu pendant et après la guerre à peu près les mêmes déboires que sa voisine. Occupation allemande, révolution russe, émancipation et indépendance, avec, sur le terrain monétaire, les mêmes conséquences : jusqu'en 1921, une circulation bariolée, composée de plusieurs sortes de marks et de roubles. Vers le milieu de 1921, l'État émet des roubles lettons, qui deviennent la seule monnaie légale et s'échangent contre les anciens billets. L'État s'en sert aussi pour couvrir ses dépenses et forcément accentue la dépréciation qui s'était déjà produite par solidarité avec les monnaies allemandes et russes. Mais en même temps on admettait officiellement le franc-or comme monnaie de compte.

En 1922, le budget étant en équilibre, l'inflation s'arrête et en juillet 1922 on entreprend la réforme monétaire, avec la création d'une Banque d'émission et la stabilisation légale. L'unité monétaire sera le lat = 1 franc-or = 50 roubles lettons. La Banque est obligée de se constituer une couverture de 50 % en or et devises pour les premiers 100 mill. de latu, de 75 % pour les 50 mill. supplémentaires et de 100 % pour les billets qui dépasseraient 150 mill. La convertibilité des billets existe au gré des porteurs. En outre, les possesseurs de lingots d'or peuvent les faire frapper en pièces de 10 et 20 latu. Le Trésor ne retire pas sa circulation de billets d'État. Seulement, le 24 novembre 1924, on a décidé leur échange contre des billets libellés en latu. Et il fut imposé au Trésor de garder une couverture-or pour un quart de ses émissions.

Les bilans de la Banque ont évolué de la façon suivante :

	1922	1923	1924	1925	1926	1927
Or	13	12	5	5	5	24
Argent	6	6	5	6	6	6
Devises	32	53	60 (1)	38 (1)	49	30
Billets de banque.	10	21	28	29	35	35
Billets d'Etat . .	2.419 (2)	2.269 (2)	2.269 (2)	37	37	37
Encaisse-or du Gouvernement .	—	—	15	15	15	15

Malgré ce système monétaire parfaitement sain, la Lettonie jouit d'une situation économique assez précaire. La balance commerciale (élément prédominant de la balance des comptes) est presque constamment déficitaire :

	1924	1925	1926	1927 (6 mois)
Déficit de la balance commerciale . . .	86,3	101,5	71,9	11,9

(en mill. latu)

On se rend compte que le maintien des changes n'est possible que grâce aux crédits étrangers. Or il arrive que la situation économique générale est très mauvaise et que les capitaux étrangers hésitent plutôt à faire des investissements aléatoires. C'est pour cela que pendant l'année 1927 la Banque a changé sa politique, en procédant à une forte réduction des crédits à l'importation. On peut dire que c'est en ce moment-ci que la crise d'assainissement commence. Et c'est seulement au prix d'un redressement parallèle de toute l'économie nationale, que le système monétaire gagnera lui aussi une solidité indiscutable.

(1) Dont 18,6 millions dépôts d'or à l'étranger.
(2) En roubles lettons.

IV. — Pays n'ayant pas encore réalisé la stabilisation.

a) LA FRANCE

La France a racheté les incertitudes et les errements d'une politique monétaire néfaste, qui ne faisait que trop se prolonger, par un effort de redressement vraiment magnifique, qu'elle poursuit sans arrêt depuis plus d'une année et demie. Loin de nous la pensée de tenter l'esquisse, si brève qu'elle soit, de toutes les circonstances qui ont déterminé l'évolution monétaire dans ce pays, depuis la guerre. L'expérience française, encore inachevée, est si complexe dans ses éléments et si riche dans ses enseignements multiples, qu'elle attend toujours, et pour cause, l'historiographe averti, qui nous en donnera la description complète et synthétique (1). Nous nous bornerons à étudier (dans le cadre du problème de l'or) ses caractères les plus généraux, et nous indiquerons seulement les causes immédiates et les répercussions certaines, qui nous aideront à comprendre les variations des changes, de la circulation et de la couverture métallique, et leurs relations avec le développement correspondant de l'économie nationale.

La situation prospère de la France avant la guerre, était facilitée par un système monétaire, dont les caractéristiques principales étaient les suivantes : le pays faisait partie de l'Union latine et le bimétallisme boiteux y était encore en vigueur. La Banque de France, vieille institution, contrôlait librement la circulation et se trouvait très indépendante vis-à-vis de l'État, auquel elle ne consentait des avances

(1) Nous devons signaler les intéressantes études de M. P. FRAYSSINET (*La politique monétaire de la France*) et de M. P. MENDÈS-FRANCE (*L'œuvre financière du Gouvernement Poincaré*), parus pendant l'impression de cet ouvrage.

que jusqu'à une somme de 200 mill. frs. Aucune proportion légale ne lui était imposée comme couverture. Une disposition, unique en Europe, de son statut légal, l'obligeait seulement à ne pas dépasser une limite maxima de 6.800 mill. C'était le principe du plafond légal, très critiquable en soi, mais rendu inopérant par l'empressement avec lequel l'État obtempérait à toute demande de relèvement, justifiée par les besoins de l'industrie et du commerce. Sans lui indiquer un rapport fixe, on engageait la Banque à garder une encaisse-or et un portefeuille de valeurs facilement réalisables, qui puissent lui permettre une convertibilité à vue et sans défaillance de ses billets en métal jaune ou en argent. Sûre de ses intérêts et consciente de ses devoirs, la Banque s'était efforcée pendant les dernières années avant la tourmente, d'accroître ses réserves métalliques et de s'assurer un fort trésor de guerre, dont elle soupçonnait l'incontestable utilité. D'autre part, un portefeuille important d'effets bancables lui garantissait une liquidité remarquable et sa solidité était hors de doute. Le dernier bilan, de 1913, nous traduit nettement cette position très favorable :

	Or	Argent	Portefeuille-escompte	Avances à l'Etat	Circulation
Fin 1913 . .	3.517	640	1 524	205	5.717

(en mill de fr.)

Dès le début de la guerre, en vertu d'une convention secrète, la Banque fit une première avance à l'État de 2.900 mill. Elle eut aussi à secourir les établissements de crédit, partiellement protégés par le moratorium général, et fournit (pendant toute la durée des hostilités) la masse des moyens de paiement nécessaire aux opérations diverses, qui ont concouru au financement de la victoire.

Les dépenses anormales et extraordinaires de la guerre
furent couvertes, dans une mesure réduite, par l'impôt.
Pour faire face à ses besoins, l'État s'est principalement
servi de l'emprunt à court et à long terme, soit aux particuliers, soit à la Banque et il a utilisé son crédit, tant à
l'intérieur qu'à l'étranger. M. G. E. Bonnet estime à
144,4 milliards le déficit net des cinq budgets de 1914-1918.
Ce déficit trouva une contre-partie d'abord dans les avances de la Banque de France (maximum : 21 milliards),
ensuite dans la dette flottante, les emprunts consolidés à
long terme, enfin dans des prêts de l'étranger (dont le
total s'élevait à la fin des hostilités à quelques 30 milliards
de francs-or).

Comment s'est comporté l'Institut national d'émission
pendant ce temps-là ? Une loi du 2 août le relevait de
l'obligation de convertibilité, en établissant le cours forcé.
Puis à plusieurs reprises, on augmenta la limite légale, lui
permettant d'émettre des nouveaux billets, pour satisfaire
aux exigences accrues de la circulation :

en août 1914	à 12 milliards fr.
en mars 1916. . . .	à 18 —
en août 1917	à 25 —
en mars 1918. . . .	à 27 —
en mai 1918	à 30 —
en juillet 1918 . . .	à 33 —

Et par un souci légitime de renforcer la base métallique
de la circulation, la Banque fit appel, à partir de juin 1915,
au patriotisme des citoyens, en leur demandant de lui
apporter l'or, qu'ils avaient thésaurisé. Son appel fut
entendu et presque 2 milliards de francs-or vinrent grossir
son encaisse. Mais cet or elle ne le garda pas dans ses caves,
car (en répondant aux indications du Trésor français), elle
s'est dessaisie en 1916 et 1917 d'une quantité de métal

jaune, valant 2.037 mill. frs., qu'elle avait envoyée à l'étranger (principalement à Londres) pour servir de gage aux crédits consentis à la France. Plus exactement c'est en vertu d'une convention du 25 avril 1916 (complétée par l'avenant du 19 janvier 1917) qu'elle transféra 24 mill. £ or à la Banque d'Angleterre, en garantie d'un emprunt dont le chiffre fut finalement fixé à 55 mill. £ (1). Elle céda en outre 53,5 mill. £ or au Trésor anglais, qui avait fait diverses avances au Trésor français. Cet or devait lui revenir au fur et à mesure que les dettes, qu'il garantissait, allaient être remboursées.

Le produit des emprunts étrangers passa partiellement par les bilans de la Banque, et lui permit de défendre le change français, qui ne subit qu'une légère dépréciation pendant cette période-là. Empressons-nous de dire que si le pouvoir d'achat extérieur du franc put être maintenu artificiellement à un niveau élevé, il n'en fut pas de même de son pouvoir d'achat intérieur, qui baissa fortement (l'indice des prix de gros s'établissant à 341 à la fin de 1918) à cause de l'augmentation nominale du total des moyens de paiement, se trouvant devant une offre diminuée de marchandises.

Les mouvements des divers postes de la situation annuelle de la Banque, reflètent ces changements :

	Or dans le pays	Or à l'étranger	Devises	Circulation
Fin 1914 .	4.158	—	—	10.043
1915 .	5.083	—	988	13.216
1916 .	3.490	1.593	729	16.580
1917 .	3.313	2.037	786	22.336
1918 .	3.441	2.037	2.337	30.250

(1) Voir mémorandum sur *La Monnaie et les Banques Centrales*, vol. II, éd. 1925, Banque de France.

Certes, à l'issue de la guerre, le système monétaire français apparaissait comme ayant subi des atteintes graves et l'économie nationale (dont il était en quelque sorte l'expression) avait été profondément bouleversée. Mais il ne nous est pas interdit de supposer qu'un effort vigoureux et immédiat de redressement aurait pu assainir la situation et préserver le franc des vicissitudes que lui préparaient les années suivantes. Il n'eut pas lieu et on assista dans l'époque d'après-guerre à une dépréciation grandissante du franc.

Considérons d'abord les faits. Les Gouvernements qui se sont succédés depuis 1918 ont pris courageusement, et quelque peu inconsidérément à la charge de l'État français, le financement provisoire des réparations, pour le compte de l'Allemagne. Au point de vue moral et même en regard de ses répercussions lointaines, cette reconstruction prématurée, sans l'aide du coupable, qui avait provoqué les ravages, est parfaitement justifiée. Mais elle allait à l'encontre des possibilités économiques et financières immédiates du pays, et sa rançon fut l'accumulation d'un formidable déficit budgétaire (adroitement cachée dans les budgets extraordinaires et les budgets des dépenses recouvrables sur les réparations) dont le total net s'élève pour la période 1919-1924 à 160,5 milliards de francs (1). On avait cru avec force à un dédommagement massif et miraculeux de la part de l'Allemagne, ce qui aurait vite arrangé les choses. Ensuite, malgré un effort fiscal considérable (tout le système des impôts était bouleversé, par une réforme hardie), les recettes furent insuffisantes, justement à cause des difficultés d'adaptation au nouveau régime et ensuite aussi parce que, dans un pays affaibli par la guerre, la

____

(1) Voir G. E. Bonnet, *op. cit.*, p. 98.

capacité contributive était moindre. « La hantise des réparations et le mépris de la technique économique, a pu dire M. Bonnet, sont à l'origine de tous les maux actuels ».

Pourtant si on n'a pas trouvé assez d'argent pour imposer plus lourdement le peuple, on en a trouvé assez pour lui emprunter à long et surtout à court terme et pour équilibrer (de cette façon anormale) les excédents déficitaires des budgets. On se rend facilement compte de la charge très lourde qu'allait constituer dans les années à venir, le poids des intérêts et des amortissements d'une dette publique immense. On était arrivé assez tôt à emprunter pour payer les arrérages des dettes antérieures ce qui était incontestablement très grave.

L'État avait eu largement recours en 1919 et une partie de 1920 aux avances de la Banque. Pendant ces deux années, le montant de sa dette augmente de quelques 10 milliards et la circulation et les comptes courants de la Banque progressent dans une proportion correspondante. Pour enrayer la dépréciation du franc (le dollar cotait 16,90 et l'indice des prix de gros dépassait 500), le Gouvernement voulait engager une politique de déflation, en vue de ramener la monnaie au pair. Mais en dehors de l'erreur manifeste d'une pareille doctrine, quand la dépréciation a déjà atteint un certain degré de gravité, l'action déflationniste, en elle-même, était illusoire, tant qu'un équilibre parfait du budget et du Trésor, ne venait pas émanciper l'État de tout recours futur et éventuel aux avances de la Banque. La loi François-Marsal de décembre 1920, prévoyant des remboursements annuels de 2 milliards jusqu'à l'extinction de la dette étatique, ne reçut qu'une application réduite les années suivantes :

En 1921 on peut rembourser   2 milliards
En 1922 on rembourse seulement   1 milliard
En 1923 —   —   —   800 millions
En 1924 —   —   —   1.200 millions
En 1925 —   —   —   1 milliard

Naturellement, la circulation ne subit pas l'influence directe de ces remboursements. Une limite lui fut assignée le 28 septembre 1920, à 41 milliards. Ce plafond légal ne fut atteint (et crevé) qu'en 1925. La circulation effective fut influencée par la crise économique générale de 1920 et par le ralentissement des affaires, qui s'ensuivit. Ainsi d'octobre 1920 jusqu'en mai 1922, on a enregistré une diminution de 3.412 millions, due à des causes purement économiques. Ensuite les émissions se multiplièrent pour répondre à une reprise marquée des affaires.

En somme il est essentiel de retenir que les dépenses énormes de l'État ne se sont pas répercutées directement sur la circulation et que leur seul effet (à côté d'un accroissement extraordinaire de la dette publique) a été de constituer, par les Bons à court terme et le service accru des autres emprunts, une menace perpétuelle d'inflation et de déséquilibre monétaire. Voyons, avec des chiffres, quelle a été la position de la Banque, pendant ce temps-là :

Fin de l'année

	1919	1920	1921	1922	1923	1924
Or dans le pays	3.600	3 552	3.576	3.671	3.676	3 681
Or à l'étranger	1.978	1.948	1.948	1.864	1.864	1.864
Argent . . .	268	266	280	289	296	304
Devises . . .	1.297	601	608	573	676	570
Avanc. à l'Etat	29.455	30.780	29.242	38.355	28.083	27.673

	1919	1920	1921	1922	1923	1924
Portefeuille-escompte. .	1.266	3.274	2.122	1.991	3.241	5.241
Circulation. .	37.275	37.552	36.417	35.953	37.763	40.604
Comptes cour.	3.204	3.599	2.746	2.344	2.256	1.973

Les mouvements des changes et des prix, pendant cette période sont caractérisés par une grande instabilité, quoiqu'on a l'impression (jusqu'à l'avènement en mai 1924 d'un gouvernement aux tendances socialisantes) que la confiance dans les destins du pays est prédominante et que tout le monde attend le miracle, qui devait rendre au franc avarié sa santé définitive. On peut constater d'abord que la suppression des crédits interalliés en 1919 amène une forte baisse de la monnaie française, dépourvue dorénavant de ce soutien artificiel. En avril 1920, le dollar monte à 15,24 (pour une parité de 5,18) et en décembre de la même année il atteint le maximum de 16,90. Les prix de gros avaient suivi une évolution parallèle et nous les trouvons à 600 au mois d'avril, pour descendre ensuite, il est vrai, au-dessous de 500 vers la fin de l'année.

En 1921 et 1922 une baisse des changes et des prix se produisit, le dollar s'arrêta entre 12 et 14, tandis que l'indice des prix de gros descendait jusqu'à 313 en février 1922. Cette reprise de la valeur du franc fut éphémère ; l'année suivante le mouvement inverse se dessine et au début de 1924, la spéculation prend des fortes positions à la baisse du franc. Alors une intervention sur le marché des changes fut jugée nécessaire et le Gouvernement pria la Banque d'engager son crédit pour le redressement des changes. En effet, la Banque obtint deux ouvertures de crédit en Angleterre (la Maison Lazard Brothers, 4 mill. £) et en Amérique (la Maison Morgan, 100 mill. doll.) à l'aide desquels son action vigoureuse a pu ramener les cours de la livre et du dollar de 120 et 28 respectivement à 85 et 18. La baisse des changes continua quelque temps (cours minima : 65 et 15) et la Banque put reconstituer son stock de devises. Elle remboursa peu de temps après la Banque anglaise et le crédit américain fut consolidé et devint le fonds Morgan dont on a tant parlé par la suite, et qui resta à la disposition de l'État dans les comptes de la Banque.

Mais cette fois-ci encore le redressement du franc, ne reposait sur aucune sub-structure ferme. Au contraire, sa position fut sérieusement affectée par l'avènement au pouvoir du cartel des gauches, dont les idées avancées en matière de politique financière et monétaire effrayaient l'épargne et éloignaient les capitaux. Les changes redeviennent défavorables et un nouvel effritement du pouvoir d'achat intérieur et extérieur du franc recommence. Fin 1926, nous retrouvons le dollar à 18, et les prix de gros à 525.

Les méthodes qu'employaient les gouvernements de l'époque pour rétablir les finances et restaurer la monnaie, allaient à l'encontre de leur but, car elles reposaient sur des principes anti-capitalistes, en parfait désaccord avec l'économie, qu'elles se proposaient d'assainir. Abus des impôts directs, écrasement de la fortune mobilière, menace d'un prélèvement sur les capitaux, tout était fait pour provoquer une panique parmi les épargnants et pour amener une vaste fuite des capitaux. Il faut ajouter à cela la politique maladroite des dirigeants qui consistait à exagérer les dangers de la dette flottante et les embarras du Trésor, et nous comprendrons mieux encore, comment des causes purement psychologiques, ont pu agir sur la tenue des changes et sur le niveau des prix, et transformer des craintes peut-être imaginaires en des réalités véritablement menaçantes. Vers la fin de 1924 et au début de l'année 1925, l'émission de la Banque de France approche de très près le plafond légal (41 milliards). On croyait à ce moment-là que l'accroissement de la circulation était dû à un mouvement ascensionnel de l'activité industrielle et commerciale et en vérité l'indice de la production, qui était de 96 à la fin de 1922 s'élevait à 117 à la fin de 1924. Mais ce qu'on ne savait pas c'était que l'État, à court d'argent, avait eu recours aux avances « occultes » des établissements de crédits, qui faisaient ensuite escompter leurs bons du Trésor par la Banque de France et avec les disponibilités ainsi obtenues, pouvaient faire à l'État des nouveaux prêts. Cette situation ne pouvait pas durer à l'infini. Un jour la Banque fut obligée de faire apparaître dans ses bilans ces opérations, et alors on constata que le plafond était crevé, le 9 avril 1925, la circulation effective ressortissant à 43.304 millions. Force fut au Gouvernement de procéder à un relèvement de la limite légale et de la porter à 45 milliards (dont 26 milliards le maximum autorisé, pour les avances proprement dites à l'État).

L'année 1925 comportait des remboursements des bons à court terme et à moyen terme pour un total de 22 milliards de francs. L'incertitude dans laquelle on vivait et les variations des changes, qui traduisirent l'effervescence du marché, eurent pour résultat que la moitié seulement de cette somme fut présentée au renouvellement, le reste dût être remboursé et prit sans doute (malgré l'interdiction très sévère de l'exportation des capitaux) le chemin de l'étranger. Devant l'irréparable, le Parlement dut consentir des nouveaux dépassements des limites antérieures et le 7 décembre 1925, le maximum de la circulation fut fixé à 58 milliards, tandis que les avances à l'État étaient limitées à 39 ½ milliards et quelques jours plus tard à 38 ½ milliards, à la suite d'un remboursement illusoire d'un milliard, en exécution de la loi de 1920. Le bilan de la fin de 1925 reflétait cette situation inquiétante :

	24 décembre 1925
Or dans le pays	3.684
Or à l'étranger	1.864
Argent	320
Devises	564
Avances à l'Etat	40.059 (1)
Comptes-courants	3.223
Billets en circulation	49.993
Portefeuille-escompte	3.573

Poursuivant sa course, le dollar atteignait une moyenne de 27 frs. à la fin de l'année et les prix de gros montaient en décembre jusqu'à 645. La glissade du franc vers l'abîme se continua à une allure accélérée dans la première moitié de 1926 et plusieurs ministères n'arrivèrent au pouvoir que pour avouer leur impuissance et pour provoquer avant leur départ une nouvelle chute du franc. Les facteurs psychologiques de la dépréciation jouent pleinement, l'exode des capitaux s'amplifie, les demandes de remboursement des Bons de la Défense Nationale augmentent et la marge des avances à l'État se rétrécit chaque jour davantage. Au mois de mai le dollar est à 36, la livre à 172 et la hausse correspondante des prix de gros et du coût de la vie provoque un besoin grandissant de signes monétaires, qui se

(1) Indiquons pour éviter un malentendu que les avances aux États étrangers contre des bons du Trésor français pour un montant de 5 milliards environ sont comprises dans ce poste et que le total des avances proprement dites à l'État était à la même date de 34,3 milliards exactement.

résout en une émission supplémentaire de billets. Le Gouvernement demande à la Banque d'utiliser le fonds Morgan pour arrêter la baisse du franc, et celle-ci, quoiqu'elle juge la mesure inutile, vu la gravité des circonstances, effectue l'opération sans aucun succès d'ailleurs. La dépréciation de la monnaie française reprend de plus belle.

Au début de juillet, il restait à l'État un milliard seulement de marge disponible à la Banque, et le 21 juillet, ses réserves n'étaient plus que de quelques dizaines de millions. Alors la Banque de France dut prévenir le Trésor que « s'il ne disposait pas, pour alimenter son compte courant, de ressources immédiatement réalisables, la Banque se trouverait dans la nécessité d'envisager sur tout le territoire la suspension de ses paiements pour le compte de l'État » (1). La veille, la livre cota 240,25 et le dollar 49,40. Le 24 juillet, la Banque acheta à l'État le reliquat du fonds Morgan, en échange d'un relèvement parallèle et équivalent du maximum des avances ; le 5 août la circulation enregistrait le chiffre record de 57.258 millions.

On connut alors des heures d'angoisse et le salut ne pouvait venir que d'un « élan de confiance nationale », qu'il fallait faire renaître dans le pays tout entier. Au ministère Poincaré revient le grand mérite d'avoir su opérer ce revirement psychologique et d'avoir pu ranimer la foi dans les destins de la France, par sa seule présence au gouvernail du navire. Il faut aussi faire ressortir l'importance du rôle qu'ont joué les banques en ces moments difficiles : elles n'ont pas marchandé leur appui à un gouvernement qui n'était plus un perpétuel danger pour la sécurité de leurs capitaux. Le milliard prêté par les grands établissements

(1) Voir le Rapport annuel de la Banque de France pour 1926.

de crédit à la Trésorerie a permis à cette dernière de doubler
le cap difficile et aussitôt après, avec la confiance renaissante, l'épargne ne s'est plus détournée du Trésor et les
capitaux exportés sont rentrés petit à petit dans le pays. Ce
qui a fortifié le renversement des tendances, cela a été surtout le plan méthodique d'ensemble et la volonté énergique
de redressement du Cabinet de l'Union Nationale. Un grand
effort fiscal était demandé aux contribuables (13 milliards
d'impôts et taxes supplémentaires) et le budget de l'année 1926 fut clos en parfait équilibre. Une Caisse d'amortissement fut créée et elle entreprit immédiatement la gestion
des bons à court terme et s'efforça d'obtenir une réduction
des intérêts servis et un meilleur aménagement des échéances. Enfin des mesures sérieuses d'économie et de remboursement à la Banque eurent lieu en même temps.

L'amélioration du change français ne fut pas passagère.
S'étant produite en considération d'un réel effort de redressement, elle fut bientôt exagérée par la spéculation internationale et aussi par les prévisions trop optimistes des nationaux. Quand, vers la fin de décembre, la livre était tombée à
122,50 et le dollar à 25,25, les milieux industriels et commerciaux s'inquiétèrent de cette revalorisation trop rapide
et qui pouvait avoir des conséquences funestes et sur leurs
insistances, le Gouvernement passa avec la Banque une
nouvelle convention (23 décembre 1926) en vertu de laquelle
cette dernière s'engageait à maintenir au franc une stabilité
de fait, aux cours qu'il avait atteint à cette époque. Déjà
le 7 août 1926 une loi avait autorisé la Banque d'acquérir
de l'or, de l'argent et des devises, sans que les émissions
soient comptées dans le maximum légal. En accord avec
cette loi (qui lui permettait en outre d'acheter les métaux
précieux avec la prime qu'ils faisaient sur le marché inter-

national), la Banque de France accumula des pièces d'or
et d'argent pour un total de 1 ½ milliard frs.-papier (valeur
au pair ancien : 341 mill.). L'accumulation des devises,
qui fut la conséquence de la barrière opposée à une revalorisation plus poussée du franc, allait atteindre au cours de
l'année 1927 des chiffres impressionnants.

Mais dès la fin de 1926, les signes indubitables de l'assainissement financier et monétaire pouvaient être enregistrés
et le bilan de la Banque ne manque pas de traduire ces
résultats. La circulation, malgré l'acquisition de l'or et des
devises, diminua de presque 5 milliards par rapport au
mois d'août. L'État put rembourser (pendant cette période
2.350 millions et il s'acquitta aussi de 2 milliards nouveaux à la fin de l'année. Ainsi la limite maxima fut ramenée à 36 ½ milliards (de 38 ½ mill. en décembre 1925) et
le montant effectif des avances à l'État ne fut que de
34 milliards environ. Enfin, à la suite de l'abondance
monétaire qui commençait à se manifester sur le marché
des capitaux, le portefeuille-escompte marqua aussi un léger
fléchissement :

	5 août 1926	24 décembre 1926
Or dans le pays	3.684	3.684
Or à l'étranger	1.864	1.864
Argent	338	341
Achats d'or, d'argent et de devises (Loi 7 août 1926).	—	1.547
Devises	—	85
Avances à l'État	38.050	35.450
Portefeuille-escompte .	7.866	4.540
Divers	—	4.254
Billets en circulation . .	57.259	52.449
Comptes courants . . .	3.935	5.647

La Banque avait relevé son taux de l'escompte jusqu'à

7 $\frac{1}{2}$ % au mois d'août, pour s'opposer aux demandes accrues de crédit, qui lui étaient faites. Vers la fin de l'année, l'aisance du marché des capitaux la fit baisser son taux à 6 %. Néanmoins, malgré l'abondance des fonds, la vie économique fut affectée par une crise, fatale à toute action d'assainissement monétaire. Elle ne fut pas si grave qu'on s'attendait. Elle eut toutefois une influence certaine sur les transactions intérieures qui subirent un fort ralentissement. Au contraire le commerce extérieur se ressentit très peu de l'amélioration du franc. Il en profita plutôt, à cause des conditions plus favorables, dans lesquelles s'effectuèrent alors les échanges internationaux pour la France. L'excédent actif fut pourtant moins grand que l'année précédente :

$$1925 \ldots \ldots \ldots \quad 1.665$$
$$1926 \ldots \ldots \ldots \quad 20 \text{ mill. fr.}$$

C'est en 1927 que l'œuvre de restauration financière et monétaire, commencée sous des auspices si favorables, se poursuivit avec un éclat sans pareil et réussit à consolider ses résultats, en leur assurant une solidité certaine et des chances de durée indiscutables. D'abord la Banque, dont le rôle fut essentiel pendant toute cette période s'efforça d'arrêter la revalorisation du franc et après un cours, le plus bas, pour la livre, de 122,01 le 18 janvier, elle empêcha toute fluctuation future à partir du mois de mars, en fixant le cours de la livre à 124,02-124,10 et celui du dollar à 25,40-25,53. Elle ne put le faire qu'en se décidant à une création correspondante de francs, qu'elle cédait en échange des devises, qui ne cessèrent à lui être offertes pendant la plus grande partie de l'année. Déjà en juillet 1927, on pouvait estimer ses avoirs à l'étranger à la somme considérable de un milliard de dollars. Le poste divers de l'actif, auquel sont comptabilisés les achats de devises, présenta au cours de l'année passée, l'évolution suivante :

	Divers (de l'actif)
27 janvier	7.225 millions frs
24 février	9.075 —
31 mars	11.104 —
28 avril.	12.526 —
27 mai	19.018 —
30 juin.	22.321 —
28 juillet	24 551 —
25 août.	23 965 —
29 septembre . . .	23.733 —
27 octobre. . . .	24.080 —
24 novembre . . .	24.628 —
29 décembre . . .	26 551 —

Nous voyons que l'accumulation des devises s'est continuée sans cesse et la Banque a fait montre d'une volonté « patiente et inébranlable » de maintenir au franc la stabilité de fait acquise. Incontestablement, un danger menaçait toute cette structure si le nouveau pouvoir d'achat créé par l'Institut d'émission restait dans la circulation. L'inflation des prix qui en serait résultée aurait pu compromettre irrémédiablement le redressement monétaire obtenu avec tant de peine. Heureusement il n'en a rien été, car les fonds cédés contre des livres et des dollars sont presque instantanément revenue à la Banque et n'ont laissé presque aucune trace dans la circulation effective du pays. Mais ils ont changé grandement la physionomie d'autres éléments de la structure financière du pays.

Ainsi, tout cet argent, constitué en grande partie par des capitaux-épargne, qui avaient fui la dépréciation et qui cherchaient maintenant sur le marché intérieur un placement rémunérateur, ne pouvant pas s'employer à augmenter la capacité de production de l'activité industrielle (à cause de la dépression économique provoquée par la stabilisation), alla au Trésor et aux établissements de crédit, sous forme de Bons de la Défense et de dépôts en banque. La Caisse d'amortissement qui s'occupe de la gestion des bons, déposa à son tour ces disponibilités nouvelles à son compte particulier de la Banque de France, comme elle fit d'ailleurs avec les recettes diverses, que le Gouvernement lui alloua pour lui permettre d'accomplir sa tâche. D'un autre côté, un « circuit » un peu plus compliqué ramenait les sommes confiées aux établissements de crédit par l'intermédiaire du Trésor, à la Banque centrale : à savoir, l'argent était d'abord déposé en compte courant à vue au Trésor, et ce dernier l'utilisait ensuite pour rembourser provisoirement les avances faites par la Banque à l'État.

	Avances à l'Etat (1)	Avances aux Gouvernements étrangers (2)
24 décembre 1926 .	35 450	5.576
24 février 1927 . .	29.600	5.024
29 décembre 1927 .	24.550	5.881

On se rend immédiatement compte qu'une pareille situation n'avait rien de définitif. On était à la merci d'un changement d'humeur des déposants, qui alors auraient bien obligé la Banque à des fortes émissions de francs-papier. Pour parer à cette éventualité, la Caisse d'amortissement a procédé à l'espacement des échéances, en n'émettant plus que des bons à deux ans au moins. En même temps, le Gouvernement lança deux grands emprunts à long terme

(1) En vertu des lois de 1914 et 1920.
(2) Contre les Bons du Trésor français escomptés par la Banque.

(mai et juin) dont le premier surtout lui permit la consolidation de 7.731 millions de bons de la dette flottante, tandis que l'autre lui apporta de l'argent frais et rendit possible un remboursement définitif de l'État à la Banque et une diminution de 4 ½ milliards du maximum légal des avances, à 32 milliards (à partir du 1er septembre). Enfin le 28 décembre 1927, le Gouvernement remboursa définitivement encore un milliard, et la limite maxima fut ramenée à 31 milliards.

Du fait de la conversion dont nous parlions tout à l'heure, le montant des bons gérés par la Caisse d'amortissement ne devait plus, selon les dispositions légales, qui ont fixé un plafond en cette matière, dépasser 40 ½ milliards frs. Comme le montant effectif était encore de plus de 46 milliards, la Caisse fut obligée de restreindre ses émissions et de refuser une partie des souscriptions qui lui étaient présentées. C'est de cette façon que s'explique le fonctionnement imparfait du « circuit » pendant la dernière partie de l'année et l'augmentation qu'on a pu constater depuis le mois de mai dans le chiffre de la circulation :

	Billets en circulation	Comptes-courants
27 mai 1927	51 800,6	10.423,8
29 décembre 1927. . .	56.550,6	10.459,5
		(en millions frs.)

La Banque de France ne s'est pas contentée d'assister passivement à l'accumulation de devises et à la résorbtion des francs, émis, par les vertus du circuit des capitaux. Elle a cru de son devoir à plusieurs reprises, d'intervenir plus directement, soit pour mettre un terme aux entraînements de la spéculation étrangère, soit pour décongestionner quelque peu ses réserves-devises. Et tout d'abord elle

a mis à la disposition de l'État une somme de 33 mill. £,
avec laquelle celui-ci a remboursé, par anticipation, le restant du crédit ouvert en 1916 à la Banque de France par
la Banque d'Angleterre, au profit du Trésor français. De
la sorte 18.350.615 £ d'or déposées, en gage à Londres (1)
ont été rendues libres et sont comptées dorénavant
dans un poste spécial : Or disponible à l'étranger
(462.500.000 frs.).

Pour ne pas gêner le marché anglais de l'or, une convention intervenue entre les deux Instituts d'émission décida
que cet or ne sera pas retiré immédiatement et il paraît,
qu'à la suite d'un arrangement avec les Banques d'Amérique
c'est en réalité là-bas que se trouve actuellement cette réserve
de métal jaune. Le mois de mars avait particulièrement
éprouvé la ténacité de la Banque de se porter acheteur
de toutes les devises qui lui seraient offertes. Si on se
reporte au tableau publié plus haut (2), on constate que
l'augmentation pendant le mois de mai fut de 6.500 mill. frs.
environ. Alors la Banque de France jugea utile de calmer
les élans de la spéculation étrangère en procédant à des con-
versions des devises en or à Londres et à New-York. Nous
reviendrons plus loin sur toute la signification d'une pareille
tactique. Retenons pour l'instant que la Cité anglaise s'est
vivement émue en voyant diminuer l'encaisse de la Banque
d'Angleterre et un resserrement monétaire eut lieu sur la
place de Londres. Le but de la Banque de France était
atteint. Mais en même temps on fit l'expérience des difficultés que des pareilles demandes de métal jaune peuvent
faire naître, pour l'Angleterre surtout. La conférence des

(1) C'est le reste des 24 mill. £ d'or, dont nous parlions au
début.
(2) Voir p. 234.

quatre Gouverneurs des plus grandes banques d'émission (1) tenue à New-York en juillet dernier, se préoccupa plus spécialement de cette question et il fut entendu que les achats d'or se poursuivront de préférence sur le marché américain, où l'abondance du métal jaune rend l'opération inoffensive pour le système monétaire respectif. D'un autre côté, une influence psychologique sur la spéculation sur le franc fut cherchée dans l'annonce faite par la Banque, qu'à partir du 14 mai, seul le cours d'achat (124,02 pour une livre) sera publié, la Banque se réservant de fixer à son gré le cours de vente.

Enfin, au mois de juillet, pour utiliser une partie de ses devises et donner en même temps aux établissements de crédit la possibilité d'employer d'une façon plus rémunératrice leurs fonds, la Banque de France entreprit des opérations de report sur ses devises, en les vendant au comptant et en les rachetant à terme, à ceux qui voulaient le faire. Il paraît que les grandes banques, qui ont vu leurs dépôts augmentés de quelques 6 milliards à la suite de l'abondance monétaire, ont largement profité de cette faculté et il faut remarquer que les devises, données en report, n'apparaissent plus au poste « divers » ce qui nous fait supposer que les réserves réelles en devises sont encore plus grandes que ne le laisse induire la considération de ce poste.

La situation monétaire de la France est très forte ; trop forte même quand on pense à la surabondance de ses disponibilités non-inflationnistes et à la masse formidable de devises dont elle dispose. Seulement sa tenue excellente n'est pas rendue définitive, car on fait encore dépendre la stabilisation légale, du résultat des élections législatives qui

(1) Angleterre, France, Allemagne, États-Unis.

auront lieu en avril 1928. Incontestablement on veut par
cet atermoiement tenir compte d'un facteur psychologique
d'une importance incontestable. Mais techniquement l'opération est possible depuis plusieurs mois. Il est réjouissant
de constater que l'année 1927 finit avec un excédent de la
balance commerciale de 2 $\frac{1}{2}$ milliards frs. et que les prix
de gros autant que les prix de détail sont en diminution
sensible (617 et 523, tandis qu'à la fin de 1926, ils étaient
de 640 et 600 respectivement). Il ne faut pas méconnaître
pourtant que des problèmes très graves attendent encore
leur solution, avant qu'on puisse parler d'un véritable retour
au normal de la situation financière et monétaire du pays :
la question des dettes interalliées n'a pas reçu de solution
favorable ; une dette flottante de plus de 40 milliards, quoique avec des échéances plus espacées, n'est pas encore
consolidée ; le Trésor supporte toujours les aléas d'un gonflement inaccoutumé de ses comptes courants ; même après
la valorisation de l'encaisse-or de la Banque, il en reste-
rait à l'État une dette assez forte envers la première ; l'épar-
gne-réserve surabondante refuse toujours à se transformer
en épargne créatrice, ou autrement dit le déséquilibre entre
le marché monétaire et le marché financier persiste toujours ; le portefeuille-escompte de l'Institut d'émission se
maintient à un chiffre dérisoire (1) malgré l'abaissement du
taux, jusqu'à 3 $\frac{1}{2}$ %, enfin l'emploi qu'on réserve finalement
à l'énorme masse de devises est encore un point d'incertitude pour la future politique monétaire de la France.

Sur ce dernier point, une indication paraît néanmoins

(1) Le portefeuille escompte était de 5.541 mill. le 6 janvier 1927, de 2.562 mill. le 29 décembre 1927, de 1.870 mill.
le 9 février 1928.

se trouver dans le rapport annuel de la Banque pour l'exercice 1927. Il y est écrit à un certain moment : « Nous avons aussi échangé contre de l'or une fraction importante de nos approvisionnements en devises, tant pour accroître le gage métallique de nos billets et en préparer la convertibilité effective, que pour opposer un frein à la spéculation étrangère ». Mais cet or, empressons-nous de le dire, n'a pas été ramené en France. La Banque a jugé plus opportun de le garder à l'étranger. D'ailleurs cette opération de rapatriement du métal jaune est presque impossible à l'heure actuelle, car elle est très coûteuse, devant subir la taxe de 2 % sur le chiffre des affaires (1). Une demande a été déposée sur les bureaux du Parlement, tendant à l'abrogation de cette mesure anormale et qui n'a vraiment aucun sens. Quand la taxe sera supprimée, on assistera probablement à des importations effectives de métal jaune, en quantité assez considérable.

Notons enfin, pour parachever le tableau de la situation monétaire en France, au point de vue qui nous préoccupe, la situation intervenue le 18 janvier 1928 de l'interdiction, qui pesait sur l'exportation des capitaux. Au moment où nous rédigeons ce travail, il est un peu tôt pour apprécier toutes les conséquences de cette disposition : on attend un décongestionnement du marché intérieur des capitaux à court terme et un meilleur emploi de la masse des devises détenue par le pays.

(1) Depuis que nous avons écrit ces lignes, la taxe a été supprimée et au cours du mois de février, de mars et d'avril, la Banque de France a fait venir de l'or de l'Amérique (119 mill. doll.) et de l'Angleterre (52 mill. doll.). Il reste encore, paraît-il, de l'or pour 76 mill. doll. à faire venir des États-Unis. Voir les journaux du 23, 24 et 25 mars et ceux du 22 et 23 avril 1928.

Dans la nouvelle redistribution de l'or dans le monde, le rôle de la France est et sera considérable. A elle seule, elle possède plus d'un milliard de dollars d'avoirs à l'étranger, qu'elle pourrait réaliser du jour au lendemain et mettre les places anglaises et américaines dans le plus cruel embarras. On ne saura assez souligner la force qu'une pareille situation confère dorénavant à la France et le poids que sa politique monétaire internationale prend de ce fait. Dans le chapitre suivant, nous nous essayerons justement d'établir les normes, qui nous paraissent les meilleures pour une telle politique. Nous trouverons peut-être dans les conclusions de nos développements quelques indications utiles pour l'attitude éventuelle de la France dans l'avenir.

b) La Bulgarie

Comme les autres pays de la péninsule balkanique, la Bulgarie est toujours à la recherche d'une stabilité définitive. Comme les autres, elle attend d'un emprunt étranger, la planche de salut, qui lui permettra de se remettre à flot et de redonner à son économie nationale l'équilibre normal, dont elle a été privée depuis 1910, quand éclata, pour elle, la première guerre ravageant son territoire, bouleversant sa vie économique et désaxant son système monétaire. Comme les autres, enfin, elle se heurte à la méfiance de l'étranger et hésite encore à aliéner une partie de son indépendance économique, pour donner à ses sauveurs éventuels la certitude, que leur aide sera effectivement utilisée, et bien utilisée, pour la restauration économique et financière du pays.

La circulation monétaire est contrôlée depuis de longues

années, par la Banque Nationale de Bulgarie, institution d'État, qui a le monopole de l'émission. L'unité de compte est le lev, équivalant, au pair, au franc-or. Une couverture de 33 ½ % en or, garantissait à tout moment la convertibilité des billets. Mais la Banque fut relevée de son obligation dès l'année 1911 (à cette époque la circulation des billets se montait à 110 mill. et l'encaisse-or à 40 mill. de leva). Les nécessités de la guerre balkanique amenèrent l'État à emprunter 151 mill. à la Banque. La guerre mondiale, dont la force dévastatrice fut infiniment plus grande, obligea le Gouvernement de faire des nouveaux appels aux avances de la Banque et son endettement s'éleva jusqu'à 1.757 mill. à la fin de 1918.

Comme ailleurs, les suites de la guerre se manifestèrent par des difficultés énormes, quant à l'équilibre du budget et de la balance commerciale et des comptes. Les déficits budgétaires appelèrent l'inflation et la balance défavorable provoqua la chute du change bulgare. La question des réparations augmenta les embarras du pays et enfin le devoir de secourir les réfugiés mit le comble à une situation très mauvaise. Une commission interalliée fut chargée par la S. D. N. de surveiller l'application d'un plan raisonnable de paiement des dettes de la guerre et le crédit de la Bulgarie se trouva rehaussé d'autant. Ensuite la faveur que trouva dans le monde entier, le secours des réfugiés, facilita à l'État bulgare l'obtention d'un emprunt étranger, qui lui fut d'une utilité incontestable. En dernier lieu, l'effort de redressement du peuple bulgare fut remarquable, il supporta le fardeau d'une fiscalité vraiment écrasante et permit dès 1923, l'équilibre presque parfait du budget.

Une centrale de devises créée en 1920 n'eut, comme toute action purement réglementaire, aucune influence décisive

sur le cours des changes. En juin 1922, sous l'impulsion
de la Commission interalliée, l'État prit une mesure beaucoup plus efficace : il arrêta le chiffre des avances proprement dites à l'État, à 4.700 mill. leva, et fixa une limite
maxima à la circulation de 5.384 mill. leva (douze fois le
montant de l'encaisse métallique, au cours du jour), qui
d'ailleurs ne fut jamais atteinte. En outre, on chargea la
Banque de défendre le niveau actuel du lev, en lui attri-
buant le monopole des opérations de change. A la suite
de toutes ces mesures, la monnaie bulgare fut stabilisée
à partir du mois de mai 1924, à 137,20-139 leva pour
un dollar, ou bien 3,77 frs. suisses environ pour 100 leva.

Pendant toute l'année 1925, la Banque réussit à défendre
ce cours par une politique adroite et sévère, jugée même
par certains milieux, comme vexatoire et comme étant de
nature à entraver la libre expansion de l'industrie et du
commerce. Elle le fit malgré un gros déficit de la balance
commerciale, qui atteignit 1.649 mill. leva. C'est que les
crédits étrangers ne lui ont pas fait défaut. Au début de 1926
le lev eut à subir les attaques de la spéculation et la Banque n'arriva qu'avec grande peine à arrêter la dépréciation
et à ramener le lev au cours choisi premièrement. Nous
trouvons là encore une preuve de la précarité de toute stabilisation artificielle et de la nécessité pour n'importe quel
pays, s'il veut avoir une monnaie saine, de revenir à l'étalon-or, après avoir assuré avant la réforme, toutes les circonstances favorables à une reprise normale de l'activité
économique. Voilà quelle a été l'évolution des divers postes
du bilan de la Banque Nationale, pendant cette période :

	Or	Argent	Devises	Effets commerc.	Avances à l'Etat	Circul.	Comptes courants
Fin 1913.	55	23	14	41	143	189	147
1918.	69	19	198	21	1.757	2.299	623
1919.	37	17	387	17	2 200	2 858	786
1920.	37	17	680	15	3.482	3.354	1.084
1921.	38	21	213	34	4.122	3.615	1 047
1922.	38	18	238	62	4.880	3.886	1 306
1923.	40	17	995	155	5.108	4.137	1.850
1924.	40	17	880	309	5.205	4.530	1.974
1925.	41	17	515	364	5.168	3.655	2.304

En 1926, la balance commerciale s'équilibra facilement et en 1927 (pour les premiers neuf mois), on enregistra un excédent actif de 190 mill. D'un autre côté, le budget est maintenu en équilibre, au prix de fortes compressions des dépenses et d'une rémunération insuffisante des services publics. Mais il est certain que la reprise économique ne pourra pas avoir lieu, tant que les facultés d'épargne du pays ne seront pas vivifiées, ou que les capitaux ne viendront pas remplacer les fonds nationaux défaillants. L'épargne, dans les conditions actuelles de surimposition et d'incertitude monétaire, est impossible et d'autre part la restriction des crédits, à laquelle la Banque se croit obligée de recourir pour défendre les changes, finira bientôt par étouffer toute activité industrielle et commerciale. Pour stabiliser et pour donner à la vie économique l'argent dont elle a un si impérieux besoin, il faut réaliser au plus tôt possible un emprunt étranger. Les dollars et les livres seront cédés à la Banque Nationale qui augmentera d'autant son encaisse et en échange renoncera à sa créance sur l'État. De la sorte elle assainira le gage de ses billets en circulation et pourra plus facilement réintroduire la convertibilité par une stabilisation légale, seul signe d'un véritable assainissement monétaire et financier.

30 décembre 1927

Or et argent. . .	1.442,8	évalués au cours
Devises	447,1	du jour
Escomptes et avances.	1.370,0	
Avances au Trésor .	4 514,5	
Capital et réserves. .	1.588,7	
Billets en circulation.	3.726,9	
Engagements à vue .	1.386,7	
Autres dépôts . . .	1.570,4	

Il faudra, pour gagner l'appui des banquiers étrangers, obtempérer à leurs exigences, principalement en ce qui concerne la transformation de la Banque Nationale en institution privée. L'emprise de l'étranger sur le pays ne sera que temporaire. Et il ne faut jamais oublier que la vraie indépendance, n'est finalement qu'une indépendance économique, qui ne peut être obtenue que si toutes les conditions (financières et monétaires) indispensables à une prospérité accrue, sont remplies sans défaillance.

c) La Grèce

Les vicissitudes du système monétaire grec n'ont pas commencé avec la guerre. En 1885 déjà, on avait décrété le cours forcé et depuis lors ce n'est qu'en 1910 qu'on avait réussi à réintroduire une convertibilité de fait, basée sur les principes du Gold Exchange Standard. Une loi G X M B autorisait la Banque Nationale de Grèce d'émettre des billets en échange de l'or ou des devises, qui lui seraient présentés et aussi d'en céder sur demande, à ceux qui en auraient besoin. On avait aussi permis à cette banque (fonctionnant concurremment avec deux autres banques d'émission : la Banque Ionienne et la Banque de Crète) d'émettre 66 mill. de monnaie purement fiduciaire et en outre un contingent de 61,8 mill. pour le compte de l'État.

Vinrent alors la guerre balkanique et la participation forcée à la guerre mondiale. La Banque augmenta ses achats en vertu de la loi G X M B, bénéficiant surtout des nombreux crédits étrangers consentis au Trésor, jusqu'à 1.170 mill. drachma, à la fin de 1918. De même, le maximum de la circulation non couverte fut élevé à 146 mill. Naturellement, pendant ce temps-là la convertibilité, qui n'avait jamais été réintroduite officiellement, ne s'effectua qu'au gré de la Banque Nationale. Néanmoins le change garda une allure très favorable et on le trouve à la fin des hostilités à 5,16 $\frac{1}{2}$ le dollar, pour une parité de 1 doll. = 5,18, la drachme étant égale au franc (1). La situation se maintint favorable jusqu'en 1920. La position de la Banque était très forte :

	Or et argent	Devises	Effets de commerce	Avances à l'Etat	Circulation	Comptes courants
1913 .	25	227	32	74	245	73
1918 .	53	1.549	36	181	1.274	443
1919 .	56	1.372	64	482	1.382	359

A cette époque, l'évolution politique et sociale de la Grèce n'inspira plus confiance à l'étranger et les crédits lui furent retirés. Une grande partie du poste devises, créances sur l'étranger, se transforma en une simple créance immobilisée sur l'État. Les troubles sociaux et l'expédition

(1) Depuis 1868, la Grèce faisait partie de l'Union latine.

malheureuse en Asie-Mineure ne furent guère propices à l'équilibre du budget et les déficits budgétaires aboutirent fatalement à des avances accrues de la Banque à l'État. L'État procéda à un emprunt forcé sur les billets en circulation en mars 1922. Il réalisa ainsi plus d'un milliard, mais quelques mois après la circulation revint à son montant initial et augmenta continuellement. Les bilans de la Banque Nationale, devenue Banque unique d'émission depuis 1920, enregistrent fidèlement ces changements.

	Or-Argent	Devises	Effets commerc.	Avances à l'État	Circul.	Comptes courants
Fin 1920 .	56	257	136	2.218	1.508	552
1921 .	56	191	138	3.321	2.161	671
1922 .	56 (1)	173	264	4.366	3.149	958

Sans doute la Banque était impuissante, avec une réserve si réduite, de défendre le cours de la drachme. Et en effet, le dollar vaut :

à la fin de 1920 . . . . . .   13,10 dr.
à la fin de 1921 . . . . . .   22,95 dr.
à la fin de 1922 . . . . . .   81,24 dr.

En février 1923, la drachme connut sa plus grande dépréciation extérieure : le dollar cota 90,91. Alors plusieurs mesures furent prises. Un décret-loi du 23 avril 1923 renouvela l'autorisation donnée à la Banque de faire des achats de devises pour le compte du Gouvernement. D'autre part, on fixa une nouvelle limite à la circulation non couverte à 3.563,4 mill. L'influence psychologique de cette volonté de redressement fut incontestable. La spéculation, favorablement impressionnée ramena la drachme à 1/33,90,

(1) Dont 25 mill. or à l'étranger.

d'un dollar, surtout qu'en ce moment le Traité de Lausanne et l'effort fiscal du pays laissaient croire à un rapide relèvement. Il n'en fut rien, cependant, la situation financière et la balance des comptes n'étant pas revenues au normal. La drachme ne put pas garder son avance et retomba à 64,20 en octobre de la même année.

Pendant les trois années suivantes, le change grec est à la merci des poussées spéculatives et des déséquilibres momentanés ou définitifs de la balance des comptes. Il oscilla entre 50 et 80 dr. pour un dollar et démontra, une fois de plus, l'inanité de toute réglementation arbitraire (si sévère qu'elle soit) des changes et de la spéculation sur les devises. La balance commerciale présente toujours des gros excédents passifs. Ils sont de 17.600 mill. pour 1925 et de 16.500 mill. pour 1926. Ce qui a redressé quelque peu la balance des comptes, cela a été (à part les crédits étrangers à court terme) le grand emprunt de 10 mill. £ pour le rétablissement des réfugiés, que la Grèce a pu contracter sous l'égide de la S. D. N. Elle s'était engagée en échange de faire tout son possible pour hâter le rétablissement de ses finances et de sa monnaie. Pourtant les déficits budgétaires persistent (540 mill. pour l'exercice 1925-26 et 1.968,2 mill. pour l'exercice 1926-27) déterminés surtout par les dépenses excessives pour le compte de l'armée. C'est pour cela que la position de la Banque Nationale reste encore assez précaire malgré une accumulation plus forte de devises.

	Or-Argent	Devises	Effets de com.	Avances à l'Etat	Circul.	Comptes com.	Autres comptes
1923.	63	853	356	5.618	4.681	1.373	1 394
1924.	64	793	941	4.881	4.866	1.668	1.794
1925.	71	1.121	1.055	5.023	5.339	1.857	1.777
1926.	2.634		3.474	3.832	4.865	2.657	1.195

L'année 1927 a été beaucoup plus favorable à la Grèce, et la Commission financière internationale, qui se trouve dans le pays depuis 1924, a pu dire à la fin de l'année que les conditions essentielles pour la stabilisation légale sont, en général, remplies, et que la restauration d'une monnaie grecque normale dépend maintenant uniquement de la conclusion d'un grand emprunt étranger, indispensable pour le succès de l'opération. Le 9 avril, la Grèce avait définitivement réglé la question de sa dette de guerre envers la Grande-Bretagne, en fixant son montant total à 21.421.450 livres sterling et au mois de décembre elle signait un accord définitif avec l'Amérique, en se reconnaissant débitrice de 19.658.810 doll. Cet acte de loyalisme lui valut un nouvel emprunt de 12,2 mill. doll., dont on ne connaît pas encore l'emploi, mais qui renforcera considérablement la masse de manœuvre de l'Institut central d'émission. Les déficits budgétaires sont, paraît-il, en diminution à la suite d'une rentrée plus régulière des recettes. Enfin le change grec s'est stabilisé dans la dernière moitié de l'année, entre 75-76 le dollar et nous le retrouvons au même cours au début de l'année 1928.

Le dernier bilan que nous connaissons, d'après *The Statist*, nous laisse entrevoir une certaine amélioration de la position de la Banque.

	30 septembre 1927
Encaisse-or et devises	2.433
Avances à l'Etat	3.893
Escomptes et avances aux participants	3.038
Billets en circulation	5.126
Dépôts privés à vue	2.814
Dépôts de l'Etat	984

Pourtant, il ressort de son inspection que plus de 60 %
de la circulation totale sont encore couverts par une créance
quasi-immobilisée sur l'État. Et il ressort non moins clairement de ce que nous avons dit jusqu'à présent que la faculté
contributive du peuple grec a été complètement épuisée et
qu'un remboursement des avances de la Banque, avec des
excédents budgétaires est très peu probable. D'autre part
la tension sur le marché monétaire est extrême, et la forma-
tion des capitaux très lente. Seul un grand emprunt étranger pourra remédier à cet état de choses et il rendra possible en même temps et l'extinction de la dette de l'État,
et la création d'une base solide pour la future extension
du crédit dans le pays. Il est vrai que la Grèce (comme le
remarquait très justement une chronique récente du *Wirtschaftsdienst*) est un pays mineur au point de vue de l'organisation capitaliste. On y connaît très peu les procédés
modernes de technique perfectionnée, de standardisation,
de rationalisation. Les fonds recherchent un profit immédiat
et passager, au lieu de s'investir à longue échéance en
attendant une productivité accrue, mais différée dans le
temps. Il y a là une réforme organique à parfaire et dont
dépendra beaucoup l'évolution économique de la Grèce dans
l'avenir. Mais il n'est pas moins vrai que la condition primordiale et indispensable est la stabilisation légale, avec
retour à l'étalon-or et la libre convertibilité, et le protocole
signé à Genève le 15 septembre 1927, en vertu duquel les
puissances signataires s'engagent à faciliter la conclusion
d'un important emprunt de stabilisation (estimé aujourd'hui
à 6 ½ mill. £) devra recevoir dans le plus court délai une
réalisation pratique. Il reste au Gouvernement grec de régler
ses dettes de guerre avec la France, d'obtenir un équilibre
réel du budget et de créer un nouvel Institut d'émission,

sur des bases modernes, pour que absolument toutes les
circonstances favorables soient présentes et qu'aucun obstacle ne s'oppose plus à la conclusion effective de l'emprunt
étranger et à l'œuvre durable d'assainissement monétaire
et économique, poursuivie sous les auspices bienveillants
et avec l'appui si utile de la S. D. N.

d) La Roumanie

Si la Roumanie peut se réclamer d'une politique monétaire originale, elle ne peut invoquer à son appui le moindre succès et aucune réalisation définitive. Les faits sont
là pour nous l'apprendre, et les chiffres aussi, pour nous le
démontrer. On a recherché dans une compression illogique
de la circulation d'arrêter la dépréciation du leu. Nous verrons, par la suite, que cette action anti-économique n'a
pas eu du tout le résultat voulu. Le change roumain a
continué sa lente dégringolade à cause d'une balance des
comptes très défavorable et du manque de confiance des
détenteurs du leu dans l'avenir économique du pays. Les
prix ont suivi les indications du change et quand, en 1926,
une revalorisation assez brusquée, a augmenté le pouvoir
d'achat extérieur du leu, la valeur intérieure ne s'est pas
améliorée en proportion, et il en est résulté une crise très
grave, qui a accru encore les difficultés d'une circulation
insuffisante.

Avant la guerre, la Roumanie jouissait d'un système
monétaire normal et défendait facilement son change autour
du pair. Elle était au régime de l'étalon-or depuis 1890 et
la Banque Nationale de Roumanie contrôlait seule la circulation depuis 1880. L'unité monétaire était le leu, égal au

franc-or et sa convertibilité était assurée par une encaisse
métallique qui devait couvrir au moins 33 $\frac{1}{2}$ de la circulation. On connut les premières difficultés, pendant la période
de neutralité, 1914-1916, quand le développement de la
vie économique se heurta à de nombreuses entraves et quand
les dépenses militaires s'élevèrent dans une proportion considérable. L'État dut faire appel aux avances de la Banque
(en août 1916, elles atteignaient 400 mill.). Le total des
billets en circulation passa de 578 mill. en juillet 1914 à
1.070 mill. en août 1916. Mais concurremment on avait
pu renforcer la réserve-or et devises, qui monta de 208 mill.
à 527 mill., dont 447 mill. lei-or et 80 mill. avoir à l'étranger. Une partie de l'encaisse métallique, 150 mill. était
déposée à Londres et à Berlin.

Après la participation de la Roumanie aux hostilités, les
émissions fiduciaires se multiplièrent ; d'abord, dans la
partie du pays restée libre, la Banque fit des avances de
1.600 mill. à l'État, tandis que sur le territoire occupé,
« la Banque Générale » répandait 2.114 mill. de billets
nouveaux. Après la victoire, la Banque Nationale dut
d'abord échanger les billets de la Banque Générale contre ses
propres billets et ensuite procéder (avec une lenteur coupable et un manque de précautions impardonnable) au
rachat des roubles et des couronnes, circulant dans les provinces libérées. Cette dernière opération nécessita une
émission fiduciaire de 7 $\frac{1}{2}$ milliards environ, prise en charge
par l'État, dont la dette envers la Banque augmenta d'autant. A une circulation anormalement gonflée, correspondait un gage effectif fortement diminué. Sous l'empire des
circonstances défavorables, la Banque Nationale avait été
obligée à déposer une partie de son or en Russie (315 mill.
environ) et elle ne pouvait pas encore retirer son or déposé

à la Reichsbank ou à Londres. De sorte que le 31 décembre 1920 son encaisse-or effectivement disponible n'était que de 1,8 mill. lei. Voilà d'ailleurs l'évolution des divers postes du bilan de la Banque Nationale :

	Encaisse-or dans le pays	à l'étranger	Devises	Port.-esc.	Avances à l'État	Circu-lation	Comptes courants
Fin 1914 .	154	—	63	246	109	578	49
1915 .	188	33	80	198	305	762	90
1916 .	—	494 (1)	?	?	?	1.452	?
1917 .	—	494	?	?	?	1.961	?
1918 .	0,2	494	349	71	1.609	2.489	347
1919 .	1,5	494	442	159	3.826	4.215	953
1920 .	1,8	494	442	702	8.226	9.486	889
1921 .	1,8	494	410	1.830	12.422	13.722	1.892

La Banque était dès 1918 autorisée à compter ses devises dans son encaisse « métallique » ce qui (au point de vue de la défense des changes) est parfaitement explicable. Mais à partir de 1919, l'État lui permet de réaliser fictivement le rapport légal de 33 $\frac{1}{2}$ %, en additionnant à ses réserves métalliques et en devises, la quantité nécessaire de Bons du Trésor, appelés abusivement des Bons-or. Il est vrai que l'État s'était engagé de remplacer cette réserve, inexistante, par le produit du premier emprunt étranger, qui lui procurera des liquidités indiscutables, mais cette promesse est restée purement platonique. Comme d'ailleurs, il faut remarquer qu'une partie des avoirs à l'étranger consistait en obligations du Trésor anglais, déposées à la Banque d'Angleterre, et par ce fait indisponibles. Façon curieuse de laisser croire à une situation meilleure qu'elle ne l'était en réalité !

(1) A savoir 315 mill. en Russie, 80 mill. en Allemagne, 98 mill. en Angleterre.

Le leu, quoiqu'ayant perdu plus de la moitié de sa valeur extérieure pendant la guerre, cotait encore 0,44 frs. français à la fin des hostilités. Il put maintenir un certain temps sa position relativement favorable, grâce aux crédits étrangers, qui ont atteint du 28 mars 1919 au 19 novembre 1921 un total de 2,2 milliards lei-or (1). Mais déjà à la fin de 1920, le dollar s'inscrivait à 69 (pour une parité de 5,18) et fin 1921 il était à 135. La dépréciation lente et progressive du pouvoir d'achat extérieur du leu ne faisait que commencer. Elle s'est poursuivie, presque sans interruption, jusqu'en mai 1926. Elle n'était justifiée ni par la politique financière du gouvernement, ni par un déséquilibre trop considérable de la balance commerciale. En effet, l'effort fiscal du pays a été vraiment remarquable et une situation financière excellente caractérise l'évolution de la Roumanie depuis 1922. Les excédents budgétaires en sont un éloquent témoignage :

$$
\begin{aligned}
&1922 \dots \dots \quad + 5.081 \\
&1923 \dots \dots \quad + 5.152 \\
&1924 \dots \dots \quad + 6.340 \\
&1925 \dots \dots \quad + 4\ 749 \\
&1926 \dots \dots \quad + 2.629
\end{aligned}
$$

(en millions de lei)

D'autre part, une législation douanière très stricte, et critiquable sur d'autres points, avait facilité l'apparition d'une balance active du commerce extérieur (sauf pour l'année 1925). Pourtant le change roumain subissait une baisse régulière, à cause des déficits considérables de la balance des comptes. Le poids des annuités de la dette extérieure

(1) Voir *Les forces économiques de la Roumanie en 1926*, publié par la Banque Marmorosch Blank & Cᵃ, 1927.

et des dividendes payés au capital étranger aggravait dangereusement son déséquilibre et les crédits étrangers étaient insuffisants, ou bien obtenus à des conditions trop onéreuses pour rétablir normalement l'équilibre. Alors les crédits à la spéculation (sur le leu) se chargeaient de combler le vide. Ce qu'il aurait fallu en ce moment, c'eût été une tonification adroite de la vie économique anémiée du pays, accompagnée par la disparition de nombreuses entreprises champignons, à rendement incertain, et une aide efficace aux entreprises solides, pour leur permettre une production accrue et des exportations beaucoup plus fortes qu'elles ne l'étaient en réalité. Or l'État, ayant la phobie de l'inflation (même pour les besoins du commerce et de l'industrie), empêcha la Banque d'entreprendre cette action dans toute son ampleur. On lui permit néanmoins d'augmenter, petit à petit, son portefeuille-escompte, qui se trouvait en 1921 à un chiffre dérisoire et nous le trouvons en 1924, couvrant un peu moins de la moitié de la circulation.

A cette époque, au lieu de prendre les mesures nécessaires (réglementation des dettes interalliées, emprunt étranger) à une prompte stabilisation, le Gouvernement persistait encore dans l'hérésie d'une revalorisation du leu, qui était descendu à la quarantième partie de son ancienne valeur (le dollar à 194,30 fin 1924) et repoussait toute idée d'un emprunt extérieur. La consécration de sa politique a eu lieu dans les deux conventions avec la Banque Nationale du 19 mai 1925, qui sont un monument anti-économique, comme on n'en voit que dans les pays qui se sont faits à leur misère et qui attendent du ciel le miracle qui les sauvera. Le miracle est la revalorisation. Les dispositions anti-économiques sont d'abord le plafond légal, rigide et infranchissable, ensuite la composition d'une couverture, avec des

Bons du Trésor, inapte à servir à son vrai usage, enfin le maintien d'un taux officiel de l'escompte de 6 % en contradiction absolue avec le marché monétaire, et la pratique d'une restriction brutale de crédits, avec des contingentements et tout l'arbitraire qui en résulte.

La nouvelle organisation de la Banque s'est avérée incapable de retenir le change roumain, quand il subit au milieu de 1926 l'attaque furieuse de la spéculation internationale. Elle fut plus heureuse, si on peut dire, dans son action de redressement du cours et put ramener le dollar de 266,15 en mai 1926 à 189,60 en janvier 1927. Seulement, le mouvement des prix avait suivi celui des changes et la revalorisation n'eut pas pour effet, un recul correspondant du coût de la vie et des prix de gros. L'index est à 5.342 en décembre 1926 et à 5.300 en décembre 1927.

La disparité des pouvoirs d'achat (intérieur et extérieur) persistante encore en ce moment, jointe à une tension extrême du marché monétaire rendent la position de la Roumanie particulièrement difficile et la normalisation de son système monétaire et économique extrêmement délicate. L'État continue à faire des remboursements à la Banque, qui sont comptabilisés sous « Fonds de liquidation » et l'argent ainsi libéré sert, paraît-il, aux nouvelles avances à l'industrie et au commerce. Mais on se rend facilement compte de ce qu'une telle politique monétaire, poursuivie dans les limites étroites du plafond légal et privée d'une masse de manœuvre imposante pour la défense du change, peut avoir d'artificiel et d'aléatoire.

Voilà comment ont évolué les bilans de la Banque Nationale, pendant les six dernières années :

(1) Voir l'indice publié par le journal *Argus* (édition française).

| | Encaisse-or | | | | | | |
	dans le pays	à l'étranger	Devises	Port.-escompte	Avances à l'Etat	Circu-lation	Comptes courants
Fin 1922.	40	494	568	3.808	12 407	15.162	2.267
1923.	128	428	776	5.864	11.184	17.917	524
1924.	148	428	830	7.573	10.893	19.356	783
1925.	143	428	847	8.423	10.905	20.126	1.118
1926.	144	428	774	9.800	10.679	20.950	1.438
1927.	150	428	775	9 028	8.010	21.026	1.190

Un éminent économiste roumain, le Docteur I. N. Angelesco, a calculé d'une manière aussi précise que possible
.quels sont les besoins actuels d'un pays de 17,5 mill. d'habitants. Il est arrivé à cette conclusion qu'il lui faudrait
environ 1.400 mill. de lei-or. Tandis qu'aujourd'hui la
circulation monétaire totale de la Roumanie n'est que de
630 mill. lei-or. Les rapports normaux qui doivent exister
entre la masse des moyens de paiement et le rythme de la
vie économique du pays, sont entièrement faussés et c'est là,
assurément, une des causes du marasme dans lequel se trouvent l'industrie et le commerce roumains. Il est absolument
nécessaire de procéder à une augmentation progressive de
la circulation et de donner à l'activité industrielle et commerciale les éléments indispensables à une production plus
forte et à une exportation accrue. Car dans les excédents
de la balance du commerce extérieur réside la seule possibilité pour la Roumanie d'équilibrer sans difficulté sa balance
des comptes. Jusqu'à présent, et dans le cadre du plafond
légal, la Banque Nationale a recherché dans une réglementation quasi-administrative de son réescompte de pallier à
la pénurie de numéraire. Nous croyons que son action aura
peu d'efficacité.

Ce qu'il faut par dessus tout, c'est d'obtenir tout
d'abord une grande stabilité politique dans le pays.

C'est ensuite, d'écarter toutes les circonstances, qui pourraient faire hésiter les capitaux étrangers (telle que l'incertitude quant à la solidité du placement, la législation commerciale vexatoire, etc.), c'est enfin d'être prêt à faire tous les sacrifices nécessaires pour l'obtention d'un grand emprunt-or, de la part de l'Amérique, avec la collaboration des autres pays à monnaie exceptionnellement forte. Cet emprunt permettra à la Banque de renforcer son encaisse, bien insuffisante même pour la circulation actuelle, et de se constituer une base solide pour ses émissions futures et pour la défense du change. Alors, on procédera, sans plus tarder, à la stabilisation légale. Car rien n'est pire qu'une monnaie, dont la valeur change tous les jours et qui est menacée de variations encore plus importantes, et ce n'est pas l'acheter trop cher, que le faire aux capitalistes étrangers, les quelques concessions indispensables pour gagner leur concours et disposer de leur collaboration.

e) La Yougo-Slavie

L'histoire monétaire de la Yougo-Slavie présente, depuis la guerre, trois phases bien distinctes. D'abord, une dépréciation assez forte, due à des causes que nous résumerons brièvement par la suite ; ensuite, une revalorisation appréciable, rendue possible par l'arrêt de l'inflation et l'adoption d'une série de mesures déflatoires, particulièrement dures ; enfin, une grande stabilisation de fait, décidée au milieu de 1925, et qui constitue encore actuellement, le stade de l'évolution monétaire yougo-slave.

Depuis 1879, la Serbie s'était ralliée, en fait, au système de l'Union latine et avait choisi comme unité de compte le dinar, égal au franc ; la Banque Nationale réussissait à

maintenir le change aux environs du pair. La guerre permit
au pays d'augmenter son territoire et par la force des choses, la circulation s'est trouvée, à la fin de 1918, formée
par un amalgame de dinars, couronnes autrichiennes, perpers (dans le Monténégro) et leva (Macédonie). Il était
essentiel de l'unifier et le Gouvernement yougo-slave le fit
avec une rapidité et un succès dignes d'être loués sans réserves. En novembre 1919, on procéda à l'estampillage définitif des billets et jusqu'à la fin de 1920, on échangea les
couronnes contre des dinars (au cours de 4 cour. = 1 dinar),
on convertit aussi les perpers, enfin on acheta les leva avec
de la monnaie nationale.

Pour faire face à ces besoins accrus en dinars, des billets
d'État furent émis. Mais dès le 26 janvier 1920, l'ancienne
Banque Nationale fut transformée, en vertu d'une convention, en « Banque Nationale du Royaume des Serbes, Croa-
tes et Slovènes » et elle reprit à cette date toutes les succur-
sales de l'ancienne Banque d'Autriche-Hongrie situées sur
le territoire du nouvel État. Elle prit aussi en charge les
billets, émis provisoirement en échange des monnaies étrangères, et qui circulaient dans le pays à la fin de 1919.

Le nouveau statut prévoyait une couverture d'or, d'argent
et de devises en même temps que d'effets de commerce rapidement réalisables. Néanmoins la Banque consentit en 1920
et 1921 au Gouvernement un crédit régulier d'un milliard
et un crédit extraordinaire de deux milliards, et cette créance
quasi-immobilisée constitua la contre-partie des dinars,
ayant servi au remplacement des billets d'État et à d'autres
avances. La convertibilité du dinar fut suspendue dès l'avènement de la guerre et après une dépréciation assez lente
pendant la durée des hostilités, le change serbe tomba très
bas, pendant les quatre années suivantes. La cause est facile

à reconnaître : c'est l'inflation, résultant des avances faites
à l'État. Avances pour reprendre la circulation étatique,
avances aussi pour parer au déséquilibre budgétaire.

La volonté de redressement se manifesta de bonne heure
en Yougo-Slavie. L'année fiscale 1922-1923 apporta des
excédents budgétaires actifs et la Banque adopta une politique de restriction des crédits, qui redressa le change, mais
entrava sérieusement l'essor économique du pays. Après
être descendus à 1,1863 doll. en août 1922 et à 0,9560 doll.
en janvier 1923, les 100 dinars cotèrent 1.358 doll. en
décembre 1923, 1,4962 doll. en décembre 1924 et
1,7705 doll. en décembre 1925. C'est aux environs de ce
dernier cours que le dinar évolua pendant les années 1926
et 1927 et c'est encore son cours actuel.

Avant la guerre, malgré le chiffre considérable des avances à l'État, le bilan de la Banque Nationale traduisait une
situation assez forte et le rapport de couverture était très
élevé.

	Fin juin 1914
Or.	70
Argent	8,2
Devises	4,4
Avances à l'Etat	57,9
Effets de commerce	9,3
Circulation	91 en mill. din.

Le premier bilan publié par la nouvelle Banque Nationale de la Yougo-Slavie présente un tout autre aspect, et
ceux qui suivirent portent les traces des changements intervenus dans la situation monétaire du pays depuis 1920 jusqu'à nos jours.

	Or	Argent	Devises	Port.-escompt.	Av. à l'Etat	Av. sur fonds d'Etat	Circulation
Fin 1920	64	15	33	232	2.089	1.195	3.344
1921	74	17	35	558	3 151	1.297	4.688
1922	64	17	18	1.421	3.279	1.238	5.040
1923	69	17	49	1.334	3.325	1 200	5.790
1924	72	18	89	1.289	3 334	1 186	6.002
1925	76	18	82	1.209	3.314	1.153	6.063
1926	86	18	334	1.242	4.414		5 812
1927	89	18	346	1.432	4.338		5.743

Remarquons tout de suite que l'encaisse-or ne révèle
qu'une faible augmentation pendant ces huit années et
qu'elle reste en disproportion flagrante avec le montant de
la circulation. Le Gouvernement a bien reçu une quote-
part de l'encaisse de l'ancienne Banque d'Autriche-Hongrie.
Mais il ne l'a pas cédée à la Banque. Il a trouvé plus intéressant de la transformer en devises étrangères qu'il a ven-
dues ensuite sur le marché national pour une somme de
332,2 mill. dinars. Il s'en est servi finalement pour certains
remboursements partiels dont on ignore le détail.

L'évolution du poste devises est beaucoup plus intéressante ; seulement il est très malaisé d'apprécier exactement
la valeur réelle des avoirs à l'étranger de la Banque, car
celle-ci comptabilise les devises à leur parité d'avant-guerre.
C'est un système défectueux, car les francs français, les
francs belges, les lire s'étant dépréciées, les dinars, qui leur
sont équivalents, ne peuvent plus représenter des dinars-or.
Nous sommes ainsi obligés de nous contenter des évaluations approximatives et forcément sujettes à la critique.

Nous disions plus haut que la Banque avait procédé à des
mesures déflatoires à partir de 1923. Pourtant le total des
billets en circulation s'accroît encore dans les années suivantes. La contradiction n'est qu'apparente. La véritable

déflation fut une restriction des crédits. Le portefeuille-escompte passe de 1.421 mill. à la fin de 1922 à 1.209 mill. à la fin de 1925, provoquant d'énormes difficultés à l'industrie et au commerce.

Au contraire, on avait donné la permission à la Banque d'acquérir des devises, en dépassement du contingent ordinaire, qui lui était fixé pour ses autres opérations. C'est ainsi que l'Institut central put profiter du revirement de la confiance internationale et des balances commerciales favorables, qui firent leur apparition en 1924. Il put de la sorte renforcer le gage de la circulation fiduciaire et d'après une estimation du Docteur Ivo Belin sur la Banque Nationale possédait au milieu de l'année 1927 des avoirs-or et devises pour 2.900 mill. dinars, ce qui fournissait aux billets une couverture de plus de 50 % (1). C'est aussi de cette façon que s'explique le gonflement de la circulation pendant les trois années envisagées.

La politique monétaire de la Banque, jointe à une fiscalité excessive et à une insuffisance presque absolue des moyens de transport se répercuta plutôt défavorablement sur l'économie nationale. Après avoir enregistré des déficits jusqu'en 1923, la balance commerciale réussit néanmoins à se redresser et devint favorable à partir de 1924, quand son excédent actif atteignit 1,3 milliards. En 1925 et 1926, les excédents fléchirent, et l'année 1927 fut de nouveau soldée avec un déficit de près d'un milliard. Une estimation récente sur la balance des comptes yougo-slaves en 1927, fait ressortir un passif net de plus de 2 milliards de dinars :

____

(1) Voir Dr Ivo BELIN, *Les emprunts extérieurs et le problème du dinar* dans la *Revue économique de Belgrade*, juillet-août 1927.

balance commerciale, — 960 mill. ; remises des émigrants,
+ 800 mill. ; dividendes et amortissements payés à l'étranger, — 2.160 mill.

Sans doute les crédits étrangers furent indispensables
pour le maintien des changes. Et en effet déjà en 1926,
la Yougo-Slavie obtenait un emprunt de stabilisation de
10 mill. doll. (1). En 1927, d'autres emprunts furent con-
tractés par l'État, les Municipalités et la Banque hypothé-
caire, pour un montant de 46 mill. doll. Les milieux américains, favorablement impressionnés par le courageux effort
fiscal et par la situation générale du pays, commencent à
s'intéresser à son sort et sont disposés à l'aider dans l'achèvement de sa réforme monétaire.

Au début de février 1928, un contrat préliminaire avait
été signé avec un groupe financier, comprenant des banques
anglaises et américaines, pour la conclusion d'un « emprunt
de stabilisation et de travaux publics ». Une première tran-
che de 12 mill. £ sur 50 mill., a dû être émise jusqu'au
1er avril. Les conséquences de cet emprunt seront décisives
pour la Yougo-Slavie. D'un côté elle pourra refaire et ampli-
fier son réseau de chemins de fer, d'un autre côté une plus
grande aisance monétaire favorisera le développement de
son économie et amènera une ère de prospérité.

Il est certain que les devises, ainsi obtenues passeront
par la Banque Nationale. Celle-ci ne devra pas garder,
comme réserve, cette quantité considérable d'avoirs à
l'étranger. Nous croyons, et nous le démontrerons dans le
chapitre suivant, qu'elle devra plutôt les transformer en

(1) Voir *Jahrbücher für nationalökonomie und Statistik*, mai-
juin 1927.

métal jaune effectif et revenir, dans le plus bref délai, au système normal et sain du Gold Standard.

Le Portugal

Le petit pays de la péninsule ibérique nous présente le phénomène bien curieux d'une grande stabilité de sa monnaie obtenue, malgré une situation politique et économique des plus précaires, par le seul contrôle rigoureux et l'intervention efficace du Gouvernement sur le marché des changes. Nous savons bien que ce genre de réglementation administrative n'a eu aucun succès dans les autres pays. Le Portugal fait une exception, probablement à cause de l'exiguité de son territoire et du degré relativement peu élevé de son développement économique. Déséquilibre budgétaire, joint à un déficit constant de la balance des comptes, le tout sous un régime continuellement en effervescence politique et sociale, voilà les maux chroniques dont l'État portugais souffre depuis de longues années.

Son système monétaire a vécu sous le signe de cette situation extrêmement défavorable. La Banco di Portugal possède le privilège exclusif d'émission. Une couverture légale de 25 %, en or ou en argent, lui est prescrite. Ses billets sont libellés en escudos, dont la parité légale, s'établit de la façon suivante :

$$1 \text{ escudo} = 1,6258 \text{ gr. or fin}$$
$$1 \text{ escudo} = 5,60 \text{ fr. or}$$
$$= 1,08 \text{ doll.}$$
$$= 53 \ 1/2 \text{ pence}$$

En fait, la convertibilité des billets était suspendue depuis 1891 et l'or n'était plus en circulation dès avant la guerre. Néanmoins fin 1913, la Banque avait pu se ménager une encaisse de 18,7 % :

Réserve métallique.	16 mill.
Avances à l'Etat	71 mill.
Circulation.	86 mill.

La guerre et la période d'après-guerre ont augmenté les difficultés, au milieu desquelles se débattait le Portugal et son système monétaire s'est trouvé complètement bouleversé. Les avances à l'État se multiplièrent d'une façon anormale, la stagnation du commerce extérieur et la position anormale de la balance des comptes n'a pas permis à la Banque de fortifier son encaisse et de mieux défendre le cours de l'escudo. Celui-ci connut une dépréciation considérable, notant au plus bas 1 241/256 penny à la fin de 1923.

La Banque avait cédé à deux reprises son stock d'argent au Gouvernement et celui-ci s'en est servi pour obtenir certains crédits étrangers, absolument indispensables, pour éviter un effondrement plus complet du change portugais. Déjà en 1922, on avait pris des mesures contre l'évasion des capitaux, qui se poursuivait sans arrêt depuis 1910. On avait créé « l'inspection du commerce bancaire », dont le rôle consistait à contrôler très activement les opérations des banques et à poursuivre toutes les fraudes. Cet organe était arrivé à tenir, avec le concours des établissements bancaires, une comptabilité détaillée et complète de toutes les opérations cambistes du Portugal (1).

(1) Voir Morrisseaux Jacques, *Comment le Portugal a stabilisé sa monnaie* dans la *Revue Économique internationale*, mai 1927.

Néanmoins l'escudo continuait à baisser et alors par deux lois (5 septembre 1924 et 20 mars 1925), on édicta une réglementation très sévère du marché des changes, avec une surveillance étroite et des sanctions très dures pour les délinquants. La plus grande responsabilité incombe aux banques ; celles-ci sont obligées de ne pas se livrer aux opérations sur devises, que pour les besoins dûment justifiés du commerce. Les tirages fictifs, les achats de titres étrangers, la constitution des dépôts à l'étranger sont absolument interdits. Les banques ne peuvent garder à leur crédit, chez leurs correspondants étrangers que les disponibilités strictement nécessaires à leurs opérations courantes avec les importateurs de marchandises. Enfin les exportateurs sont obligés à céder à la Banque du Portugal, une partie de leurs devises (5o à 75 %), qui est acquise pour le compte du Trésor. Ces devises servent alors pour accorder des crédits à l'importation et pour la régularisation du cours des changes. En même temps, le Gouvernement a pu utiliser un crédit de 3 mill. £ obtenu en 1922.

Cette politique a donné des résultats favorables et vers la fin de 1925, l'escudo s'était redressé à 2 31/64 pence. Nous le trouvons autour du même cours 2 3/8-2 4/8 à la fin de 1927. Quelle a été l'évolution des divers postes du bilan de la Banco di Portugal, pendant toute cette époque ? Sa circulation est devenue 22 fois plus forte qu'en 1913, la réserve-or est restée à peu près stationnaire, la réserve-argent a été utilisée, enfin les avoirs à l'étranger, appartenant en propre à la Banque, ont fait leur apparition et ont constitué une masse de manœuvre assez forte pour la défense du change :

	Or	Argent	Devises (1)	Av. à l'Etat	Port. esc.	Circulation
Fin 1913	7,5	8,5	—	71,4	16,2	86
1918	8,0	—	2,0	230,4	47,7	274
1919	8,5	—	1,3	332,8	57,0	371
1920	8,6	—	7,6	510,1	139,1	611
1921	8,6	—	1,7	662,8	119,8	737
1922	8,6	—	25,9	946,4	142,3	1.054
1923	8,6	—	7,3	1.337,4	153,6	1.420
1924	8,6	—	50,2	1.704,2	153,4	1.763
1925	8,6	—	46,5	1.683,4	151,2	1.821
1926	8,6	—	192,7	1.635,9	212,9	1.836
1927	8,6	—	161,1	1.491,9	233,0	1.832

Il nous est bien difficile d'émettre un jugement d'ensemble sur les perspectives d'avenir du Portugal. D'après les derniers renseignements statistiques que nous avons pu recueillir, le déficit budgétaire persiste à être inquiétant :

$$\begin{aligned}
\text{Exercice } 1924\text{-}25 &\quad .\ .\ .\quad -\ 333,0 \\
1925\text{-}26 &\quad .\ .\ .\quad -\ 329,8 \\
1926\text{-}27 &\quad .\ .\ .\quad -\ 564,8 \text{ mill. escudos}
\end{aligned}$$

De même, la balance commerciale se solde constamment avec des gros excédents déficitaires. Ainsi pour les premiers six mois de 1927, l'excédent des importations atteint 763,6 mill. escudos. Pour revenir à une situation plus normale, il faudrait au Portugal une volonté énergique de redressement, qui puisse entreprendre, dans une atmosphère de plus grand calme politique, une œuvre d'assainissement

---

(1) Non compris un dépôt or de 1,1 mill. esc. et les avoirs à l'étranger déposés comme garantie pour les avances à l'État. Dans les bilans de banques, ces derniers sont comptabilisés au solde débiteur des correspondants étrangers et aux comptes divers du passif.

financier et monétaire de longue haleine. Un grand emprunt-or étranger serait indispensable et ce n'est qu'après avoir considérablement grossi son encaisse métallique qu'on pourra songer à rétablir la convertibilité effective, seul signe d'une véritable retour au normal.

CHAPITRE IV

LA DEVISE VAUT-ELLE DE L'OR DANS L'ENCAISSE
DES BANQUES NATIONALES

Poser le problème n'est pas le résoudre, loin de là. Il
y a quelque temps, il aurait étonné la plupart des économistes, qui considéraient comme un dogme l'équivalence
de l'or avec les avoirs à l'étranger. Et aujourd'hui même
(malgré l'expérience concluante de la France, et la volonté
indiscutable des États-Unis de céder une partie de l'or accumulé là-bas et qui fausse, d'après leurs propres aveux, l'équilibre intermonétaire normal), il y a encore de nombreux
spécialistes des questions financières et monétaires, qui restent des partisans acharnés du « Gold Exchange Standard »,
tel qu'il a été préconisé par la Conférence de Gênes, en
1922. Mais la vérité sur les dangers réels et très graves,
que peut présenter l'accumulation des devises dans les
encaisses des Banques centrales, commence à se faire jour,
et des voix autorisées se lèvent déjà pour démontrer les
périls et les inconvénients de la politique actuellement poursuivie et pour demander le retour au système classique de
l'étalon-or effectif, seul capable de normaliser les rapports
économiques entre les divers pays, et aussi seul capable de
provoquer une nivellation relative et indispensable des prix.

Avant la guerre, quelques banques d'émission seulement
prévoyaient une réserve-devises à côté de leur réserve métallique. C'était le cas pour la Russie, l'Autriche-Hongrie,

l'Italie, la Norvège, le Danemark, la Finlande, la Roumanie et la Grèce. Mais ajoutons tout de suite que, sauf une ou deux exceptions, le montant des avoirs étrangers, qu'il leur était ainsi permis de posséder était strictement limité, comme par exemple à 60 mill. cour. pour l'Autriche-Hongrie, à 3 ½ % du total de la circulation pour l'Italie, etc.

L'avènement de la guerre allait changer tout cela. Le bouleversement des conditions commerciales régulières et les besoins exorbitants d'importation ont imposé aux belligérants, en même temps qu'une concentration de l'or, comme réserve suprême, une politique des devises, comme moyen temporaire pour la défense des changes. On s'est servi d'un côté et de l'autre, d'abord des titres étrangers, qu'on possédait, et qu'on a transformé, dans la mesure du possible, en avoirs immédiatement disponibles sur les grandes places étrangères, restées en dehors de la tourmente ; on s'est aidé ensuite, avec plus de succès pour les alliées, que pour le groupe des puissances centrales, des crédits de guerre, connus sous le nom de crédits interalliés. La preuve de l'importance capitale, que la création de ces devises eût pour le maintien des changes, est justement leur écroulement au moment où ces ouvertures des crédits furent retirées, en 1919.

Depuis cette date, on assista à la dégringolade, avec des arrêts et des redressements, de la plupart des monnaies européennes. Il ne pouvait être question d'une utilisation efficace des réserves-or. Par la force des choses les Banques centrales ont adopté une politique de devises, qui leur était facilitée, dans une certaine mesure, par les crédits étrangers de spéculation, qui cherchaient dans les pays de l'Europe, un gain, sinon très sûr, du moins très facile.

Petit à petit, suivant les circonstances et dans les conditions que nous avons décrites dans notre troisième chapitre, les États européens ont procédé à la stabilisation légale de leurs monnaies, soit par un retour au pair, soit par une dévaluation partielle, soit par une dévaluation totale. Ils n'ont pas retrouvé à leur disposition immédiate les quantités d'or nécessaires pour rendre définitif leur retour à une parité nouvelle ou ancienne avec le métal jaune. Ils ont dû se contenter, dans la plupart des cas, à adopter une solution provisoire et à suivre les indications de la Conférence de Gênes, dont voici le texte essentiel : (on déclare que l'établissement d'un étalon-or est le but final de toute action de stabilisation ; on indique comme indispensable la collaboration des banques centrales et la conclusion d'une convention internationale)... « La convention devra contenir des dispositions tendant à l'économie dans l'usage de l'or, par *le maintien des réserves sous forme de balances à l'étranger* ; on citera à cet égard le système dit de l'étalon-or, du « Gold Exchange Standard », ou un système de compensations internationales » (1). Les auteurs se sont empressés à justifier les suggestions de la Conférence et à saluer avec enthousiasme la nouvelle politique des Banques centrales. Ils considéraient même, que le système peut, sans inconvénient aucun, être rendu durable et on fondait les plus grands espoirs sur la collaboration prochaine et généralisée des Instituts d'émission. Citons par exemple l'opinion de M. Nogaro, l'éminent spécialiste des questions monétaires, qui conclut à l'identité fondamentale des réserves-or et des réserves-devises dans son livre, déjà classique, sur « la Monnaie ». Et rappelons la campagne menée avec

(1) Résolution 6. Voir *Les documents de la Conférence de Gênes*, avec une introduction par Amédéo GIANNINI, Rome, 1922.

une foi presque religieuse, par M. Hantos, en faveur d'une coopération des Banques centrales (1).

Nous avons déjà eu l'occasion d'indiquer, en étudiant l'afflux de l'or aux États-Unis, les appréhensions que cette concentration anormale du métal jaune dans un seul pays faisait naître, parmi les dirigeants du système de la Réserve Fédérale. Mais forts de leur politique de « managed currency », ils ne s'en inquiétaient pas trop et consentaient à ce que les banques affiliées au système de la Réserve Fédérale deviennent les dépositaires des réserves de changes d'un grand nombre de pays européens et extra-européens.

En 1924, à l'époque où l'Autriche, la Hongrie, l'Allemagne avaient réalisé la stabilisation et pratiquaient une politique active des devises, un économiste allemand dont nous avons brièvement exposé la doctrine dans notre premier chapitre, M. Lansburgh, a été le seul à mettre en garde les Banques, avec un don d'anticipation remarquable, contre la fragilité et l'inconséquence de leur politique. Il est revenu à la charge en 1926 et en 1927, quand les faits commençaient à lui donner raison et quand le champ d'observation élargi, lui fournissait des exemples encore plus nombreux à l'appui de sa thèse. Nous allons reprendre ses arguments, les exposer dans leur essence, voir quelles sont leurs exagérations, dues à une conception trop absolue et trop rigide de la monnaie, et retenir ce qui nous paraît juste et valable dans sa critique.

*

* *

(1) Voir tout dernièrement son article dans la *Revue Économique internationale* de janvier 1928.

Pour bien saisir le raisonnement de M. Lansburgh (1), il faut avoir constamment dans la mémoire les principes essentiels de sa doctrine, à savoir qu'une circulation parfaitement saine doit être entièrement couverte avec de l'or ; que la politique monétaire et la politique du crédit sont deux choses complètement différentes (le crédit n'est jamais une monnaie) ; que le jeu libre et spontané des forces économiques suffit à redresser les changes, par les mouvements correspondants du métal jaune, et à assurer l'équilibre relatif des prix ; enfin, que le commerce international ne peut pas prendre une autre forme que celle d'un troc de marchandises (ou de services).

Dans un système d'économies nationales basées sur les principes que nous venons d'énoncer, la politique des devises est une des pires erreurs des Banques d'émission, car elle est *capable de fausser l'harmonie naturelle des divers organismes économiques* et de retarder l'apparition des forces nécessaires à un prompt rétablissement de l'équilibre des changes et des prix. Cette politique consiste à renoncer à un mouvement effectif de l'or, dicté par l'état de la balance des comptes, et à le remplacer par la constitution à l'étranger des crédits à vue ou à court terme, au profit de la Banque d'émission, qui aurait pu sans cela accroître sa réserve de métal jaune. Plus précisément, à un envoi d'or de la part de l'étranger, on substitue *un prêt,* qu'on lui consent, et dont on peut disposer arbitrairement, au gré des contingences, qui détermineront la politique de devises de la Banque considérée.

----

(1) Voir A. LANSBURGH, *Devisen-Reserven ds Die Bank,* septembre-octobre 1924. *Die drei Goldwährungen, ibid.,* octobre-novembre 1926.

Selon M. Lansburgh l'accumulation des devises comporte trois moments : 1) *une condition préalable* : un pays exporte des marchandises ou des services pour une somme définie et en contre-partie se contente d'une créance sur les banques de l'étranger, dont il pourra disposer à vue ; 2) *une signification* : ce pays renonce momentanément ou définitivement à une importation équivalente de biens ou de services ; 3) *un effet* (n'oublions pas que M. Lansburgh est un partisan absolu de la théorie quantitative) : le pays privé des marchandises qu'il aurait pu importer, va souffrir une hausse des prix et donc une diminution de la valeur interne de sa monnaie, tandis que pour l'étranger, qui a gardé des marchandises, au lieu de les exporter, une tendance contraire va se manifester. D'autre part, sur le marché des changes, l'absorbtion des devises à un prix fixe, équivaudra à un empêchement pour la monnaie nationale de s'améliorer et au contraire les monnaies étrangères, maintiendront leur position favorable, malgré une balance des comptes adverse. Ce manque d'importer aura, par conséquent, des effets anormaux sur la valeur des monnaies des deux groupes d'États intéressés.

A l'étranger, il y aura une pléthore de crédits, qui favorisera le développement de son industrie et de son commerce, en même temps qu'une baisse des prix (à cause du nombre ralenti de transactions, dû à la carence de ses exportations). Dans le pays, où on accumule des devises, un resserrement des crédits se produira, mettant son économie en fâcheuse posture, et en même temps une hausse des prix (provoquée par la monnaie émise en contre-partie des devises et par la diminution du stock total des marchandises, de la quantité exportée à l'étranger).

S'il s'agit de deux pays qui, en outre, admettent la pleine

convertibilité de leurs monnaies en or, disons par exemple l'Allemagne et l'Angleterre, voilà ce qui va se passer. L'Allemagne, étant le pays qui pratique la politique de devises, verra le pouvoir d'achat du mark considérablement amoindri, sa capacité de concurrence s'en ressentira et elle sera amenée, pour mieux défendre ses changes, à exporter de l'or. Dans ce cas, les mouvements du métal jaune auront une influence directe sur le volume de la circulation dans une contrée comme dans l'autre, provoquant un resserrement en Allemagne et une abondance en Angleterre, une baisse des prix en Allemagne et une hausse en Angleterre, et finalement l'équilibre des prix sera rétabli et les échanges commerciaux redeviendront normaux.

Supposons maintenant que l'Allemagne n'est pas encore au régime d'un Gold Standard achevé ; alors les effets nuisibles de l'accumulation des devises se manifesteront avec plus de force, les changes vont baisser et les prix monter dans une proportion encore plus considérable. Seulement l'État voudra empêcher une dépréciation trop grande de la monnaie ; il décidera la Banque à céder une partie de son or, ou bien, plus probablement, cette dernière va se défaire d'une partie de ses devises et procéder à une restriction de la circulation, ce qui finira par rétablir l'équilibre menacé, la Banque ayant renoncé à la politique, qu'elle avait suivie jusqu'à ce moment.

Il peut se faire que la Banque réussisse à garder après le rétablissement de l'équilibre, une forte encaisse-devises. Les désavantages disparaîtront-ils ? Non, nous dit M. Lansburgh, car les marchandises qu'on n'a pas importées constituent pour l'étranger un capital productif, qui augmentera le rendement de ses industries et améliorera leurs procédés de transformation, d'autant plus qu'elles seront aidées par les crédits que le pays, possesseur de devises, leur a bénévolement consentis. Donc ce dernier sera handicapé une deuxième fois, et la concurrence internationale deviendra pour lui plus difficile. (Il y a là, de la part de M. Lansburgh, un attachement tellement étroit au point de vue mercantiliste, que nous avons quelque peine à le suivre, avec nos conceptions modernes sur les rapports économiques complexes, qui existent aujourd'hui entre les États).

L'économiste allemand nous fournit une explication sur l'engouement soudain des banques centrales, d'après-guerre, pour les réserves en devises, de préférence aux réserves en métal jaune. C'est que depuis plusieurs années, on ne cesse de parler de la « pénurie de l'or », de l'insuffisance patente du métal précieux de faire face aux besoins actuels, en couverture, de la circulation monétaire internationale. Le professeur Cassel, dans de nombreux articles et conférences, a mis tout son talent et toute son autorité au service de cette idée et ses sombres prophéties quant aux dangers d'une déflation forcée, capable de compromettre le succès final de l'œuvre de restauration financière, n'ont pas été sans effrayer bon nombre d'Instituts d'émission et de leur conseiller une politique, qu'ils appellent « prudente », des devises.

Mais la prétendue disette de l'or est due à l'inconséquence des banques. Car d'un côté elles ont proclamé le principe d'un retour à l'or et d'une circulation gagée par le métal jaune, d'un autre côté, elles n'ont pas permis à ce dernier de déterminer le montant normal de la circulation, bien au contraire elles ont voulu fixer ce montant d'après une grandeur douteuse : les besoins du crédit. Quand on se plaint de la pénurie de l'or, on fait l'aveu implicite qu'on a retiré à la circulation sa base naturelle, pour lui substituer comme base « le crédit ». On a oublié que le crédit doit être la « cession temporaire d'un pouvoir d'achat créé organiquement, selon les lois économiques » et on en a fait « un pouvoir d'achat créé *ad hoc,* et non pas selon une loi organique ».

Le résultat a été une falsification des rapports normaux qui doivent exister entre le total des moyens de paiement et les mouvements de l'or, des prix et du taux de l'intérêt, et l'impossibilité pour la quantité existante de métal jaune de suffire comme couverture à une circulation « inflationnée » et de s'adapter à un niveau trop élevé des prix. La situation présente ne pourra pas être changée, sans de grandes perturbations, et mieux vaut tabler avec elle et rechercher un meilleur emploi des ressources dont on dispose. Il est indispensable de rendre à l'or la liberté de circulation, et de permettre aux lois économiques, dans un régime de non-intervention, d'exercer leur influence bienfaisante et leur action nivellatrice. Ce qu'il faut surtout, c'est abandonner la politique des devises, qui est « néfaste à l'extérieur et inopérante à l'intérieur » (1).

Les mouvements inter-étatiques de l'or signifient le développement des relations harmonieuses entre les Banques d'émission, la manœuvre des stocks de devises veut dire au contraire la guerre déchaînée entre ces institutions. L'harmonie d'antan, nous dit M. Faïn, interprétant la pensée de Lansburgh, fait place à une antinomie chronique. Toute devise, entre les mains d'une Banque d'émission est une arme tournée contre les autres Banques d'émission (2).

---

(1) Voir G. Faïn, *Les réserves de devises des grandes banques d'émission* dans la *Réforme économique,* 5 novembre 1927.

(2) Voir Lansburgh, *Die Notenbanken und die Wirtschaft ds. Die Bank,* septembre-octobre 1927.

En voici un exemple : une banque centrale, voulant défendre
le cours de la monnaie dont elle a la charge, peut envoyer,
disons, 10 mill. £ à l'étranger ; la suite de ce mouvement
naturel sera une contraction monétaire dans le pays exportateur et une abondance monétaire dans le pays importa-
teur de métal précieux. Des changements correspondants
se produiront dans le niveau des prix et du taux de l'intérêt,
et l'équilibre des changes sera obtenu, par le mécanisme
d'une exportation accrue, sans troubles et sans heurts.

Toute autre sera la situation si notre banque se décide
à céder 10 mill. £ en devises. La réalisation de ce crédit
(encaissement des effets, utilisation des dépôts) pourra provoquer une tension sur le marché monétaire extérieur, amener une hausse, indue, de l'intérêt et obliger finalement
la Banque centrale du pays d'origine de ses devises, à émettre des billets, sans couverture-or correspondante. Cette dernière sera donc obligée de se ménager en dehors des réserves
monétaires proprement dites, une réserve supplémentaire
pour émissions éventuelles, en contre-partie des devises qui
seront réalisées par les Banques d'émission étrangères. Dans
ce pays d'origine, à une abondance artificielle de crédit, peut
succéder une tension aiguë, dommageable à son activité
économique.

Voyons maintenant ce qui se passe à l'intérieur du pays,
qui s'est servi de sa réserve-devises pour défendre le cours
du change. D'abord, remarque M. Lansburgh, la Banque
d'émission cèdera, sans doute, une quantité plus considérable de ses avoirs à l'étranger, qu'il n'eût été nécessaire
qu'elle cédât de l'or, parce que la devise, étant un capital
placé à l'étranger et portant intérêt, peut paraître aux nationaux comme un moyen plus sûr et plus rémunérateur de
placement, pour leurs propres disponibilités à court terme,

en dehors de tout besoin de change. Ainsi, nous apprend M. Lansburgh, en 1925, l'Allemagne a perdu plus d'un milliard de sa réserve-devises, tandis que la moitié d'or effectif, aurait été suffisante à redresser la situation. Une perte d'or aurait été pour la Reichsbank un signe plus sûr et plus précis, des mesures qu'il fallait prendre pour obtenir le résultat cherché.

Mais il y a plus encore : d'après le canon des véritables principes monétaires, à une diminution de la réserve-devises, devrait correspondre une contraction de la masse des moyens de paiement. Or, le plus souvent, la Banque se contentera de remplacer les effets sur l'étranger, par des effets sur les nationaux, et au lieu d'une restriction, on aura une augmentation des disponibilités, placées entre les mains du public. C'est toujours l'observation des phénomènes économiques en Allemagne, pendant l'année 1927, qui permet à M. Lansburgh d'étayer ses affirmations sur un fait concret. Depuis la réforme monétaire, la balance commerciale allemande a été toujours passive. Cela s'expliquait par les prêts de l'étranger, qui avaient pour suite logique et inéluctable (?) une importation plus grande. Pendant les dix premiers mois de 1927, l'excédent des importations a dépassé l'importation des capitaux étrangers ; la différence a été forcément payée au comptant. La Reichsbank a perdu de nouveau près d'un milliard de devises. Mais elle les a cédées à crédit, sans procéder à aucune déflation, qui aurait dû naturellement en être la conséquence. En même temps, les modifications normales (hausse des changes et du taux de l'intérêt) ne se sont pas produites immédiatement et les crédits étrangers à court terme, qui seraient spontanément accourus dans d'autres circonstances, ont fait défaut. Double effet défavorable d'une politique, soumise à de multiples erreurs, parce qu'elle transgresse les lois économiques d'une circulation monétaire absolument saine. Et voilà quel est pour M. Lansburgh, le péché capital de la politique de devises : elle impose « l'artificiel », « l'arbitraire », la restauration par « tâtonnements », à « l'action spontanée », à « l'harmonie naturelle », au « redressement rapide et inéluctable ». La politique monétaire des Instituts d'émission n'est plus le réflexe immanquable de l'économie nationale, elle est plutôt l'instrument perfectionné de ces Instituts pour l'exercice d'un pouvoir absolu, souvent capricieux, la plupart du temps générateur d'erreurs et pernicieux pour l'organisme économique.

L'exagération jusqu'au paradoxe, M. Lansburgh nous dit jusqu'au grotesque, de cette politique a été le sort de la France, pendant la période de stabilisation de fait, qui a commencé en décembre 1926 et se continue encore. Pour arrêter la revalorisation du franc qui résultait d'une offre énorme de dollars et de livres, à la suite des rapatriements des capitaux et de la spéculation étrangère, la Banque de France acheta toutes les devises offertes à un cours fixe, et put amasser de la sorte près de 25 milliards de francs (1) de monnaie anglaise et américaine. Ce sont pour la plupart des cas, des crédits dans les Banques de New-York ou de Londres qui ont essentiellement le caractère fragile de la spéculation.

En effet, par un vice organique, qui est inhérent au système lui-même, les avoirs de la Banque de France à l'étranger, servaient de base à leur tour à de nouveaux crédits de spéculation, et d'autre part, les banques étrangères pour se couvrir, se faisaient ouvrir de nombreux avoirs en francs,

(1) A l'époque où écrit M. Lansburgh.

dans les banques françaises. Il n'y a eu, en somme, qu'une
« gigantesque émission internationale d'effets de cavalerie »,
les rapatriements français, mis à part. Or cette interpénétra-
tion des crédits, cet asservissement réciproque des marchés
nationaux à une vaste action spéculative contient en germe,
une crise très grave, que l'imprudence ou la malveillance ·
d'une place peut déclancher sur toutes les autres, quitte à
être engloutie dans la tourmente, qu'elle aurait provoquée.

Nominalement toutes ces devises, d'une valeur estimée à
un milliard de dollars, sont convertibles en or et donnent
à la Banque de France le droit de procéder, pour un montant équivalent, à des achats de métal jaune. C'est ce que
l'Institut français d'émission a essayé timidement de faire
en mai dernier sur le marché anglais et nous avons déjà eu
l'occasion de montrer la gêne et les difficultés, que cette
action, pourtant indispensable, pour mâter la spéculation a
fait naître et comment elle a été très mal accueillie par les
voisines d'outre-Manche, étant considérée, par la presse
financière, presque comme un acte inamical. Et M. Lansburgh peut conclure, en nous disant que dans le cas d'un
changement de la politique monétaire d'un pays ou de l'autre « tout cet édifice de créances et de dettes internationales
compressées, éclaterait comme une bulle de savon, avec des
convulsions violentes des marchés monétaires internationaux, qui assiègeraient les banques d'émission des principaux pays intéressés, ce qui aboutirait à des mesures d'inflation ou de restriction également désastreuses au point de
vue économique ».

Nous retrouvons ainsi la dernière critique faite par l'économiste allemand à l'accumulation des devises, qui réside
dans la constatation que la valeur des devises dépend de
la politique monétaire et la politique des changes du pays

auquel ces crédits ont été consentis et qu'elle est à la merci
de tout obstacle que les autorités de ce pays seraient capables d'élever contre la réalisation de ces devises, tel un moratorium, une discrimination des crédits, ou bien un changement défavorable de la politique du taux de l'escompte.
« La réserve de devises rend le système monétaire dépen-
dant de la politique de l'étranger, la réserve métallique
l'émancipe au contraire de son influence ».

Incontestablement, l'argumentation critique de M. Lansburgh se poursuit dans un cadre si étroit, si rétréci par
les exigences d'une doctrine, dont nous avons déjà montré
les faiblesses, qu'il nous est impossible de l'accepter dans
sa totalité. Elle heurte trop nos conceptions actuelles sur
la base et l'essence des systèmes monétaires, pour qu'elle
puisse satisfaire entièrement notre besoin de critiquer une
situation, que nous sentions confusément et dès le début,
comme fausse. Ce qu'il y a de remarquable chez cet économiste allemand, c'est qu'en partant d'une intuition juste,
nous essayerons de le démontrer encore par la suite, il est
arrivé par un raisonnement, dont nous rejetons les propositions fondamentales, à des conclusions parfaitement valables
et ce qui plus est, les événements postérieurs lui ont donné
complètement raison.

Nous disions, en commençant, que M. Lansburgh était
presque le seul à se poser le problème et à lui apporter une
solution à sa manière. Depuis lors, les voix qui ont affirmé
le caractère provisoire du « Gold Exchange Standard » se
sont faites plus nombreuses et nous devons à un article

tout récent de M. Max Hermant (1) des éclaircissements définitifs sur la nature intime et profonde des devises. Cela va nous faciliter de beaucoup notre critique, car en nous faisant comprendre l'inanité de la formule « la devise vaut de l'or », on a percé le voile qui nous couvrait l'identité mystérieuse de ce genre de réserves, et on a rendu possible le rejet de cette politique de devises, pour des motifs puisés dans l'actualité vraie et immédiate. Beaucoup de banques centrales, nous avons eu l'occasion de le voir, continuent à mettre sur pied d'égalité leurs avoirs-or et leurs avoirs-devises. Mais il y en a une surtout, en ce moment, pour laquelle cette politique a pris une telle proportion, son accumulation de devises a atteint une telle ampleur que toute la presse financière se pose, avec inquiétude et parfois avec angoisse, le problème de savoir où une pareille action pourra bien mener. Il s'agit de la Banque de France, dont à la fin de février 1928, le bulletin d'un grand journal économique estimait le total des devises possédées à 32-33 milliards de francs (6,7 milliards employés en report avec les établissements privés de crédit). L'énonciation seule de ce chiffre, jointe à la considération que théoriquement toute cette somme est convertible en or, nous fait présager l'importance primordiale pour la solidité des plus grands systèmes monétaires du monde entier, des prochains mouvements de l'or. Entre la France, l'Amérique et l'Angleterre se jouera le sort de la base, actuelle et future, de leur circulation monétaire et par ricochet, celui aussi de la circulation des autres pays européens intéressés, qui souffrent du même vice organique et recherchent les mêmes remèdes.

(1) Voir Max HERMANT, *La circulation internationale des capitaux et les mouvements de l'or* dans la *Réforme économique* du 5 janvier 1928.

Ne nous faisons pas d'illusions. Il y en a beaucoup encore, tel le talentueux chroniqueur financier de l'*Information*, M. A. Despaux, qui en critiquant le principe, suranné disent-ils, de la couverture métallique et en proclamant l'excellence du « Gold Exchange Standard », nous vantent les vertus de la possession d'un grand stock de devises et ne s'effrayent pas de l'abondance (artificielle et factice) que le maniement de ces « avoirs à l'étranger » peuvent provoquer dans un pays comme dans l'autre. La productivité des devises, leur encombrement nul, leur maniement facile, sont leurs arguments favoris. L'analyse que nous allons présenter à nos lecteurs, nous permettra de réfuter définitivement leur croyance erronée et de proclamer, une fois de plus, la prééminence d'un ensemble de systèmes monétaires, régis par les mouvements libres et spontanés de l'or.

A) La devise peut être, comme le voulait M. Lansburgh, l'équivalent d'un surplus de marchandises ou de services proprement dits exportés par un pays donné sans contre-partie immédiate. Au lieu de laisser s'accroître la valeur de la monnaie nationale et amener une importation d'or étranger, la Banque d'émission respective a préféré se constituer un stock de devises.

B) Mais la devise peut être encore le résultat d'un échange de créances à vue entre deux pays, à la suite des opérations ou spéculatives, de sorte que les avoirs de chaque pays dans l'autre se neutralisent. Remarquons, dans ce cas, la fragilité extrême de ces devises, qui n'enrichissent ni n'appauvrissent aucun des deux participants.

C) La devise peut être enfin l'effet d'un mouvement (d'un transfert) de capitaux, qu'il s'agit de bien analyser, pour en saisir toute la portée. Nous devons à M. Max Hermant une définition claire et précise, qui nous explique en quoi consiste un transfert de capitaux, d'un pays à un autre pays : « c'est un échange de créances, à termes différents ». Au lieu d'exporter des marchandises, un État peut vendre à l'étranger du « papier », c'est-à-dire un titre contenant la reconnaissance d'un droit sur ses biens mobiliers ou immobiliers, et de son côté l'étranger se reconnaîtra immédiatement débiteur des sommes correspondantes à ces achats.

En envisageant toutes les hypothèses réellement possibles, M. Hermant en découvre quatre : achat des créances à long terme contre créances à vue ou à court terme (I) ; achat de créances à court terme contre créances à vue (II) ; achat de créances à terme quelconque contre paiement comptant en marchandises (III) ; achat de créances à terme quelconque contre paiement en or (IV). (Car, l'achat du « papier » peut être effectué non seulement contre des *devises,* mais aussi contre les créances résultant pour l'étranger de ses exportations de marchandises ou de métal jaune).

Si nous nous rapportons maintenant au cas de la France, nous verrons que la masse des devises en sa possession, provient effectivement des trois sources que nous venons d'indiquer (A, B, C). Leur consistance est donc d'inégale valeur.

Une partie est soumise à un retrait immédiat, c'est celle qui a pour contre-partie des crédits que l'étranger garde encore dans les banques françaises, soit aux fins de spéculation, soit, selon l'interprétation de M. Lansburgh, pour s'assurer contre la révocation soudaine des « prêts » que la Banque de France lui a consentis, sous forme de devises. D'après l'estimation de M. Hermant, ils doivent s'élever à quelques dix milliards. Ceci explique l'augmentation d'environ six milliards, subie par les comptes courants des quatre grands établissements de crédit parisiens et l'accrois-

sement encore plus considérable des comptes courants du
Trésor.

Une autre partie des avoirs à l'étranger de la Banque de
France est plus durable, elle est l'équivalent d'une aliéna-
tion de marchandises ou de « titres » de la part des Français, pour le compte des autres pays. Ces achats de « titres »
poursuivent, tout comme l'achat direct de francs, un but
spéculatif, qui se justifie par la croyance à une forte hausse
des valeurs, une fois la stabilisation légale décrétée.

Que cela vienne de Londres ou bien de New-York, ces
investissements en monnaie ou en valeurs françaises n'ont
été possibles que grâce aux crédits de spéculation, obtenus
auprès des banques respectives des deux places. Ce sont ces
crédits de spéculation qui constituent, dans la majorité des
cas, les devises que la Banque de France a dû acquérir
depuis décembre 1926 et la masse de pouvoir d'achat supplémentaire que cette banque a mise à la disposition du
public n'est basée que sur cette garantie extrêmement fragile.

Remarquons avec M. Pierre Martignan (1) qu'un dollar-
crédit ne représente aujourd'hui que la dixième partie
environ d'un dollar-or et que d'autre part une banque européenne qui considère la devise égale à de l'or, peut la prendre comme réserve dans la proportion 1/3 ; il s'ensuit alors
que chaque unité monétaire émise par cette banque n'aura
comme couverture que 1/30 de sa valeur en or. Et enre-
gistrons, avec M. Max Hermant, l'augmentation de 54 mill.
livres des dépôts dans les banques anglaises, accroissement
important du volume du crédit qui ne se justifie pas par

(1) *L'or et le crédit*, dans la *Revue politique et parlementaire*,
10 février 1928.

les conditions intrinsèques plus favorables de l'économie britannique. Ce sont des crédits de spéculation, transformés en dépôts de la Banque de France dans les établissements londoniens, et qui à leur tout ont servi de base à d'autres crédits de spéculation. Nous pouvons condenser ces observations en disant que la même quantité d'or sert de cette façon à deux pyramides de crédit. La preuve de la fragilité d'une couverture-devises et des inconvénients qu'elle présente pour le pays qui s'en sert, est très nette, et nous sommes loin de l'opinion, presque naïve, de M. Nogaro, selon laquelle la devise vaut de l'or dans l'encaisse d'une banque centrale.

Non seulement la devise ne possède pas le pouvoir d'une réglementation spontanée et automatique de la circulation suivant les indications des diverses économies nationales, elle est au contraire un élément d'inflation internationale (1). La circulation et les crédits de chaque pays peuvent servir théoriquement de base à la circulation et aux crédits des autres pays et le cercle vicieux, peut se continuer à l'infini. La couverture-devises offre moins de garanties de sécurité contre la tentation d'une inflation fiduciaire que la couverture en or.

Pour le pays d'origine des devises, la situation présente encore plus de désavantages. Il a toujours à craindre une perturbation brutale provoquée par un retrait soudain d'une grande quantité d'or, en échange des crédits qui lui ont été consentis par le pays pratiquant la politique des devises. Nous avons suffisamment insisté sur les embarras que la Banque de France pourrait créer au marché de Londres, si elle se décidait à réaliser une partie de ses avoirs dans les

(1) Voir Pierre MARTIGNAN, art. cité.

banques britanniques. M. Hermant, prenant la défense de
l'Institut français contre les attaques injustifiées, prétend-il,
des milieux financiers anglais, nous fait voir comment la
Banque de France a exercé une large et puissante action
de soutien de « la livre sterling », en acceptant les offres
livres, en même temps que celles en dollars ; elle n'a pas
désolidarisé les deux cours, et elle a empêché de la sorte
le cours de la monnaie anglaise de baisser. Il est hors de
doute, qu'à ce point de vue, on a rendu à l'Angleterre un
immense service. Mais il n'est pas moins vrai que l'accumulation de crédits anglais, comme couverture de la monnaie
française, a conduit fatalement à une tension entre les deux
Instituts d'émission et entre les marchés des deux côtés de
la Manche. Quoique M. Hermant voudrait voir dans la
politique de la Banque de France une manifestation parfaite
de solidarité internationale, nous sommes plus enclins, en
donnant en cela raison à M. Lansburgh, de voir dans son
action les germes d'une guerre éventuelle entre les Instituts
d'émission, et nous trouvons dans les nombreuses entrevues
des dirigeants de ces deux banques, la preuve des difficultés
et des écueils qui se dressent devant la découverte d'une
solution satisfaisante pour tout le monde.

Et malgré les protestations des dirigeants du système de
la Réserve Fédérale, la transformation massive des crédits-
dollars en or effectif bouleverserait le régime monétaire et
bancaire de l'Amérique et ne pourrait pas être facilement
supportée par l'économie nationale américaine. Nous ne
voulons pas dire par là, que les États-Unis ne devront pas
finalement consentir à un transfert de l'excédent de leurs
réserves de métal jaune à l'Europe, qui en manque encore,
pour parachever sa restauration monétaire. Nous voulons
seulement faire ressortir le pouvoir exorbitant que la poli-

tique des devises, poussée jusqu'à ces dernières limites, peut donner à une banque d'émission contre ses semblables et les dangers, non pas probables, mais possibles, d'une telle politique.

Une dernière répercussion de cette politique maladroite et néfaste a été très bien mise en lumière par M. Martignan, dans son article précité : dans une analyse pénétrante, il nous décrit le mécanisme, selon lequel les banques américaines ont pu soutenir le marché monétaire et le marché des changes de Londres et d'ailleurs, avec des crédits à court terme. Soit directement, pour renforcer les changes européens, soit indirectement, pour favoriser la prospérité des États-Unis et tout dernièrement en vue de la campagne électorale; les Banques Fédérales ont abaissé successivement le taux de leur escompte, étant suivies en cela par les banques affiliées. La conséquence de ces mesures fut une grande abondance de crédit, qui a dépassé de 60 %, d'après l'évaluation de M. Martignan, les besoins réels de l'industrie et du commerce de là-bas.

Les disponibilités existantes sont allées s'employer partiellement à l'étranger et pour une très grande partie elles ont trouvé un investissement fructueux en Bourse, provoquant la hausse persistante et remarquable de ces dernières années. Il en résulte finalement que le portefeuille-titres tient une place énorme dans l'encaisse des banques américaines et que leur liquidité, en période de dépression économique ou dans l'hypothèse d'un run soudain, est assez incertaine. En cas de crise, la situation peut devenir très grave pour les possesseurs de dollars en compte courant et les banques américaines pourraient être mises en fâcheuse posture, par les difficultés qu'elles rencontreraient, en voulant réaliser leurs titres. L'intérêt pour les pays européens de ne pas garder des dépôts trop importants, comme couverture, même dans les banques américaines, apparaît avec évidence.

Résumons-nous. Au début de cette étude, quand nous nous sommes demandés quel est le principe essentiel qui doit régir toute circulation monétaire, nous avons admis que la base-or est encore la meilleure, qui puisse assurer au système, sinon une perfection absolue, du moins, un fonctionnement régulier et exempt de variations trop brusques et d'incertitudes trop grandes. Nous espérons avoir pu démontrer que la tendance actuelle des Instituts d'émission de remplacer leur encaisse en métal jaune, avec des devises, ne se justifie pas par le souci de ménager à la circulation monétaire un fondement aussi sain que possible, et nous croyons devoir condamner sans réserves cette politique des devises. Nous avons insisté sur le caractère artificiel qu'une couverture composée d'avoirs à l'étranger, peut donner à la politique monétaire des banques centrales et nous avons voulu faire ressortir les hésitations et les erreurs, auxquelles pareille action peut conduire. Nous avons pu, au contraire, établir que l'or est le grand et le vrai régulateur du marché international des capitaux et qu'une importation assez réduite de métal jaune, au moment opportun, suffit pour arrêter la création insolite de capitaux de spéculation à l'étranger, en restreignant sa base de crédit et en tempérant ses élans spéculatifs.

Substituer à une base ferme, génératrice des mouvements spontanés et capables de redresser immédiatement les déséquilibres éventuels, *une base fragile,* qui éloigne les réactions naturelles de l'organisme économique, pour lui substituer l'arbitraire d'une politique monétaire présomptueuse et néfaste. Opposer à l'harmonie des systèmes économiques et monétaires, *la guerre des Instituts d'émission*. Remplacer la collaboration, en pleine indépendance des banques centrales, par *une solidarité obligatoire dans l'erreur*, et une dépendance servile du sort de quelques deux ou trois grands pays. Voilà ce qu'est la politique de devises. Si nous lui reconnaissons des imperfections et des dangers, il faut lui chercher aussi des remèdes. Nous le ferons dans le chapitre suivant.

CHAPITRE V

LA RECHERCHE D'UNE SOLUTION

Le dogme de la Conférence de Gênes prévoyant l'introduction du Gold Exchange Standard et l'adoption d'une « politique des devises », trouvait sa justification dans une crainte exagérée devant la « pénurie » du métal jaune. On acceptait comme prémisses la nécessité d'une stabilité absolue des prix, et la relation causale et immédiate entre la quantité totale du métal jaune et le niveau général des prix dans le monde. On enregistrait aussi un léger fléchissement dans la production annuelle de l'or. On concluait alors à des grandes et redoutables fluctuations du pouvoir d'achat du métal jaune et on proposait les remèdes aptes à les circonvenir. La Conférence indiquait clairement qu'il est indispensable de réaliser une forte économie de l'or, que de la sorte des graves perturbations économiques et sociales pourront être évitées, et que naturellement une organisation bancaire internationale devra assurer le succès final de ce projet.

L'inspirateur direct, quant à l'insuffisance probable et prochaine du métal précieux, fut le professeur Cassel. Celui-ci n'a pas changé d'avis depuis 1922 et l'année dernière il affirmait encore que l'alternative est entre une baisse générale des prix et l'abandon de l'or comme étalon monétaire. M. Kitchin, un des membres de la Commission pour la réforme monétaire aux Indes, a repris les calculs de Cassel et il est arrivé aux mêmes conclusions, en essayant de nous démontrer qu'avec une production annuelle moyenne de 80 mill. £, les besoins réels de l'économie mondiale, en évolution continue, risquent de rester insatisfaits. En effet, d'après M. Kitchin l'accroissement de ces besoins serait de 2,7 % chaque année et le métal jaune disponible, après déduction des quantités employées dans l'industrie et par la thésaurisation de l'Extrême-Orient, est incapable de suffire à cette demande accrue. La solution est, aujourd'hui, comme en 1922, l'économie de l'or. Elle est déjà accomplie par l'utilisation généralisée du papier à la place du métal dans les échanges quotidiens et par la concentration de l'or dans les Instituts d'émission. Elle le sera plus encore par l'adoption universelle du Gold Exchange Standard et une nouvelle répartition géographique de l'or, que nous exposerons tout à l'heure. Voilà donc quels sont les motifs invoqués et les solutions proposées par les partisans de cette idée, qu'une « pénurie du métal jaune » serait à craindre dans un avenir plus ou moins rapproché.

Mais, chose bizarre, il y a d'autres autorités dans la matière, qui s'effrayent non plus d'une insuffisance, mais d'une pléthore de métal précieux, avec comme conséquence une hausse des prix, c'est-à-dire une diminution du pouvoir d'achat de l'or. Parmi eux, le regretté Professeur Lehfeldt, a insisté longuement sur les causes et les effets de cette surabondance probable, et il nous a apporté aussi des suggestions intéressantes, quoique parfaitement inadmissibles, sur une réglementation internationale de la production de l'or, en vue de proportionner l'offre à la demande existante, et d'éviter ainsi les fluctuations, dans le sens de la hausse, du niveau général des prix.

Tout dernièrement, M. Hantos, apôtre fanatique de la coopération des banques centrales, a synthétisé ces deux opinions quelque peu contradictoires, et se réclamant des principes orthodoxes de la Conférence de Gênes, nous a exposé avec beaucoup de force, le point de vue de la politique de l'or, selon les partisans du Gold Exchange Standard (1). Nous allons le résumer brièvement, pour pouvoir lui opposer ensuite notre point de vue, à nous, sur la future répartition probable de l'or, dans le monde. M. Hantos constate que depuis la guerre, on a pu enregistrer des fluctuations anormales dans le pouvoir d'achat de l'or, soit dans le sens d'une dépréciation, soit dans le sens contraire d'une appréciation de sa valeur. Il insiste sur le caractère éminemment dangereux de ces variations, sur les diverses économies nationales. Il accepte tout aussi bien l'éventualité d'une pénurie, que celle d'une pléthore de métal jaune. Ce qui l'intéresse, c'est surtout que « la production de l'or ne marche pas de pair avec l'accroissement du commerce et du trafic, mais est tantôt énorme et tantôt complètement insuffisante ». Et il importe, avant tout, de *stabiliser la valeur de l'or*, et donc des monnaies, qui lui sont pratiquement équivalentes. Reprenant la proposition de M. Lehfeldt, il estime qu'il faudra régler l'offre du métal précieux, par l'exploitation méthodique et consciente des gisements, à l'aide d'un Syndicat d'États. Plus précisément les pays possesseurs de mines d'or, s'uniront dans un trust international et dirigeront la production, selon les besoins présumés de la circulation mondiale.

(1) Voir E. Hantos, *La stabilisation de la valeur-or par la coopération des Banques centrales*, dans la *Revue Économique internationale*, janvier 1928.

D'autre part, pour économiser dans une plus large mesure, l'emploi effectif de l'or, autrement dit, pour restreindre la demande, il faudra que le système du Gold Exchange Standard, d'hésitant et transitoire, devienne général et définitif. Il suppose l'accumulation du métal jaune dans quelques pays principaux, qui jouissent d'un plein étalon-or, et qui se transformeront en centres-or, pour le reste du monde. Le sacrifice, qu'ils feront, d'être les gardiens d'immenses quantités de métal précieux, improductifs, sera compensé par l'avantage, qu'ils retireront des crédits à bon marché, consentis par l'étranger et équivalents aux devises, que l'étranger détiendra comme couverture pour sa circulation. Toutes les banques centrales seront intéressées au bon fonctionnement du système. Pour l'obtenir, il faudra réaliser une collaboration étroite des Instituts d'émission, sous la forme d'une vaste coopération internationale.

M. Hantos est frappé lui aussi par l'appauvrissement en or de l'Europe d'après-guerre. Et il nous donne des chiffres : en 1913, le vieux continent possédait, en circulation et dans les banques, 60,7 % du stock mondial. En 1924, les réserves des banques centrales ne s'élèvent plus qu'à 32,1 % du total de l'or monétaire. Le rapport de couverture a de même considérablement faibli, et il est passé de 69,1 % à 33,6 %. Dans ces conditions, une nouvelle répartition des réserves-or dans le monde paraît désirable ; seulement elle aura lieu entre les centres-or. Elle n'est pas à espérer d'un renversement des rapports commerciaux actuels entre l'Europe et les États-Unis. Des tentatives ont été faites par le Federal Reserve Board, qui a favorisé la restauration des monnaies européennes et a permis des exportations anormales de capitaux. Mais il importe que « tous les pays soucieux de recourir aux stocks d'or du monde et en premier lieu aux réserves des Federal Reserve Banks pussent s'entendre au sujet d'une répartition systématique des stocks ». Voilà donc l'utilité, la nécessité même, de la coopération des banques centrales, proposée d'ailleurs aussi par la Conférence de Gênes.

M. Hantos nous apporte en plus une suggestion personnelle et originale : logique avec ses développements antérieurs, il ne se contente pas d'assigner aux banques centrales la mission de procéder à une répartition meilleure du métal déjà existant et de surveiller la demande (cela veut dire les besoins de la circulation) ; il va plus loin, et suggère l'acquisition, pour leur propre compte, du trust international de l'exploitation des mines d'or, se réservant ainsi un contrôle direct sur l'offre du métal précieux et dominant ainsi tous les éléments capables d'influencer à l'avenir les variations du pouvoir d'achat de l'or, et donc du niveau général des prix. M. Hantos a poussé jusqu'à ses dernières limites l'idée d'une coopération des banques centrales et de ses répercussions sur l'évolution future de la situation monétaire dans le monde entier, et assurément on ne saurait lui faire un grief, d'avoir été logique avec les principes, qu'il tient pour justes, et d'avoir conclu, en conformité avec eux, que « cette coopération aura pour effet de substituer à l'action des forces naturelles, celles de la raison, qui tend à la stabilisation de la valeur de l'or ».

*

*   *

Ce que nous reprocherons à M. Hantos c'est d'avoir négligé une analyse plus profonde de la relation qui existe

entre la quantité totale du métal jaune et les besoins de la
circulation mondiale ou plus exactement du système mondial
du crédit (*lato senso*). Nous lui reprocherons encore de ne
pas avoir insisté sur les désavantages que la politique des
devises présente pour ceux qui l'ont adopté. Nous lui reprocherons enfin d'être trop étroitement quantitativiste et de
croire que le problème des prix tient principalement à l'action des banques centrales.

Reprenons nos critiques : M. Hantos a tort de s'attacher
à la masse globale d'or disponible aux fins monétaires et
de décréter son insuffisance ou son excès, par rapport aux
besoins d'un étalon des valeurs des pays civilisés. Parler
d'une surabondance de l'or, c'est faire une affirmation purement gratuite. Elle ne se réalisera qu'au jour où on aura
abandonné l'étalon-or, alors seulement le métal jaune sera
trop abondant, parce que d'un usage plus réduit. Parler
d'une pénurie, n'a pas non plus de sens, comme nous l'a
fait très bien comprendre M. Lansburgh ; c'est précisément
la rareté de l'or qui lui donne sa valeur et la quantité existante sera nécessairement et logiquement suffisante pour
les besoins mondiaux en moyens de paiements. Il en résul-
terait, au cours d'un retour complet au Gold Standard pur,
une forte déflation de la circulation et des crédits, et par
conséquent une baisse des prix. Ou bien, si on redoute,
et pour cause, cette forte contraction des prix, on pourra
maintenir le même volume d'instruments monétaires avec
une base métallique plus réduite. Ce qu'il faut réaliser surtout c'est une nouvelle répartition de l'or, qui est d'ailleurs
déjà en train de s'accomplir, et qui consisterait précisément
à décongestionner l'Amérique, où il y en a trop, pour
en donner à l'Europe, où il n'y en a pas assez.

Car, et c'est notre deuxième critique, la principale, les

devises ne valent pas de l'or dans l'encaisse des banques européennes. Elles fournissent à la pyramide de crédit (circulation et dépôts à vue) une base extrêmement fragile et mettent l'économie nationale dans la dépendance directe de la politique économique et financière d'un seul État. A la place d'un automatisme normal et bienfaisant des mouvements spontanés de l'or, on voudrait substituer la suprématie des banques anglo-saxonnes, et on risque, dans l'hypothèse d'un conflit quelconque, de voir s'évanouir, comme fumée au vent, la prétendue base solide du système monétaire. Un régime, qui s'évertuerait à rendre cette situation définitive, au lieu de faire tout son possible pour accentuer son caractère essentiellement transitoire, serait dangereux et néfaste aux tentatives de relèvement de l'Europe appauvrie. Il lui donnerait l'illusion d'une aisance factice, qui finirait bien un jour par trahir sa faiblesse, trop tard peut-être pour qu'une crise, ou au moins les pires mécomptes, soient évités.

S'il nous fallait encore un argument, pour réfuter la solution que M. Hantos entend apporter au problème de l'or, nous lui dirions que c'est bien présomptueux de vouloir accorder aux banques centrales le pouvoir absolu de régler la marche des prix. Nous lui rappellerions, avec M. Pommery, que le Federal Reserve Board lui-même, reconnaissait son impuissance d'être le maître indiscutable des mouvements des prix : « les fluctuations des prix ont des causes multiples, dont la plupart sont indépendantes du système de crédit. On ne peut prétendre stabiliser les prix en régularisant le crédit, sans aller à un échec certain » (1).

(1) Voir l'*Annual Report of the Federal Reserve Board for*, 1923.

Nous n'ignorons point que des personnalités éminentes du monde bancaire, tel que le président de la Middland Bank, M. Mac Kenna, mettent tout leur talent et toute leur ferveur scientifique au service de la « monnaie dirigée ». Encore, tout récemment, dans son discours annuel fait aux actionnaires au début de 1928, M. Mac Kenna a défendu brillamment son point de vue et a soutenu que toutes les monnaies européennes sont maintenant à l'étalon-dollar et non à l'étalon-or. Car s'il est vrai, selon l'éminent homme de banque anglais, que nominalement l'or détermine encore par son poids la teneur d'un dollar, en réalité c'est le pouvoir d'achat de ce dernier qui détermine la valeur intrinsèque du métal jaune. Et plus loin, par le mécanisme de la balance commerciale active ou passive des États-Unis et les entrées ou sorties correspondantes de l'or, les prix dans tous les autres pays, d'Europe et d'ailleurs, sont influencés par le niveau des prix américains. Donc la valeur du dollar fixe la valeur de l'or et en même temps celle de toutes les autres monnaies revenues, en apparence, à l'étalon-or. Comme c'est la politique consciente et voulue du Federal Reserve Board, qui règle souverainement le volume du crédit et que les prix dépendent directement et presque mathématiquement de la grandeur de ce dernier, voilà démontrée la prédominance du dollar et la suprématie des banques américaines.

Les exagérations d'une pareille interprétation des phénomènes monétaires américains sont tellement manifestes, qu'on n'a aucune peine à les dénoncer et à prouver combien on s'éloigne de la vérité, en s'attachant à une théorie, dont nous avons déjà montré l'insuffisance explicative. Le problème des prix dépasse singulièrement le problème du crédit. La masse des moyens de paiement, mise à la disposition du commerce et de l'industrie est sans conteste un des facteurs, qui peuvent déterminer les mouvements de hausse ou de baisse du niveau général des prix. Mais elle n'est pas le seul, il s'en faut de beaucoup. Dans une série d'articles remarquables, M. Pommery, s'occupant du problème des prix, dans ses relations avec la politique de l'or (1), a mis à nu les illusions des défenseurs, trop fervents, de la monnaie « dirigée ». On ne peut pas nier que l'intervention intelligente du « Board » n'ait eu des résultats admirables, quant au maintien d'une situation monétaire normale, favorable au libre développement de l'économie américaine. Sans doute le « Board » a su opposer une résistance victorieuse aux influences nocives que l'énorme afflux d'or aurait pu avoir pour les États-Unis. Il faut encore lui rendre cette justice, qu'il suit assez adroitement les indications des affaires et sa politique ne va jamais à l'encontre des tendances profondes de l'économie nationale. Mais il est non moins vrai, que la baisse lente et continue du niveau général des prix de gros américains depuis deux ans, n'est pas due à une restriction des crédits et au maintien d'un taux trop élevé. Au contraire, l'argent est extrêmement abondant aux États-Unis et la Bourse de New-York en a subi les répercussions directes sous la forme d'une hausse considérable de toutes ses valeurs. M. Pommery nous fait observer que la baisse fut provoquée par la concurrence très active des diverses industries, qui ont été obligées d'abaisser leur prix de revient et aussi par une situation très favorable de l'agriculteur, qui a pu diminuer ses prix. C'est l'organisation économique toute entière, complexe dans ses

____

(1) Voir le supplément du *Capital*, les numéros du 3o septembre, du 7, 21 et 28 octobre 1927.

éléments et variée dans ses réflexes, qui détermine le niveau général des prix.

Ce que nous venons de voir pour l'Amérique, est valable pour n'importe quel autre pays. Reprenant une idée que M. Pommery a empruntée à M. Valery, nous dirons qu'il y a « *un système d'inégalités* qui définit à toute époque l'état de la terre vivante ». Il est téméraire et inutile de la part des Banques d'émission de vouloir y changer quelque chose. Mais il est de leur devoir de faire de grands efforts pour écarter toutes les entraves, qui empêchent encore la masse totale de l'or dans le monde, de se répartir selon ce système d'inégalités. Dans un régime de liberté, et avec une répartition adéquate des réserves d'or entre les différents pays, les mouvements spontanés du métal jaune permettront le maintien de l'équilibre fragile et combien instable, de toutes ces économies disparates.

*

*   *

Il s'agit maintenant de rechercher comment cette redistribution du stock d'or monétaire devrait s'effectuer dans le monde, et plus spécialement entre l'Amérique et l'Europe. Il faut remarquer tout d'abord que de grandes quantités d'or américain ou anglais s'en vont chaque année apaiser la soif de thésaurisation de l'Extrême-Orient. C'est autant d'or perdu, qui pourrait servir plus utilement aux banques centrales européennes. Et nous ne reviendrons pas sur cette idée que actuellement des importations de métal jaune en Europe par le libre jeu de la balance des comptes ne sont pas à espérer. Il ne reste donc que deux possibilités, pour réaliser une nouvelle redistribution, deux possibilités qui s'analysent finalement en une seule : la transformation des crédits américains (devises) en or effectif.

Nous avons indiqué au cours de notre longue étude sur la stabilisation des monnaies européennes, comment et dans quelle mesure les Instituts d'émission du vieux continent ont amassé des avoirs à l'étranger. *Ce sont ces avoirs, qu'il faut transformer en métal jaune.* La chose n'ira pas sans quelques difficultés, surtout pour le marché anglais, comme nous le verrons plus loin.

Mais il y a aussi des pays européens, principalement ceux que nous avons groupés dans notre quatrième catégorie (1), qui ne possèdent pas une réserve de devises suffisante. La seule solution pour ceux-là consiste dans *la conclusion d'un grand emprunt-or américain,* à l'instar des pays de l'Amérique latine, qui ont justement suivi cette politique. Vers la fin de 1927, l'Argentine et le Brésil, pour parachever leur réforme monétaire ont obtenu aux États-Unis deux grands emprunts de restauration et ils se sont empressés de transformer leurs crédits en or, qu'ils ont fait venir chez eux, pour renforcer la position de leurs Instituts centraux d'émission. Il paraît d'ailleurs que des pourparlers actifs sont engagés par les cinq pays susvisés, auxquels nous pouvons joindre l'Autriche (d'après les bruits qui courent) pour l'obtention de l'emprunt américain de sauvegarde. D'ailleurs, des emprunts-or américains seront indiqués pour les autres États aussi, qui n'ont pas pu se constituer leurs réserves-devises qu'à l'aide des crédits américains et anglais à court terme. Il s'agira dans ce cas d'une consolidation indispensable au succès de l'opération finale.

(1) **Sauf la France, bien entendu.**

En définitive, la situation s'analyse par une créance immense des banques centrales européennes sur les banques américaines et anglaises. Elle pourrait être utilisée soit à des importations de matières premières et de l'outillage industriel, en vue d'augmenter la production indigène, soit pour être troquée contre de l'or. La première hypothèse est à rejeter, car elle augmenterait la prospérité des États-Unis (par leurs exportations accrues) et priverait les États de l'Europe de la seule possibilité immédiate, qui leur est ouverte, pour renforcer leurs systèmes monétaires et pour reconquérir leur indépendance financière. Il faut donc étudier les conditions de réalisation probable de notre deuxième hypothèse, *conversion des devises en métal jaune,* qui constitue selon nous, la vraie solution à apporter au problème actuel de l'or.

*   *   *

Occupons-nous d'abord de l'Angleterre. De par sa position de centre financier international et de marché libre de l'or, la place de Londres est la première à laquelle on a recours, quand on a besoin de métal jaune sur le vieux continent. Seule la Banque d'Angleterre a acheté de l'or, pendant 1927, pour 19.439.000 livres sterling et en a vendu pour 20.654.000 livres sterling. D'un autre côté, on sait bien qu'une bonne partie de la production sud-africaine passe par le marché anglais. En 1927, le Transvaal a produit de l'or pour 43 mill. £ et la Rodhésie pour

2,5 mill. £. Ces 45,5 mill. £ (chiffres provisoires) se sont
répartis de la façon suivante :

> 7.25o.ooo £ sont allés aux Indes.
> 6.5oo.ooo £ —   — en Argentine (1)
> 1.75o.ooo £ —   — au Brésil (1)
> 26.75o.ooo £ —   — en Angleterre
> 3.25o.ooo £ sont allés ailleurs ou bien restés dans le pays.

Sur le marché libre, le total des transactions a été moins
élevé qu'en 1926, mais assez important, quand même :

	1927
Importations	32.447 mill. £
Exportations	28.153
	+ 4.294

Parmi les principaux acheteurs, il y a eu les Indes avec
2.561 mill. £ (moins que les années précédentes), les États-
Unis avec 5.762 mill. £, la Russie avec 1.589 mill. £. On
a réussi aussi à identifier à peu près « l'acheteur mystérieux »
(The unknown buyer) qui avait acheté pour quelques
10 mill. £ : c'est la Pologne pour 4 3/4 mill., l'Allemagne
pour 3 1/2 mill., l'Autriche pour 3/4 mill. et aussi la
Belgique, la Hongrie, les Indes et la France. Enfin sont
intervenues directement sur le marché : la Hollande, la
Suisse, l'Espagne et d'autres contrées pour des sommes
moins considérables. On voit par là l'importance de premier ordre que joue la place de Londres dans la distribution du métal jaune et l'intérêt qu'il y a qu'elle soit toujours bien fournie pour faire face à toutes les demandes.
Ce n'est malheureusement pas le cas, malgré les protestations très vives des milieux officiels. On se rappelle la gêne

---

(1) Pour la première fois.

que les achats d'or de la Banque de France ont provoquée
sur le marché anglais et plus récemment les achats d'or
de la Pologne ont soulevé les mêmes inquiétudes et les
mêmes récriminations. Les banquiers anglais, répétons-le,
ont pour eux une pratique incontestable des plus difficiles
affaires financières et leur supériorité dans ce domaine les
rend indispensables à toute action internationale. Mais il
leur manque, pour ce qui est plus spécialement de la distribution de l'or, les fonds nécessaires pour répondre aux
besoins exorbitants des autres pays européens. Ils ne les
trouveront que dans un grand emprunt-or américain et on
a pu enregistrer dans la presse financière de ces tout derniers temps des suggestions très intéressantes dans cette
direction. Nous le disions déjà en terminant notre para-
graphe sur l'Angleterre, que la Cité est appelée à devenir
sous peu une véritable succursale des crédits-or du système
des banques fédérales.

*

* *

Nous arrivons finalement à cette conclusion que les États-
Unis sont et seront encore pour longtemps les grands pour-
voyeurs en métal jaune des autres pays, et par conséquent
aussi des pays européens. Les banques américaines ont
affirmé, dans toute occasion, que l'Amérique peut perdre
sans se ressentir un milliard d'or, tant son système monétaire est parfait et solide. Il paraît, quoique des estimations
exactes dans cette matière, soient difficiles à établir, que
la créance nette immédiatement exigible de l'Europe sur les
États-Unis dépasse légèrement un milliard. Les retraits

éventuels d'or n'affecteraient donc pas la solidité du système monétaire américain.

Seulement il ne faut pas croire que les Banques Fédérales consentiront facilement à se dessaisir d'une quantité importante de leurs réserves métalliques. Celles-ci dépassent, par moments, 70 % du total des engagements à vue (billets et dépôts des banques affiliées). Il est dans le pouvoir des Banques Fédérales d'abaisser cette proportion jusqu'au minimum légal, qui n'est que de 35 et 40 %. Mais il est peu probable qu'elles consentiront une réduction quelque peu importante de leur encaisse. La solution doit être cherchée ailleurs. Voyons en effet comment a évolué la politique du système de la Réserve Fédérale pendant 13 mois, à savoir du 1er janvier 1927 jusqu'au 1er février 1928.

D'abord quelques constatations préliminaires : pendant les quatre premiers mois de l'année de fortes importations d'or eurent encore lieu aux États-Unis. Ce n'est qu'au mois de mai et dans les mois suivants que la tendance inverse commença à se dessiner, sans toutefois que les exportations fussent plus grandes que les importations. Enfin, depuis le mois de septembre, l'Amérique perdit plus d'or qu'elle n'en recevait. Néanmoins la balance pour l'année entière se solda avec un léger actif (des importations) de 6,0 millions :

Janvier. . .	+ 44,5	Août. . . — 6,4
Février. . .	+ 19,9	Septembre. — 11.4
Mars . . .	+ 10,6	Octobre. . — 8,6
Avril . . .	+ 11,9	Novembre . — 53,2
Mai	+ 31,7	Décembre . — 67,4
Juin. . . .	+ 12,7	Total + 6,0
Juillet . . .	+ 8,9	Janvier 1928 — 12,8

Une diminution sensible fut enregistrée dans le montant global de l'or monétaire dans le pays : de 4.492 millions (1) en décembre 1926 et 4.610 mill. en avril 1927, il passa à 4.376 mill. à la fin de décembre 1927 et à 4.374 mill. fin janvier 1928. L'explication de ces chiffres en apparence contradictoires se trouve dans l'habitude contractée par les banques étrangères de laisser en dépôt aux États-Unis, le métal jaune qu'elles avaient acquis. Cet or, mis de côté (« earmarked »), n'est plus compté dans la masse disponible et avec raison.

Nous disions que l'or afflua dans le pays jusqu'au début de mai. Cela permit aux member banks de liquider leur endettement saisonnier et même d'élargir la base de leurs crédits, par une légère augmentation de leurs dépôts. Des changements se produisirent à partir du mois de mai : 95 mill. doll.-or furent « earmarked » pour le compte de l'étranger. En compensation, il y eut sur la place de Londres l'achat de quelques 90 mill. doll.-or libérés par la France, dans des conditions connues. 30 mill. furent acquis pour compte privé, et 60 mill. pour le compte des Federal Reserve Banks. Devant le ralentissement des arrivées d'or, les Banques Fédérales, maintinrent l'abondance sur le marché, en achetant des obligations (securities) et il en résulta une telle aisance, que le taux de l'escompte put être abaissé successivement dans les douze districts (et non sans résistance à Chicago) à 3 $\frac{1}{2}$ %. Il faut relever, incidemment, une certaine exagération du *Bulletin du Federal Reserve Board*, d'après lequel nous retraçons ce tableau, quand il attribue uniquement à l'action du Board, l'extrême aisance du marché monétaire. A l'époque, juillet-août, cette poli-

(1) Chiffre revisé.

tique fut vivement critiquée, et non moins âprement défen-
due. On lui reprochait de négliger les véritables intérêts
du pays et de faire le jeu de l'étranger, principalement
de l'Angleterre. Nous avons l'impression que ce reproche
est plutôt un mérite, car le Board faisait, par sa politique,
la preuve d'une haute compréhension de la solidarité internationale et son action a permis aux places étrangères, principalement à Londres, d'attirer de nombreux capitaux américains, provoquant ainsi une baisse du dollar et des sorties
d'or correspondantes. Le même « Bulletin » nous apprend
que de septembre à décembre 1927, les exportations d'or se
répartirent de la façon suivante :

Argentine	6i,4
Brésil	33,o
Canada	25,3
France	10,o
Angleterre	8,5
Hollande	8,i
Pologne	5,o
Belgique	2,2
Les autres	14,8
	168,3 mill. doll.

C'est incontestablement le décalage des taux d'intérêts,
qui fut la cause primaire de ces mouvements. On se souvient
que beaucoup de pays européens avaient relevé le taux dans
la seconde moitié de l'année (Allemagne, Hollande, etc.).
Cette circonstance a favorisé les placements des fonds américains à court terme à l'étranger, la hausse des changes
étrangers et des achats d'or pour le compte des autres pays.
Le métal jaune ainsi retiré de la circulation intérieure fut en
partie exporté vers ses nouveaux possesseurs, en partie
« earmarked ». On estime que pour la période septembre-

décembre, 212 mill. doll.-or furent ainsi mis de côté, pour le compte de l'étranger.

Naturellement, les banques affiliées recevant moins de métal jaune, étaient amenées à augmenter leurs réserves, par le réescompte de papier exigible et d'autre part les Banques Fédérales continuaient leurs achats d'obligations sur le marché, quoique à un rythme plus modéré. Compte non tenu du mouvement saisonnier, on peut observer un accroissement sensible du poste « Crédits accordés aux banques et aux particuliers » (réescompte et achats de titres).

Décembre 1926. 1.380 mill. doll   Janvier 1927. 1.147 mill. doll.
Décembre 1927. 1.513   Janvier 1928. 1.350

En même temps, les dépôts à vue (correspondant aux réserves légales des banques affiliées) passaient de :

2.265 mill. en janvier 1927 à
2.410 mill. en décembre 1927.

On serait tenté de supposer que le gonflement du crédit correspondait à une conjoncture en pleine progression. Il n'en est rien. C'est plutôt une dépression très peu marquée, qu'on a pu observer ces derniers temps aux États-Unis. Les besoins de l'industrie et du commerce en moyens de paiement sont nettement en baisse :

	Circulation totale	Billets des Banques fédérales
Décembre 1926. . . .	5 095	1.821
Janvier 1927	4.846	—
Décembre 1927. . . .	5.000	1.813
Janvier 1928. . . .	4.679	1 584
		(en millions doll.)

Les fonds créés par les member banks allaient s'employer
en Bourse. Emploi qui tenait aussi de la spéculation et que
le Board crut de son devoir de réduire quelque peu. Une
hausse du taux fut décidée et en janvier et février 1928,
celui-ci passa dans plusieurs districts (principalement à
New-York) à 4 %. L'Europe, au contraire, jouit en ce
moment d'une plus grande aisance monétaire et plusieurs
de ses grandes places ont abaissé le coût de leur argent.
Ce rapprochement des divers taux va rendre les exportations
temporaires des capitaux américains, moins nombreuses,
parce que leur rémunération deviendra moins intéressante.
Ces constatations nous permettent de faire ressortir le caractère transitoire et inconsistant des mouvements de l'or, qui
ont pour base des mouvements passagers de fonds. La vraie
solution pour hâter une nouvelle répartition du métal jaune
dans le monde réside, incontestablement, dans les emprunts
à long terme, que le marché américain sera disposé à consentir aux pays européens, et dans leur transformation en
or effectif, au profit des Banques centrales, dont l'encaisse
métallique est manifestement insuffisante. Malgré les amples
variations que la structure des bilans des Banques Fédérales
eût à subir en 1927, l'encaisse proprement métallique ne
varia que très peu, elle apparaît même plus forte au début
de février 1928, qu'elle ne l'était à la fin de 1926 :

	Encaisse-or
28 déc. 1926	2.742
29 déc. 1927	2.739
1er fév. 1928	2.817 mill. doll.

Les Banques Fédérales sont peu disposées à céder une
partie de leurs réserves. Quel sera alors le mécanisme précis,
par lequel les États-Unis arriveront à se dessaisir effective-

ment de leur surplus de métal jaune ? C'est ce qui nous reste encore à montrer.

*
* *

Nous devons à M. J. Lescure la suggestion que nous allons maintenant présenter. Nous l'avons trouvée dans son article « Le marché de l'or et ses particularités récentes » publié dans le numéro du 10 juin 1924 de la *Revue politique et parlementaire*. Il faut rendre à M. Lescure ce juste hommage d'avoir entrevu dès 1924, le vrai moyen par lequel les États-Unis pourront se défaire, sans trop de troubles et sans grande peine, d'une importante quantité du métal jaune accumulé là-bas.

Quand nous avons décrit l'accumulation de l'or en Amérique, nous avons eu soin de préciser qu'une partie seulement de cet or est détenue par les Banques Fédérales. L'autre partie se trouve soit dans la circulation sous forme d'espèces monnayées, soit gardée par le Trésor pour le compte du Gouvernement, soit enfin déposée au Trésor en échange des « Gold certificates », qui sont des véritables attestations de dépôts de métal jaune. C'est un système unique, à notre connaissance, d'une circulation de métal précieux, non pas dans sa matérialité même, mais en quelque sorte par sa photographie. Qui a des certificats, a de l'or ; non pas comme dans l'Angleterre d'avant-guerre, où le porteur d'une livre avait une créance sûre et indiscutable sur la Banque, pour obtenir de l'or, mais plus que cela le porteur d'un « gold certificate » a un titre de propriété, il est le possesseur d'une quantité déterminée de métal jaune, que le Trésor tient obligeamment à sa disposition. Le pro-

cédé est tellement commode, que les Banques Fédérales,
elles-mêmes, ont déposé une partie de leur encaisse-or au
Trésor, en échange des « Gold Certificates », qu'elles détiennent dans leurs coffres-forts comme réserve métallique. Ce
qui nous intéresse surtout pour les explications qui vont
suivre, ce sont les « certificates » qui circulent effectivement dans le public, et qui remplissent la même fonction
de moyens de paiement qu'un billet quelconque des Banques Fédérales.

	Gold certificates en circulation
Fin 1913	1.028
1917	700
1918	420
1919	306
1920	212
1921	179
1922	303
1923	582
1924	971
1925	1.114 mill. doll. (1)

Comment ces certificats ont-ils été mis en circulation ?
En 1914, ils s'y trouvaient déjà, par une habitude du
public, pour un milliard de dollars environ. Leur nombre
augmenta encore, pendant les années suivantes, et à la fin
de 1916, le Trésor avait émis des certificats pour 1.741 mill.
doll. En juin 1917, les Banques Fédérales reçoivent la permission d'émettre des billets contre le seul dépôt de 100 %
d'or et elles usent de cette faculté pour accroître considérablement leur encaisse. En effet, celle-ci passe de 1.295 mill.

(1) D'après le Mémorandum sur la Monnaie, S. D. N.

doll. le 30 juin 1917, à 3.021 mill. doll. le 30 juin 1922. En même temps, les Banques Fédérales attirent les Gold Certificates, qui étaient en circulation et les comptent dans leur encaisse, élargissant ainsi leur base de crédit. Le 1ᵉʳ janvier 1921, il n'y avait plus que 212 mill. doll. de « Gold Certificates » dans les mains du public. Les banques avaient drainé les « Certificates » et elles les avaient remplacés par leurs billets. On saisit facilement l'intérêt de cette opération. Les « Gold Certificates » représentent une quantité mathématiquement équivalente de métal jaune déposé au Trésor. Tandis que pour ses billets et pour ses dépôts une Banque Fédérale n'est obligée à avoir qu'une encaisse métallique de 40 %, respectivement de 35 %. Cette opération était toute indiquée au moment, où le Système de la Réserve Fédérale permettait une véritable inflation du crédit. Quand survint la réaction, après 1920, les banques, gavées d'or, n'avaient plus aucun intérêt à garder dans leurs caves ou leurs coffres-forts, une quantité trop importante de métal jaune ou de certificats. Alors, par un procédé contraire, à chaque demande de billets de la part du public (ou bien plutôt des banques privées) elles remettaient en circulation de l'or, sous cette forme ingénieuse de « Gold Certificates ». C'est ainsi qu'on assista depuis 1921, à un accroissement continu du nombre des certificats, remplissant une fonction monétaire et ces derniers temps, ils dépassaient encore le chiffre d'un milliard de dollars (1.068 mill. le 1ᵉʳ novembre 1927). Le mécanisme, que nous venons d'exposer en quelques mots, constitue une particularité du marché américain de l'or. Il rend possible aux Banques Fédérales d'augmenter ou de diminuer leur base de crédit, car « par la *substitution* des Federal Reserve Notes aux Gold

Certificates, ou inversement, les Federal Reserve Banks peuvent à leur gré détendre ou tendre leur bilan » (1).

Mais ce qui est plus important encore, ce mécanisme va permettre de dégager une quantité considérable d'or, par la transformation des « Gold Certificates », en billets, et le métal jaune, rendu ainsi disponible pourra être envoyé en Europe sans que l'encaisse des banques ait à en souffrir. Remarquons seulement, ce qui est tout naturel, qu'en augmentant le nombre des billets en circulation les banques vont diminuer la proportion réelle, qui existe aujourd'hui entre leurs réserves et leurs engagements. Cela ne constitue pas un empêchement sérieux, car elles disposent d'une marge imposante (de 70 % à 40 % environ), qu'elles pourront pleinement utiliser.

Voilà, par conséquent, de quelle façon nous estimons, avec M. Lescure, que la nouvelle redistribution du surplus de l'or américain pourrait finalement s'opérer, sans ébranler le système monétaire des États-Unis et sans provoquer aucune difficulté aux autorités bancaires de ce pays.

(1) Voir J. LESCURE, art. cité, p. 383.

CONCLUSION

Nous l'avons affirmé dès le début de cette étude et nous
l'avons répété souvent au cours de nos développements ulté-
rieurs, le facteur monétaire n'est pas le facteur unique et
déterminant de toute vie économique. Il ne faut donc pas
s'attendre à trouver dans une meilleure redistribution de
l'or dans le monde la panacée universelle de tous les maux
dont souffre encore, et probablement pour longtemps, l'économie européenne. Il n'est pas moins vrai que l'évolution
industrielle et commerciale de quelque pays que ce soit, pour
suivre une ligne normale et rester à l'écart des changements
brusques et dangereux, doit avoir une base solide et sûre :
la stabilité du système monétaire. Et nous croyons avoir
fait la preuve que cette solidité et cette certitude ne sont
véritablement assurées que par le régime de l'étalon-or (soit
le Gold Standard effectif, soit le Gold Bullion Standard),
et qu'au contraire l'étalon-or de change (le Gold Exchange
Standard) ne doit constituer qu'une étape, qu'un état transitoire, destiné à disparaître bientôt.

*Une tendance vers l'abandon de la politique absolue des
devises, a pu être observée ces derniers temps.* La Reichsbank a été la première à entrer délibérément dans la voie
d'une reconstitution rapide de son encaisse métallique. Elle
n'en a pas tout le mérite, car le plan Dawes l'obligeait dans

une certaine mesure à le faire. Mais elle a continué cette politique au delà des limites imposées, parce qu'elle a senti la supériorité d'une encaisse-or effective sur une masse de devises, difficilement manœuvrable dans son ensemble et capable de l'exposer à de nombreuses erreurs.

La Banque de Belgique, tout récemment a reconnu aussi la nécessité d'une forte encaisse-or. On a pu lire dans son compte rendu sur l'année 1927, les lignes suivantes, qui sont d'un intérêt capital, par la mentalité nouvelle qu'elles traduisent en opposition avec le système du Gold Exchange Standard : « Mais il ne faut point que l'Institut d'émission gêne la libre action des forces économiques : c'est ce qu'il ferait s'il fixait les cours du change d'une manière rigide ou s'il les corrigeait avec arbitraire. Il est normal, en effet, que ces cours oscillent entre les points d'or. Aussi ne sommes-nous pas intervenus pour empêcher ces fluctuations naturelles. Le pays doit pouvoir constater par lui-même, en suivant la courbe des changes, quelles répercussions son activité économique exerce sur la situation de ses comptes avec l'étranger ; il est ainsi prévenu à temps, et souvent par des réactions minimes, des erreurs qu'il est en voie de commettre ». On ne saurait mieux dire.

La Banque de Pologne, depuis sa dernière modification, et en conformité avec son nouveau statut, a aussi augmenté ses réserves proprement dites en métal jaune. D'autres pays encore, dans une moindre mesure, tels l'Autriche, l'Italie, la Hongrie, la Tchécoslovaquie, l'Espagne, ont vu leur encaisse-or augmenter légèrement. C'est tout un mouvement, qui se dessine, et il est réjouissant de constater, en finissant cette étude, que les idées que nous y avons défendues, trouvent l'approbation et un commencement d'application chez les principaux intéressés. Mais il reste encore beaucoup à faire.

Nous nous sommes efforcés de démontrer d'abord la nécessité de procéder à une politique active de l'or, et ensuite la possibilité de la poursuivre avec succès. Incontestablement des frictions et des malentendus pourraient très facilement se produire. Mieux vaut les prévenir dans les limites du possible. La voie est ouverte aux *ententes entre les Instituts d'émission* et à une éventuelle collaboration sur pied d'égalité, et dans le but bien défini, d'aider la nouvelle répartition de l'or dans le monde. Pareille coopération a eu déjà lieu à plusieurs reprises, elle s'est manifestée plus spécialement à propos de la réforme monétaire belge et de la deuxième réforme monétaire polonaise. Dans le sens que nous venons d'indiquer, la coopération des banques centrales, si chère à M. Hantos, pourrait s'exercer au plus grand profit de tous.

Le dogme de ces banques doit être : la garantie effective de la convertibilité des billets. Pour cela, veiller jalousement à ce que leur indépendance, tant vis-à-vis de l'État, que vis-à-vis de l'étranger, ne soit pas compromise. En échange, prendre la responsabilité, bien lourde, de leur politique de crédit, qui devra s'adapter le plus fidèlement possible aux grandes indications fournies par les mouvements de l'or. Et avoir constamment devant les yeux cet axiome, que les emprunts ne sont qu'un moyen et que seule *la production nationale accrue et développée,* peut amener la prospérité réelle et durable du pays.

Des emprunts-or, avons-nous dit, seront encore nécessaires pour parachever l'œuvre de restauration monétaire. Au moment, où nous écrivons ces lignes, plusieurs emprunts sont en effet activement négociés sur le marché américain, et quelques-uns ont été déjà placés et rendus définitifs. Les États-Unis verront encore s'accroître leur créance, déjà considérable, sur le vieux continent et le reste du monde. On peut même affirmer, en recherchant l'origine de la plupart des devises accumulées par les Banques centrales que c'est sur les crédits américains que reposent les nouveaux édifices monétaires, d'un bon nombre de pays européens.

Il se pose alors, naturellement, logiquement, un problème, celui de savoir comment ces derniers États vont diminuer leurs dettes, en vue de renforcer leur économie nationale, en l'affranchissant du fardeau si lourd des intérêts et des amortissements à payer chaque année. Sachons que, actuellement, les capitaux privés américains investis à l'étranger atteignent presque 13 milliards doll., dont 4 milliards doll. en Europe. Les États-Unis ont-ils intérêt à être remboursés rapidement, par un mouvement de fonds inverse, en supposant qu'il fut possible ? Non, répondent les milieux compétents de là-bas. Le rapatriement des capitaux exportés ruinerait l'économie américaine. Il faudra que les remboursements éventuels soient compensés par des nouveaux investissements dans les pays pauvres en capitaux de l'Europe Orientale et de l'Amérique latine. C'est là un point de vue général et incontestablement juste.

Mais pour chaque pays, pris en particulier, qui ne s'est pas endetté qu'exceptionnellement, à la suite de circonstances extraordinaires la question reste entière. Elle ne sera résolue que par *une politique de « transferts réels »*, qui lui permettra de s'acquitter par des exportations plus fortes de marchandises et de services, comme c'est d'ailleurs normal et inéluctable que les choses se passent. Seulement, ce problème des transferts est lié à tout un ensemble d'éléments complexes, entre autres la capacité d'absorption du pays créancier et le régime douanier qui régit aujourd'hui les relations commerciales internationales.

Problème des transferts, problème douanier, c'est l'avenir même de l'économie mondiale qui est en cause. Il n'est pas dans nos desseins d'apporter des éclaircissements définitifs dans ces questions brûlantes et qui attendent encore une solution. Nous voulons seulement faire ressortir leur intérêt et montrer le lien d'interdépendance existant entre elles et la question des futurs mouvements de l'or.

Les déplacements éventuels et probables du métal jaune, tout comme ceux qui ont déjà eu lieu, entraîneront de tels changements dans les relations internationales — à cause des emprunts qui leur servent ou qui leur serviront de base —, que seule une politique adroite des transferts et un régime fortement libre-échangiste, pourront rétablir le jeu normal des forces économiques et amener l'équilibre durable entre les deux continents.

En écrivant ce livre, nous nous étions proposés de jeter un peu plus de lumière sur les conditions ultimes et essentielles de la restauration monétaire de l'Europe. Notre but aura été atteint, si nous avons réussi à suggérer à nos lecteurs et aux milieux compétents, le danger qu'il y a d'accumuler sans arrêt des devises, et de ne pas procéder — sans plus attendre — à une nouvelle répartition de l'or dans le monde.

Mais il faut aussi savoir, que seul *un effort commun* dans tous les domaines de l'économique, effort basé sur une plus grande solidarité internationale, sera capable de nous éviter le choc brutal des intérêts matériels et de consolider — dans les limites du possible — l'avenir de la paix.

BIBLIOGRAPHIE

OUVRAGES GÉNÉRAUX

AFTALION (A.). — *Monnaie, prix et change*, in-8, VII-353 p. Paris
(Sirey), 1927.

BONNET (G. E.). — *Les expériences monétaires contemporaines*,
in-16, 218 p. Paris (A. Colin), 1926.

DECKERT (H.). — *Die Notendeckungsvorschriften für die wichtigsten Zentralnotenbanken*, in-8, 140 p. Leipzig (A. Glœckner),
1926.

DELZANGLES (R.). — *Étude comparée de la Banque d'émission et
de la Banque de dépôt*, in-8, 79 p. Bordeaux (Cadoret), 1921.

JACK (T.). — *The economics of the Gold Standard*, in-16,
VII-88 p. London (P. S. King), 1925.

HANTOS (E.). — *La monnaie, ses systèmes et ses phénomènes en
Europe centrale*, in-8, 259 p. Paris (Giard), 1927.

KEYNES (J. M.). — *La réforme monétaire*, in-16, 235 p. Paris
(Simon Kra), 1924.

— *Mémorandum sur la monnaie et les banques centrales*, publié
à Genève par la S. D. N. 1926, 2 vol. (voir aussi l'édition 1925,
2 vol.).

NOGARO (B.). — *La Monnaie*, in-8, 322 p. Paris (Giard), 1924.

OUALID (W.). — *Leçons sur la monnaie et les problèmes monétaires*, in-8, 221 p. Paris (Sirey), 1927.

POMMERY (L.). — *Changes et Monnaies*, in-8, XIX-592 p. Paris
(Giard), 1926.

WITHERS (H.). — *Qu'est-ce que la monnaie ?* Trad. in-8,
XXII-288 p. Paris (M. Giard), 1920.

OUVRAGES SPÉCIAUX

Annual report of the Federal Reserve Board Washington, 1923, 1924, 1925, 1926.

Bousquet (G. H.). — *La restauration monétaire et financière de l'Autriche*, in-16, 158 p. Paris (M. Rivière), 1927.

Fourgeaud (A.). — *La dépréciation et la revalorisation du mark allemand et les enseignements de l'expérience monétaire allemande*, in-8, 282 p. Paris (Payot), 1926.

Fournier (H.). — *La réforme financière et monétaire en Belgique*, in-8, 261 p. Cambrai (H. Lefèvre), 1927.

Frank (L.). — *La stabilisation monétaire en Belgique*, in 25,5/16,5, 176 p. Paris (Payot), 1927.

Giustiniani (G.). — *Le commerce et l'industrie devant la dépréciation et la stabilisation monétaire. L'expérience allemande*, in-8, xvi-208 p. Paris (Alcan), 1927.

Lacout (G.). — *Le retour à l'étalon-or. La politique monétaire de l'Angleterre*, in-8, 244 p. Paris (Payot), 1926.

Orvain (R.). — *La stabilisation du franc belge*, in-8, 207 p. Paris (Sirey), 1927.

Prion (W.). — *Geldmarktfrage und Reichsbank politik*, in-8, 44 p. Leipzig (A. Glœckner), 1927.

Schœnthal (Justus). — *Deutsche Währungs und Kreditpolitik seit Währungsfestigung*, in-8, 290 p. Berlin (Volksw. Verlagsgesellschaft), 1926.

Wolff (R.). — *Note sur le système monétaire français*, in-8, 104 p. Paris (Gauthier-Villars & C°), 1927.

Van Zeeland. — *La réforme bancaire aux États-Unis d'Amérique*, in-8. Bruxelles, 1922.

REVUES ET JOURNAUX (France)

L'Économiste Français (les articles de M. Liesse, plus spécialement).

L'Économiste européen.

L'Europe nouvelle (les numéros consacrés aux différentes réformes monétaires, plus spécialement).

La Réforme économique.

La Revue politique et parlementaire.

La Situation économique et financière.

Le Capital (son supplément économique et financier).

L'Information économique et financière (principalement les chroniques de M. DESPAUX).

Le Journal des Débats (les chroniques de M. Germain MARTIN).

Le Temps (son supplément financier, avec les articles de M. Fr. JENNY).

(et aussi la *Revue de Paris*, la *Revue de France*, le *Bulletin de l'Académie des Sciences morales et politiques*, la *Vie économique des Soviets*).

REVUES ET JOURNAUX (Étranger)

La Revue économique internationale (nombreux articles et la chronique financière de M. Eug. de BOISLANDRY-DUBERN).

Bankers Magazine (New-York).

Les Bulletins mensuels du Federal Reserve Board (Washington).

The Economist (Londres).

The Statist (Londres).

Les Bulletins de la Middland Bank (principalement les articles de M. MAC KENNA).

Die Bank (les articles de M. LANSBURGH).

Jahrbücher für Nationalökonomie und Statistik (principalement les numéros de mai, juin et septembre 1927).

Magazine du Wirtschaft (Berlin).

Wirtschaftsdienst (Hamburg).

Die Börse (Vienne).

La Revue économique de Belgrade.

La Pologne.

L'Économiste roumain (Bucarest).

L'Argus (édition française), Bucarest.

TABLE DES MATIÈRES